U0903019

演讲的学问

崔跃松 著

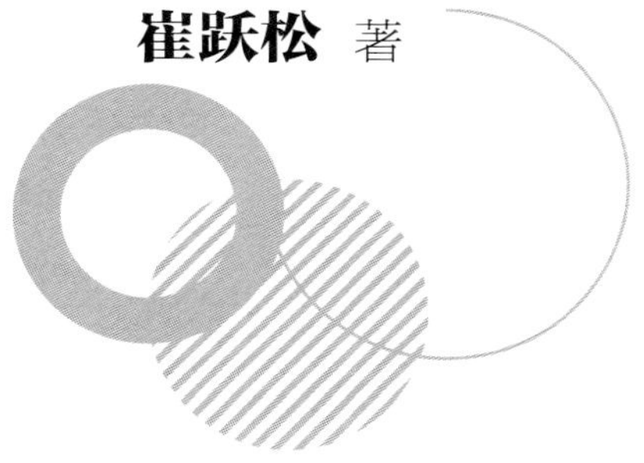

全国百佳图书出版单位
ARCTIME 时代出版
时代出版传媒股份有限公司
安徽人民出版社

图书在版编目(CIP)数据

演讲的学问 / 崔跃松著 . -- 合肥 : 安徽人民出版社 , 2024.4
ISBN 978-7-212-11606-4

Ⅰ . ①演… Ⅱ . ①崔… Ⅲ . ①演讲—语言艺术 Ⅳ . ① H019

中国国家版本馆 CIP 数据核字 (2024) 第 047664 号

演讲的学问

崔跃松　著

出 版 人： 杨迎会　　**责任编辑：** 周冰倩　汪　峰
责任印制： 董　亮　　**装帧设计：** 陈　爽

出版发行： 安徽人民出版社 http://www.ahpeople.com
地　　址： 合肥市蜀山区翡翠路 1118 号出版传媒广场 8 楼
邮　　编： 230071
电　　话： 0551-63533258　0551-63533259（传真）
印　　刷： 合肥创新印务有限公司

开本： 710 mm × 1010 mm　1/16　　**印张：** 17.25　　**字数：** 240 千
版次： 2024 年 4 月第 1 版　　2024 年 4 月第 1 次印刷

ISBN 978 - 7 - 212 - 11606 - 4　　**定价：** 58.00 元

版权所有，侵权必究

写在前面的话

不是学问的学问

演讲，谁不会啊？不就是说话吗？还有什么学问？

是的，演讲就是对自己以外的人说话。说话还真的是一门学问，一门看似简单其实还非常深奥的学问，因为它对一个人的一生来说，实在是太重要了。无论是领导干部还是普通群众，无论是工作还是生活，无论是参加演讲比赛还是参加公考面试，几乎都离不开演讲。

有人说：语言是思维的外壳，思想是语言的灵魂。演讲正是通过语言展现出一个人的知识、学识、见识和胆识的途径。

没有与演讲无关的人

一提到演讲，你首先会想到什么呢？

可能，你的脑海中会浮现出这样一番场景：舞台、鲜花、红地毯、聚光灯、音响、麦克风以及台下黑压压的观众，而舞台上，一位演讲者或自信从容，或风趣幽默，或慷慨激昂，或激情澎湃地发表讲话。

没错，演讲常常会有这样的场景，但是如果你认为演讲仅仅是如此，那未免有些狭隘。

实际上，演讲就是在不同场合、不同时间，用语言表达自己的思想。我们言为心声，就是说我所想，说我所做，说我想达到的目的、实现的目标。

大千世界，演讲无处不在，并且极为实用和重要。可以说，现实生活中没有与演讲无关的人。夫妻之间，父（母）子（女）之间，婆媳之间，亲戚之间，邻里之间，上下级之间，甚至陌生人之间的交流都会用到演讲技巧。参加面试也好，年终述职、登台竞聘也罢，这些都与演讲息息相关。

我们每个人都是在自己的哭声中来到世界，又都在亲人的泪水里离开人间，中间这一段就是我们的“人生”。精彩的人生是离不开说话的，人生因说话而更精彩。

1860 年，林肯作为共和党的候选人参加了总统竞选。林肯的对手、民主党人道格拉斯是个大富翁。他租用了漂亮的竞选列车，在车后安上一门大炮，每到一站鸣炮 32 响，加上乐队奏乐，声势之大超过美国历史上任何一次竞选。道格拉斯洋洋得意地说：“我要让林肯这个乡巴佬闻闻我的贵族气味。”

林肯没有专车，他买票乘车。每到一站，朋友们为他准备一辆耕田用的马拉车。他发表竞选演说：“有人写信问我有多少财产。我有一位妻子和三个儿子，都是无价之宝。此外，我还租有一个办公室，室内有桌子一张、椅子三把，墙角还有大书架一个，书架上的书值得每个人一读。我本人既穷且瘦，脸很长，不会发福。我实在没有什么可依靠的，唯一可依靠的就是你们。”台下听众掌声雷动。

何止是总统竞选，即使我们普通人，在生活和工作中也离不了演讲。

人人都可成为演讲家

杰出的演说能力不是与生俱来的，更不是少数人的特权。历史上一切口若悬河的演说家，一切口齿伶俐、善于应酬的活动家，都不是天生的。普通人通过系统地学习，丰富自己的阅历，增长才干，厚积薄发，掌握基本的方法，运用各种演说技巧，培养当众讲话的勇气，就可以突破演讲的恐惧和瓶颈，让演说能力不断提升，从而成为自信从容的演说家。

演讲就是说话，就是沟通，就是表达自己的思想和意图。只有演讲者与听众思想碰撞出的火花照亮了彼此的心房，演讲才能真正取得效果。想要走进演讲成功的大门，必须拿到打开这个大门的钥匙。而这把钥匙就是**三个数字**的密码。

第一个数字是“2”。两句话铭记心间：思想至上，内容为王。

听没有思想的演讲，就如同饮了一杯白开水。没有内容的演讲只能是无病呻吟。一个中学校长听了我的演讲，回家就把自己的大床给孩子睡，夫妻俩睡小床。因为床太大不利于夫妻交流，容易形成隔阂。一个 50 多岁机关干部告诉我：“听了你的演讲收获很大，因为我知道了‘拿鲜花给别人首先闻到花香的是自己’。”一个学生家长说：“我记住了一句话，‘不要把财富交给孩子，要把孩子变成财富’。”丰富的内容、与众不同的观点会让人终身受用。

为便于大家对演讲思想的理解，这里我再举两个生活中的例子。

孩子放学贪玩不做作业，家长说：“以后到家不许出去玩，做完作业你才能出去。”孩子说：“你说得对，我应该听话，但等我做完作业了，人家孩子都玩好回家了，我和谁去玩？”

一个家长教育孩子：“你在班上只能和考试考前 5 名的同学玩！”我们做家长的似乎都是这样要求孩子。那么我们再来听听孩子是怎么说的：“人家家长也是这么说的，要跟前 5 名同学玩。我又不是前 5 名，人家不带我玩怎么办？”

以上两个例子中家长的话不无道理，但是孩子说出的话是否也耐人寻味？

真正的演讲，在于说理。“一棵大树可以做千万根火柴，一根火柴可以烧毁千万棵大树。”“一块钱的打火机照样点着上千元的烟，几万元的宴席也离不开两元一包的盐。”听到这样的演讲，你会有什么样的感慨？这不是词汇的堆砌，也不是表现手法的比拼，这是思维与智慧的呈现！耐人寻味，令人深思，这就是演讲的魅力！

演讲效果不是看演讲者的外貌，也不是看演讲的艺术性，更不是纯看普通话说得怎么样。声音好听，音色好，音域宽，这些只能说是优势，但对演讲的实际效果影响并不大。演讲是以“讲”为主、以“演绎和推理”为过程的口语表现形式。

“演”是演绎和推理，“讲”是看你“讲什么”。

“讲什么”，很有学问，“怎么讲”是一门科学。

演讲的实践告诉我们，演讲者就像厨师。再好的厨师，没有充足的食材也做不出美味佳肴。好厨师的技艺体现在他懂他的食客。上海客人来了，厨师知道菜里要放糖；若是重庆来的客人，他会明白菜里要放花椒、辣椒。正如食客享受美食，听众听我们演说总得有所收获，有所领悟。在烹饪前厨师要充分地准备好鸡鱼肉蛋、时令蔬菜，哪怕是酱、醋、姜等各种调料也不能落下，不然就会是“巧妇难为无米之炊”。同样的菜，有的厨师做得好吃，有的就做得不尽如人意，原因很简单：仅仅烹饪技术高远远不够，还必须选购上乘的原料，研究食客的口味、喜好。演讲与此理相同，就像厨师需要上等的原材料一样，平时要做个有心人，多学习，多思考，多收集资料，多选取素材，才能成为出色的演讲者。

这就是我要急切地告诉我亲爱的读者的**第二个数字：**“5”，即我所说的“五子登科”。“五子登科”指演讲的“五个好”，即好路子、好例子、好引子、好句子、好样子。

好路子。首先要考虑“三化”。演讲者的语言要通俗易懂、鲜活生动，要能让听众明白你的意图，受到你的语言感染，被你的情绪带动，有所收获。所以，演讲者的好路子首先就要考虑到口语化、大众化、个性化。

其次要体现“三气”。为了增强演讲效果，我往往从听众喜闻乐见的身边小事说起，融入生活的各个环节，接地气，冒热气，带着泥土的香气走近每一位听众。要做到“三气”，需要讲究“三小”，即小切口、小侧面、小事件。以小见大，小处说起，大处升华。要努力使演讲既接地气又不失“高大上”，说进听众的心坎里。

另外就是把握三个“一”。一个主题，按活动要求，紧扣主题；自始至终围绕一条主线，尽可能地不要在一个体系内发散太多；用一个观点来阐明，不可面广点多，让人觉得不知所云。

好例子。这一点并不复杂，就是任何一次演讲都离不了说理，少不了案例。我们演讲中所列举的案例要有说服力，就必须在三“声”上下功夫——掌声、笑声、哭声。

好引子。在一场演讲中，演讲者上场后若以独特的方式开头，吸引听众，抓住听众，尽快获得听众的认同感，架起演讲者与听众的第一座桥梁，则能迅速打开演讲场面，给听众留下一个良好的印象。这就是所谓的“黄金20秒”。如果没有一个好的开场白，你这次演讲就差不多失败了。

好句子。一篇演讲稿思想深刻与否，在于演讲者的认知水平的高低，在于能否反映客观对象的本质特点。在演讲关键之处，用好富有哲理的好句子，能揭示客观对象的本质特点，深化内容，提升思想，给人深刻的启迪、愉悦的美感、奋发的力量。好句子要直白、经典，要有哲理。

好样子。演讲的“演”，其实是辅助性的语言，而这种辅助性语言就叫态势语。一次成功的演讲，离不开态势语的使用。演讲中的态势语又称无声语言、形体语言、“道具”语言等。想要掌握态势语，要努力做到形不能僵、心不能慌、眼不能移、声不能平、手不能藏。

第三个数字是“0”。要把零懈怠当成座右铭。

演讲人没有懒汉，三人行必有我师。学养、涵养、教养的拥有绝不是一蹴而就的。小时候吃过的南瓜、土豆、羊肉、牛排现在还在体内吗？它们早已融入了我们的骨骼和血肉。从前我们读过的书，走过的路，赏过的景，见过的人，吃过的苦，唱过的歌，今天又在哪里？它们变成了我们的思想和智慧。演讲人需要多观察、多积累、多思考，不断丰富自己的内涵，才能让自己不断强大起来。小鸟从来都不怕自己脚下的树枝断掉，因为它相信自己有一双坚硬的翅膀。不临黄河怎知黄河的博大深沉，不登泰山怎知泰山的巍峨雄奇！

演讲的密码由 2、5、0 三个数字组成，连起来读就是“二百五”！这样很难听。演讲人的思维是巧妙地把数字“5”调到最前面，这就成了“520”。

做好演讲并不容易，需要每一位演讲者潜心探究生活，思悟人生哲理。我是做演讲的，我的生活就是演讲。很少有人能像我把职业做成了事业，看来我是幸福的。有人和我开玩笑，说我是“靠嘴吃饭的人”。迄今为止，我已经做了3000多场次的演讲，回顾一下感慨良多。我从踏上三尺讲台开始，就孜孜不倦，奋力以求，全身心地付出与投入。我常常开玩笑说：“一辈子没当过什么领导，但是一到场就坐在主席台。”我在全国各地机关部门、乡镇企业、大中院校、部队厂矿给普通的民众讲，给相当高级别的官员讲，给专家学者讲。每一堂课，我都不喝一口水，不看一张纸，不超时一分钟，带去温暖的正能量和启迪人心的思考。

我从事演讲理论与实践工作数十年，走过的路、见过的人、登过的台无法一一记载，但我深切地感受到，演讲者实际上就像一个厨师，如果你烧出的佳肴能让每一个食客都感到满意，那么你就胜利了。

怎样才能做好这顿佳肴呢？

这就是我要急切地告诉我亲爱的读者的：你们必须勇敢地闯过“四关”（套路关、创新关、技巧关、心态关）。知道套路，但不为套路所困；明白创新，但不是无章可循；寻找技巧，实践是最好的导师；调整心态，自信是制胜的法宝！

其实青少年时期，我并不是一个擅长演讲的人，甚至谈不上对演讲有什么兴趣。老一辈的人对我的印象都还是“有点木讷”，不善言辞。一位初中老师清楚地记得，初中一场典礼上的我竟然拿着写好的讲稿不敢读。台下就两个班的学生啊，胆子咋那么小呢？后来还是在班主任老师的一再催促下，我才匆匆念完，居然还念丢了老师修改的认为能够出彩的一小段，以至于让我后悔了好多年。所以很多认识我的人，打死也不敢相信，今天的崔跃松怎么就成了“靠嘴吃饭的人”呢？

年轻不可怕，不敢上台说话也不可怕，参加面试、比赛失利了同样不可怕！但要虚心学习，习惯思考，用心积累，不懈登台。我相信这本书能助您一臂之力！

您正在准备参加一场演讲比赛吗？

您正期待着在面试中赢取高分吗？

您正在为竞聘登台发表演讲而发愁吗？

您正担心年终述职平淡无奇难以引起人们的关注吗？

我告诉您，理解您心情的，有我；给您真诚忠告并向您伸出热情援助之手的，也还有我——一个长期从事演讲理论研究与实践探索的演讲界老朋友，愿意与您成为真诚的新朋友。

为了让广大演讲者少走弯路、少爬险坡，我诚邀朋友们一起找寻演讲的规律，一起走向成功的明天！

没有讲不好的话，只有不努力的人！

作　者

2023 年 11 月 20 日

目　录

YANJIANG

演讲，讲什么

演讲就是对别人说话，说有思想、有观点、有见解的话。一个人对自己以外的人，用有声语言表达思想，阐释观点和意图，这就是演讲。不同的是，身居高位者往往被说成是讲话，一般人则被称作发言；大的场合高谈阔论被认为是演讲，小的范围讲话又被说成是“谈谈看法”。

正规场合的演讲一般有四种方式：照读式演讲、背诵式演讲、提纲式演讲、即兴式演讲。

非正式场合的演讲多数都是自由式、松散型、对话般、聊天样的，但演讲技巧的运用往往更为广泛，更加普遍，也更受欢迎并具实效。

演讲的思想

我们先来看我在一次安徽省演讲学会换届大会上的讲话。

初心和远方

我是有“最”之人！

身体“最”重，头发“最”白。作为安徽省演讲学会的会长，又深深感到讲话“最难”。看看台下，有多少人举着手机录音、录像，讲不好我真是“罪”上加“最”啊！

还好我有“莫听穿林打叶声，何妨吟啸且徐行，谁怕”的勇气。

面对热情的笑脸，面对我们最亲爱的家人，奇怪，此时此刻我突然想到了一组数字：今年的1月12日，合肥市民政局公布了一组离婚的数据。2022年合肥市结婚的是50361对，申请离婚的是31349对，比例是62%。经过一个月的离婚冷静期缓冲以后，正式离婚的是16807对，比例降为33%。这个比例令人深思啊。某某市妇联主席打电话叫我去给他们讲婚姻家庭课。我说为什么讲这个主题？她告诉我，某某市连续两年的离婚率是54%。以上这两组数字在我眼前挥之不去。更巧的是那天电话刚放下又响了——一个朋友找我给他的孩子当证婚人。我犯愁啦！我应该祝愿他们“白头到老”，还是应该去讲未来可能“好聚好散”呢？

今天大家都知道导致离婚的原因千万种，但答案似乎只有一个：“因为不了解，我们结婚了；又因为太了解，我们分手了。”

我不知道大家赞同不赞同这个观点。今天在这个地方举的例子也不一定恰当，但是我想说，我们演讲学会正好与之相反，演讲学会这个组织恰恰是不了解的人跟我们擦肩而过，又因为慢慢地了解了演讲学会和我们坚定地走到了一起。

所以我在演讲学会常说一句话：“因为热爱，走着走着走进了家里；因为看热闹，走着走着淡出了视线。”

今天的会场专家学者齐聚一堂，充分说明，演讲学会是一个家——一个演讲人最亲切、最真诚、最温暖、最需要我们去呵护的家。家是保护我们的地方。我相信每一个会员也会成为保护这个家的人。

演讲学会成立 15 年来，每个人都在成长，每个人都在进步。我也真诚地希望每个人都能在演讲的领域活出自己喜欢的模样。

作为一个演讲人，真切地和大家分享一下我的两点体会和感受：

第一句话——初心。

1986 年团省委的一次干训班，我听了一上午没有老师的课，讲台上只有一台破旧的录音机。那天讲的内容是《塑造美的心灵》，我记住了一个演讲人的名字——李燕杰。3 年后我带着对他无比的敬仰赶到北京，费了很大的力气和周折，在当时的北京师范学院见到了李老师，但非常遗憾，手也没握上他就要走了。他挥着手说下次还有机会见。这个机会一隔又是 3 年。那天我默默地看着李老师上车去讲学，心里就有一颗种子——讲学挺好，我也想。

3 年后的 1992 年，那时候的我满脸都是青春痘。带着这样一种青涩，我又一次拜访了李老师。那天他给了我 2 个小时，给了我极大的鼓励。“小崔，你可以走这条路。”那时候，这颗种子就埋入了我的心田。带着这份向往，10 年后的 2002 年，在湖南永州我和李老师同台演讲。讲完以后，很多人崇拜李老师，同时我也受到了不少现场听众的点赞。那天李老师又对我说：“这条路你应该走下去。”

应该走下去！那个时候，我的初心就是走一条演讲的路。要讲就要讲好，不能只是我一个人讲，还要有一群人讲！

“要想走得快，那就一个人走；要想走得远，大家一起走。”

又过了2个3年，2008年大雪纷飞的那天，在安徽农业大学，我们安徽省演讲学会正式成立了。所以以后很多人跟我开玩笑，“小崔”到“老崔”再到“崔老”，称呼变了一个又一个，但是初心的秘密就是“讲”！一定要讲好，这就是一个演讲人的目标和任务，埋在土壤里的种子发芽了。

“讲好”就是我的初心。

第二句话——远方。

合肥市演讲学会成立的时候，我去讲了话，说了一个大家耳熟能详的词：“诗和远方”。

演讲人的远方在哪里?

1990年，我20多岁，父亲去世了。如何办好父亲的后事，我懵懵懂懂。那时候家里生活困顿，经济拮据，父亲后事办得很是简单。但是我说了一句自己永远不会忘记的话。安葬父亲那天我对着众亲友说了一句话：“将来母亲走了，我一定要隆重地风风光光办一次。”

那时候的母亲跟我现在差不多年纪，我居然就讲出这样荒唐的话，现在想来无比后悔。

今年3月19日，我心中最亲最爱的母亲离开了我。我却出奇地冷静，第一反应：后事从简！

30年后的今天我有这个实力，也有这个能力，完全可以风风光光地为我92岁的母亲办一次像样的丧礼，兑现我当初的诺言。

但我深深地明白，人活着两件事最有价值：一是让自己好好活着，二是在自己好好活着的同时让别人好好活着。

一个人在社会中，尤其在你已经成为一个传播爱、传播温暖的人之后，更应该引领社会的好风尚，而不应该成为这些不良风气的推波助澜者。所以我向着母亲遗像深深地鞠躬：“妈妈，请原谅我的不恭，您的后事我不准备大操大办。尽管您的儿子今天已经有这个条件，但是我还是希望不披麻戴孝，不去扰民，不敬香烟，不收礼金，不铺张浪费，一定不大操大办，一切从简。”

当丧葬人员问我选用什么样的骨灰盒时，4个价格，我当着那么多的人脱口而出一句话：“选最便宜的”。“母亲，请原谅我吧！”不是儿子不孝，而是今天的我必须做出这样的选择！厚养薄葬是我们今天社会最响亮的声音！

每每在幼儿园门口，看到人山人海的家长们；每每在养老院，看到门庭冷落的情景，我的心中就感到无比的悲凉，就觉得一个演讲人不能只会讲，最重要的是“做”，做人才是演讲人骨子里最动人、最强大的力量。

今天来到现场，我们没有按照官职大小而去邀请谁。演讲学会本来就有这样一个传统，在这里没有级别高低，没有财富多少，有的只是对演讲事业的热爱，热爱演讲的人就是一家人。很多领导在我们这只是一个普通的会员，他们跟我讲了一句话：演讲学会最值得推崇的就是“平等”。

我们改变不了这个世界，却可以改变我们自己。

我们每个人都是在自己的哭声中来到人间，又都是在亲人的泪水里离开人世，中间这一段就是人生。所以我体会演讲人的初心是——讲好，演讲人的远方就应该是——做好。

怎么做好？演讲人理所应当的有“三读”。

第一“读书”。演讲人永远在路上，不能做出惊天动地的事情，但一定可以多多地读好书。人生有三样东西别人抢不走，吃进我肚子里的食物，藏在我心底的梦想，读进我大脑的书本。读政治书大气，读理论书灵气，读文学书秀气，读业务书朝气。

第二“读心”。演讲人的能力不在于你的普通话标准与否，不在于你的颜值高低，而在于你的思考。读心读什么？

演讲人有苦，但演讲人明白，敢于吃苦，苦一阵子，要是怕苦，会苦一辈子；演讲人也有泪，眼角时常会湿润，但我们知道泪水和汗水化学成分差不多，不同的是泪水只能博得人的同情，汗水却能赢得人的敬重。所以演讲人有泪，往往是含着泪也会继续奔跑。今天在座的200多位会员代表，我向你们分享我的理解：演讲人就像一把伞，你不能给人遮风挡雨，谁愿意把你举过头顶？

有的人被雨淋了，恨不得全世界都挨雨淋。但我认为演讲者要有一种理念，自己被雨淋了，要想方设法给别人撑起一把伞。

第三“读势”。中国共产党领导下的全体中国人民走中国特色社会主义道路，这就是大势，势不可挡。我觉得演讲人理所应当记住一个成语：“一心一意”。这句话是什么意思？“一心一意”就是一定要“心”怀党和国，我们在这样一片土地上，党和国就是我们最大的天。“意”是什么？“意”是一定要把意识形态这根弦绷紧。海明威说：人的一生，学讲话只要两年，但学闭嘴，却需要一辈子。所以我们演讲人不该说的，不要说，该说的一定要说，一定要说好，一定要说正能量！

今天在座的领导、嘉宾给了我们极大的关怀，让我们这个家更加有吸引力。一个有暖、有爱、有希望的组织一定会充满活力。刚才某某主席也给我们提出了很多好的意见和建议，我们将牢牢记在心间。

今天每一位领导嘉宾的到来都是对我们极大的鼓励，明天的路还很长，我们每个人的身影不可能覆盖大地，但是我们的声音却可以传得很远很远。所以演讲人团结起来，让我们一起昂首阔步迎接属于我们演讲人的诗和远方。

谢谢！

大家看完我的这段即兴讲话作何感想？“诗与远方”的理念是否对您有所触动？

思想是什么？

我们都会说话，谁说不好话呀？

作报告要说话，开会要说话，连在家里和家人交流也少不了说话。可现实生活中为什么有那么多的人怕听讲话，怕听报告？

演讲呈现的不是表演艺术，也不是可供我们欣赏的文艺节目，而是一个人情绪、思想、见解和观点的体现，是一个人的思维和智慧的呈现。演讲者无论面对什么样的主题，都一定要将富有价值的内容和深刻有力的思想贯穿于演讲之中。演讲，讲的是思想，好的演讲者都是有思想的人，好的思想需要创意的加持。创意会给思想者插上灵感的翅膀，去追寻思想的光芒。

那什么是思想呢？

思想是心智活动的产物，存在于我们的心中。它是富有一定影响，并带有一定规律性的、在运行的、看不见的东西，是观点、见解、意图和想法的集合。只有通过演讲将这些思想呈现出来，才能引发听众对问题的关注，才能启发听众的思索，并做出改变。

思想应该是明晰的、广阔的、富有哲理和能量的。如果说话人看不清客观事物，或者认知陈旧、狭隘、犹豫不决，语言就不能自然准确、生动形象且富有吸引力。

比如，我们都会说“领导”一词，也会说“领袖”一词，可是你有没有发现这两个词在现实生活中有什么不同？一个人是“领导”，就一定是“领袖”吗？与“领导”对应的是“下属”，与“领袖”对应的则是“追随者”。再如，“能者多劳”这个成语我们经常用到，时间长了你会发现，这个词似乎有点消极，让“干事者”有被敷衍的感觉。但如果把这个词做一点小小的改动，可能就会产生不同的效果——“劳者多能”。小小的改动就会让“干事者”产生积极、阳光的心态。这便是思想在讲话中的体现。

大家对现行的高考制度多有议论，那么演讲者要告诉人们的是什么？是这种制度问题到底在何处？现在的高考是场赛马，我们发现了很多“千里马”，但是不是还有很多“万斤牛”吗？马是跑得快，但负重不一定多，所以说高考不是不好，而是可能会让一部分“万斤牛”淹没于茫茫人海之中，所以高考改革势在必行。

比如20多年前我的母亲随我生活，我就发现母亲更愿意跟哪个孩子生活居然很有讲究。在大哥家，嫂子比较勤快，母亲基本上待几天就想走。到弟弟家，弟媳妇工作忙，又挺讲究，所以什么事情也不让母亲做。母亲到他家，往往也是待不了几天就要走。从中我发现一个问题，母亲为什么在他们家待不下去？原因很简单：没事做，她感觉自己成了多余的人。母亲20多年前来到我家，没想到一待就是20年。这么长的时间待得住，为什么？因为在我们家里她有自主权。把花瓶放在哪里，家里什么时候需要打理，需要买什么菜，做什么饭都由她来决定。她发现自己不是多余的人，发现自己在家里很有价值，有时甚至还跟邻居的老头、老太们吹嘘自己的作用很大，家里很多事都离不了她。她在这有成就感、满足感。她不仅快乐而且充实，最重要的是到了晚年依然有使不完的劲，依然能散发出巨大的能量。所以，我们说善待老人，不仅是照顾好老人的生活起居，更重要的是理解老人真正想要的是什么。生活生活，人活着就需要干活，只有干活才能实现自身的价值，活着也才有意义。

有思想才能引起人的关注，有思想才能让人感到有意思，才能让别人愿意听你的演讲。

思想从哪里来?

从人物中寻找

演讲要学会寻找人物，从人物身上寻找自己需要的东西。

演讲中，典型人物可以很好地体现演讲的思想性。所谓典型人物是指在典型环境中形成的，既有明显的思想深度，又彰显了鲜明的个性特征的人物。比如，在谈到百年党史时，我们谈李大钊、陈独秀以及中共一大代表等重要人物，他们的故事就可以很好地体现出中国共产党建党精神的内涵和理想追求，让听众深受触动。下面分别举例说明。

陈独秀：三百块大洋买不到什么？

谈到陈独秀，你知道他当时一个月能赚多少钱吗？北京大学档案馆记载，陈独秀在北大任教时一个月 300 块大洋。那个年代，毛泽东在北大当图书馆书记，一个月是 8 块大洋。黄包车车夫一个月大概是 3 到 5 块大洋。雇一个保姆，也基本上是 3 到 5 块大洋。1921 年，中共一大在上海召开，那一年上海警察的工资大概是 8 到 10 块大洋。有人根据购买力等因素得出一个结论，那个时候一块大洋大概相当于现在人民币 800 块。按这个比例算下来，陈独秀的月薪应该是 24 万元人民币，那么一年的工资就接近 300 万了。陈独秀一个月的收入甚至远远不止 300 块大洋。因为除工资外，他至少还有三部分收入：第一，《新青年》杂志主编、撰稿人的稿酬。第二，他在全国各地讲演的收入。第三，陈独秀书法润笔费。根据热播剧《觉醒年代》中的描述，亚东图书馆办不下去时，馆长急得不得了。陈独秀泰然自若，拿着毛笔在家写了两个条幅，后来图书馆又活过来了。所以，陈独秀一个月至少有 1000 块大洋。如果折合成现在的人民币，相当于一个月有 80 万到 100 万的收入，一年可以成为“千万富翁”。

然而，作为五四运动的领头人、中国共产党的主要创始人的陈独秀却没有安于享乐。

电视剧《觉醒年代》中描述了这样一个场景：1920 年 2 月，李大钊冒险将受到警察通缉的陈独秀送出北京。途中，陈独秀看到了海河边许多流离失所、饥寒交迫的难民。他哭得直不起腰，泪流满面。李大钊把他搀起来。他就喊了一句话“我要建党”。李大钊问：“你为什么要建党？”他回答：“为了他们，为了他们能像人一样有尊严地活着。”

建党，就要革命。而革命，是要流血牺牲的。即便如此，也没有动摇陈独秀坚定的决心。陈独秀并不缺钱，他可以买到别墅，可以买到洋车，可以雇得起保姆，但是只靠金钱买不到对理想的追求，买不到马克思主义在中国的传播。

通过这个事例，我们会明白一个道理：人活着需要挣钱，但是挣钱一定不是为了活着。

这个道理，体现的就是思想。

李大钊：贫穷还是富有？

1927 年 4 月，李大钊牺牲后，许多中外记者到他家采访。一个个都被眼前的景象惊呆了，宅室中空无家具，李夫人回家后仅 1 元生活费。后来由于家里没钱安葬李大钊，李夫人不得不在北京大学的帮助下，为李大钊发起募捐，举行公葬。

李大钊生前克勤克俭，生活极为俭朴。

李大钊担任北大图书馆主任时的薪水是每月 120 块大洋。1920 年 7 月 8 日，他被北大评为教授兼图书馆主任，收入可达 180 块大洋。由于李大钊在校外还身兼数职，每个月收入可达 300 多块大洋。在那个年代，李大钊的收入可谓十分丰厚。然而，他和家人却是常年身居陋室、粗茶淡饭，一身布袍补了又补。他身处教授之位，却从未购置过一处属于自己的居所。他的钱哪去了？他为何将本应富裕的日子过得如此清贫，又是怎样在物质困顿的日子中成就了精神上的“富有”？

据后来统计，李大钊每月近三分之二的收入都用于支出党的活动经费，剩下的一部分则经常用于接济贫困的进步学生。有资料表明，中共一大代表刘仁静就曾经靠李大钊帮其垫付了学费。每到李大钊发薪水时，学校会计都会给他送来一大沓借条，薪水扣除借款后就所剩无几了。这总是令其夫人赵纫兰巧妇难为无米之炊，为每日买米买菜的最低生活开支而发愁。后来，北大校长蔡元培知道此事后，要求学校会计科的同事每月先将李大钊的一部分薪水扣下直接交给李夫人，以便她安排度日之用，防止家里揭不开锅。尽管如此，李大钊还是没有任何积蓄，生活极其窘迫。

李大钊的心中只有党的事业，只有需要帮助的民众，唯独没有他自己。他的清贫俭朴人们有目共睹，但他留下的精神财富却是难以计数、璀璨夺目的，使后人永记难忘。

中国共产党主要创始人李大钊、陈独秀的行为给我们今天的党员干部什么启示？人活着需要挣钱，但挣钱并不完全是为了活着。我们很多干部走上工作岗位获取工资报酬养家糊口，改善生活，但是慢慢却忘记了最初的方向，把获取金钱当作唯一的目标。没有了信念和追求，就会像趴在窗户上的苍蝇，前途光明，但没有出路。

演讲中，运用典型的人物案例，能够使演讲生动活泼、具体形象，富有很强的吸引力、感染力和说服力。演讲者要善于发现典型人物，并挖掘典型人物身上所特有的品质，捕捉人物的思想闪光点，深入挖掘典型人物的内心世界。发掘典型人物的精神闪光点进行演讲，其效果比讲授一个个知识点更加形象，更能够引燃听众内心的火焰，唤醒行动，激发听众向榜样看齐，好好生活，努力工作。值得注意的是，在阐述典型人物时，不能仅停留在他们所创造的成就或产生某个先进行为的过程和现象上面，而是需要深入人物的思想，从时代的大背景出发，用时代的画笔去勾勒，给他们打上时代的烙印。

人物选取可以是有影响的典型人物，也可以是身边的普通人，但关键点是要能发掘出给人以启迪的思想。

在事件中发现

演讲离不了案例的运用，案例往往就是一个个事件。可以是历史事件，也可以是眼前的热点事件；可以是惊天动地的大事件，也可以是生活中的凡人小事。可以是正面的，也可以是反面的。无论是何种事件，我们都要在叙述事件的过程中发现思想，也就是要思考：我们在演讲中运用这样一个事件能否对主题起到深化的作用？能否让人在聆听事件的过程中受到启发，得到教

益？即使是反面的事件也要给人以正面的启迪和教育。

比如，中国军事史上以弱胜强的案例有很多，我们在演讲中该怎样选择呢？

大家熟知的官渡之战是东汉末年“三大战役”之一，也是中国历史上著名的以弱胜强的战役之一。建安五年（公元200年），曹操军与袁绍军相持于官渡（今河南中牟东北），在此展开决战。曹操在乌巢的粮仓（今河南封丘西）奇袭袁军，继而击溃袁军主力。此战奠定了曹操统一中国北方的基础。

除此之外，长勺之战也是以弱胜强的典型战役。长勺之战，发生于周庄王十三年（公元前684年）春天，它是春秋时期齐鲁两个诸侯国之间进行的一场车阵会战，也是我国历史上后发制人、以弱胜强的著名战役。

那赤壁之战呢？孙刘联军面对强敌而不惧，扬水战之长，巧施火攻，以弱胜强，也创造了辉煌的战绩。还有巨鹿之战、淝水之战等，它们同样是以弱胜强的典范。在选用事例时，演讲者要思考听众会从中明白什么道理。

演讲一定要选取与众不同的典型案例，在事件中寻找思想的光芒。在选准案例的同时，要注意它是不是最好的、无可替代的案例。如此使用案例，会给人以震撼，启发人思索，甚至催人泪下。典型的案例一般有这么几个特点。

一是迂回曲折，以情至上。案例要兼具情节、细节和情感，方能感人至深。如以“诚信”为主题的演讲，可以运用这样一个案例：

2010年2月10日凌晨，南兰高速开封县境内发生重大车祸。一场惨剧之下，却浮现出一个感天动地的仁义故事——

50岁的孙水林是武汉人。他出身贫寒，20多年来，从一个小木匠干起，最终成了北京一家建筑公司的项目经理。他除了自己发家致富，还带着不少乡亲外出打工赚钱。

2月9日，孙水林从北京赶到天津，打算看望暂住在天津的妻子和三个儿女。考虑到老家还有几十名进城务工人员共约30万元的工钱尾款没有发，他决定连夜驾车回家。弟弟孙东林劝他说：“明天一早走不行吗？”孙水林坚持道：“不行，我得赶回去把大家的工钱结了。”晚上 7 点，孙水林带着妻子和 3 个儿女，拿着要账要来的 11 万元和从弟弟家借来的 15 万元，一共 26 万元现金放在车上，连夜从京沪高速驾车回武汉。

可谁想，孙水林一家五口不幸在回武汉的途中遇难了。

2 月 12 日，弟弟孙东林在开封高速交警指引下，在南兰高速二郎庙收费站附近找到哥哥已被撞烂的车，但是在后备箱下放备用轮胎的地方，26 万元现金却完好无损地躺在那里。

“取出钱的一刹那，要替哥哥结清工钱的想法就闪现在我脑海里。”孙东林说，“哥哥就是为了给他们送钱，才赶夜路回乡的。只有把钱发到大家手中，才能告慰哥哥一家的在天之灵。”

哥哥今生不欠人一分钱，不能让他欠下来生债。30 多个小时没合眼的孙东林动身往家赶。

在老家院子里，一边是老人的痛哭声，一边是孙东林在给工人发工资。“20 多年来，我们兄弟俩无论多么困难，都决不会拖欠进城务工人员一分钱。哥哥比我大十岁，我是哥哥带出来的，是他教会我做人的道理。”孙东林说，“哥哥常说‘只有人欠我，不可我欠人’。”干建筑的，经常会遇到要拖欠工程款的事。可无论自己多难，他们哥俩从没有拖欠过工人一分钱。每年春节前，他们都会赶在外地进城务工人员回家前，将工钱全结清。对于老家的进城务工人员，部分没结算的尾款，也会赶在年三十前回家结清。“腊月二十九，把家乡的工人兄弟喊到家来结算，决不拖到正月初一。”孙东林说。

20 年来，每年腊月二十九，孙家兄弟俩都会买来酒肉，大摆宴席，招待前来拿工钱的乡亲们。

今年的腊月二十九，工友们再也见不到孙水林了，许多工友连夜赶往兰考。在兰考县人民医院太平间，他们见到了已经去世的孙水林和他的家人。每

个人都流泪了。

孙东林说，由于哥哥离世，账单多已不在，他也不知道该给每个进城务工人员发多少钱。“农民兄弟们说多少钱，就给多少钱！”发钱过程中他发现，哥哥留下的26万元现金，加上他从银行取出的6.6万元，还差1万多元没有着落。这时，大家纷纷表示：“这些钱等以后再说。”

“东林，把这笔钱拿去！”就在孙东林犹豫时，他的母亲宋腊梅走了进来，手中拿着1万元现金。

后来孙东林才知道，母亲一直默默地关心着楼下的动静。当她得知还差点钱时，毫不犹豫地把她的养老钱拿了出来。妈妈说，她不能让儿子背上欠钱的名声。

二是生动绝妙，无可替代。我在讲如何处理好人际关系的课时，有时会伸出右手，张开五指，告诉大家，我们手上有三个社交手指：大拇指、食指和小拇指。有的人为什么没有人缘？因为他们总是夜郎自大，总认为自己了不起，把别人都当作小拇指，有时甚至会对着人家竖起小拇指，这怎么行呢？有的人经常使用食指，尤其是一些人当了领导，特别爱用食指，多是指责、责怪．这样的人往往发现不了别人的优点，一副颐指气使的模样，久而久之，人们就会敬而远之。我们要经常使用的是大拇指，看见别人穿的衣服很漂亮，竖起大拇指；看见别人事情办得好，竖起大拇指。有句俗语叫“逢人减岁，遇物加钱”，说的就是这个道理。

我在各地讲课，曾不止一次讲过《为母亲洗脚》的动人故事，每每讲起，会场上总有人泪光闪闪，我自己有时也会眼圈红润……

一位从名牌大学毕业的大学生，到一家效益很好的大公司应聘，他背了一大包的证件和各类证书。公司老总什么也没看，却问：“你替父亲洗过澡、擦过身吗？”大学生老老实实地回答：“没有。”老总又问：“给你的父母捶过背吗？”大学生说：“小时候曾给妈妈捶过一次，但后来学习忙就没有了。”

老总说：“你回去，今天回家给父母做这件事，明天再来吧。”

大学生在回家的路上，心里很不平静，父亲在自己很小的时候就去世了，年幼的自己还来不及为父亲分担生活的重担；母亲为了自己上大学，从乡下来到城市，给别人当保姆，挣钱供自己上学……他越想越难过，决定晚上给妈妈洗一次脚。

晚上，他烧好了热水，在租来的小屋子里，等母亲回来。左等右等，快到11点了，妈妈才在寒风中归来。在外面劳累了一天的母亲，进门就瘫坐在门旁的破凳子上，她真的太累了。

大学生来到妈妈跟前，说：“妈妈，我帮你洗一次脚吧！”妈妈生气地说：“我还没老呢，还能供你上研究生。”大学生眼圈红了，难过地说出缘由。大学生拿来木盆，倒好水来到母亲面前，弯腰脱去妈妈的鞋子、袜子，把母亲的脚放进盆里。当他用手握住母亲的脚时，发现母亲的脚冻得像木棒一样僵硬，不由得搂着母亲的脚哭了。他这一刻，才深深地感受到，自己心安理得地花着的钱都是母亲辛苦赚来的血汗钱，自己读了十几年的书，竟然没有这次受得教育深！

第二天，这位大学生再去那家公司，对老总说：“谢谢你，如果不是你的指点，我还没有摸过母亲的脚，我要好好照顾母亲。”

老总点点头说：“你明天就来上班吧。”

这个故事很简单，但是只要用得恰当，就无可替代。读者可以想象，如此使用案例，演讲时效果会事半功倍。

三是真切准确，无可挑剔。如果选取的案例是真实事件，那么还要求是没有争议的、可以传播的、经得起时间检验的。只有这样，才能达到使用这一例证的目的。

真实案例“河南狗咬人事件”折射出了干部作风的问题。

2021年9月20日，河南省某市80岁的耿女士在小区遛弯儿时，在狭窄的小区道路上，被两条高大的黑色贵宾犬咬伤。

然而，事件当事人，即狗主人王某刚却拒不承认事实，拒绝向老人道歉。不仅如此，面对监控视频的“铁证”，王某刚还态度强硬地狡辩：“我从不相信监控。”“就要告你诽谤。”

此后，耿女士的家人采取了一系列维权措施，包括拨打110报警，兜兜转转与小区所在的社区居民委员会、城市管理局、公安部门、市场监管综合行政执法支队、信访局、纪委监委等相关部门要求维权。然而，上述部门却无一愿意承担责任，并且相互推诿扯皮，导致事件久拖不决。

在两个月的时间内，耿女士家人及河南电视台《小莉帮忙》节目组反复奔走在多个部门之间，前后录制了10期节目，只为讨回公道。

最终，随着《小莉帮忙》登上了热搜，该事件才引发了舆论的高度关注。2021年11月19日，市场监管局党组研究决定，成立专项调查小组，并对王某刚予以停职，配合组织核查。

2021年11月19日晚，狗主人王某刚终于登门向老人道歉。11月23日相关部门通报了处理结果。

“狗咬人”事件在日常生活中并不鲜见，然而，此次看似微不足道的“小事”却硬生生地被拖成了媒体和舆论关注的焦点，原因在于狗主人的态度及身份，以及后续交涉异常艰难曲折的过程。此次事件，不仅受到了广大群众和社会各界的广泛关注，也引起了国家层面的高度重视，掀起了一场轰轰烈烈的“问责风暴”。公众质疑的一个焦点就是王某刚的公职人员身份。在此前媒体拍摄的节目中，王某刚的言行，显然不符合人们对党员干部、公职人员形象的期望。若是仗着公职人员的身份蛮横无理要无赖，置公序良俗于不顾，到头来不仅会遭到舆论谴责，被群众戳脊梁骨，还会受到单位处理、纪律处分，严重的还可能被追究法律责任。而这一次，对于这位公职人员的惩戒，告诉我们，在面对人民群众的诉求时，不应推诿扯皮，敷衍塞责。

使用典型事例时，可以弱化完整性，更不需要具备故事的所有要素，只要能有力地论证自己的观点就可以了。

四是诙谐幽默，令人忍俊不禁。在演讲过程中寻找机会，甚至是不失时机地使用一些诙谐幽默的语言或者笑话故事，会起到意想不到的效果。哪怕是反面的案例，同样也会产生幽默的效果。

讲课时我举过这样的例子：我曾经在北京遇到一个英国老太太，这个“中国通”给我留下了十分深刻的印象。记得第一次见面她就告诉我，她在刚来中国的时候，怎么也弄不明白“了不得”这个词到底是什么意思，没想到就在似懂非懂的时候，别人又跟她说“不得了”了。真的把她闹糊涂了。而最有意思的莫过于这个老太太对我们汉语中一个名词的理解。她告诉我，一次在会场，一位中国的先生请她借过，说是去“方便”一下，她不明白这“方便”是啥意思。旁边的人就告诉她，“方便”就是去洗手间，她点点头表示记住了。可是她怎么也没想到，4 天后她回英国去，几个中国的朋友热情地把她送到机场，老太太非常感动，就学着中国人的腔调说：“欢迎你们到英国做客！”结果朋友的一句话又把她弄得一头雾水，只见朋友一本正经地对她说：“好的好的，在您方便的时候，我们一定去看看！”老太太吓了一跳。她怎么也不明白，这些那么好的中国朋友为何要在她去洗手间的时候去看看。大家听到这里都会不自觉地笑出声来。

在生活中明晰

世界上最遥远的距离不是天涯海角，而是“我就在你眼前作报告，你却低着头玩手机”。演讲中，怎么才能让听众与演讲角色联结起来，这就需要演讲者去体会怎么联系生活，怎么结合实际，怎么能把我们的思想表达出来，让更多的人愿意听，能接受。这要求演讲者能够不失时机地联系实际。这个“实际”就是自己，就是单位，就是现实，就是社会。不能联系实际的演讲是打动不了人的。演讲者只有善于捕捉生活中的瞬间感受，再从感受中深入挖掘，才能从一个全新的视角进行构思，从而讲出富有生活内涵和哲思的好见解。

7 年前的一天，我 80 岁的曾经抗美援朝归来的残疾军人老岳父失联了。全家人找寻了一天都没有下落。之前的几个月，他曾 3 次住院，尤其是 2 次脑梗，使得他步履维艰。直到晚上 10 点，大家都无比焦急无奈，他却又自己回来了。那么他去哪里了？

原来，他是转了三次公交到 37 公里以外的社区缴党费去了。一路上是别人背着、抱着他上的车。我们责怪他，他说出一句话："我知道自己不会活很长时间了，我不能人死了，党费都没缴。"两个月零七天后，老人去世了。每每讲到这件事我都会眼圈发红，很多听众也情不自禁地流下眼泪。老人有深情，群众有热情，事件过程有真情，演讲者有激情，情情相扣，以情动人，怎能不令人感怀。

为了方便乘客，高铁都配备了免费的纸杯。我发现有的车次纸杯比较大气，杯身大、纸质厚，似乎有点浪费。有的车次杯子个头不大，纸质又软，猜想也许是为了节约吧，环保嘛！但实际呢？在晃动的车厢里，纸薄、杯子小，接开水烫手易洒，而且要不断续水。对于这样的薄纸杯，我看到乘客几乎都是一次用两只，这样似乎浪费得更多！生活和工作中类似这样的事情还少吗？比如我们在外讲课，不能只满足于完成任务，每一次课都要有记录，有资料，有备上级检查的方案。如果演讲者不看长远，讲课效果不好，负面影响巨大，那么潜在危机就巨大无比。我们做事不能总是想着自己的本意和愿望是好的，还需要在实践中进行检验！

我经常在全国各地讲课，普遍使用的称呼有"各位领导""同志们""同胞们""朋友们""同学们""战友们"等。但是我去新疆给服刑人员作了一场报告，没想到如何称呼服刑人员，成了我作报告前一个不小的问题。我到网络上查找，没有！问监狱的干警，他们一律说，就叫服刑人员。这怎么能行？我是去给大家讲课的，不是给人训话的，与我的听众有那么大的距离，会有好的效果吗？再说服刑人员是人，更是听众，理应受到我的尊重。后来我左思右想，还真想到了一个不算很新但是很受欢迎的名词，就叫他们“高墙内的朋友们”吧。没想到这种并不时尚的称谓一下子拉近了我与服刑人员的距离，受到了他们的欢迎。

以上只是举了几个生活中的例子。演讲者要学会多观察、多思考，在生活的小事件中发现大道理。

在数字中甄别

演讲者，要善于运用数字来表达思想。数字具有什么含义呢？它仅仅是一连串没有温度的符号吗？不，演讲者告诉我们，数字是有生命的，在数字背后，是人们在劳作、在创造，在铸就历史、成就辉煌。工作上的进步与成就从一个个数字上体现出来，它们包含着无数人的拼搏，需要你我时刻铭记，并努力去打造一个个更精彩的数字。

对于论证式的演讲，这一点更为重要，因为我们要列举大量的数据。对于真实的事件，这些都容不得半点马虎，必须使用准确。如鲁迅生于哪年，去世于哪年，这只能使用规范的、准确的数字：1881 年 9 月 25 日和 1936 年 10 月 19 日。

再举个例子。

2021 年 4 月，北京市人社局劳动关系处某副处长体验了一天做外卖小哥的工作。

该处长接单后去商铺窗口取餐，取餐后在过道里快跑。眼看离送餐时间还有 14 分钟，导航显示还有 24 分钟才能到，必定要迟到 10 分钟了。“（餐）已经凉了。”一单跑了近 1 个小时，只挣了 6 块 6，“送晚了要扣 60%。”12 小时里，这位处长完成 5 单送餐，获得快递费 41 元。累瘫的他，坐在马路牙子边，感叹道：“真的太不容易了，我觉得很委屈。我今天跑了那么长时间，就挣这么点钱。”“太委屈了，这个钱太不好挣了。”之前他疑惑：“为什么平台给小哥派那么多单？”现在他明白了：“我们小哥要有收益的话，必须抢那么多单。”

看了这组数字，很多朋友感觉挺辛酸却也挺真实，只有切身体验过，才知道这份工作的不容易，才能真正懂得外卖小哥的委屈。某大学对上海的外卖员做过调查，2019 年 7 月到 2020 年期间，外卖骑手的月均工资为 5882 元，看起来还是挺高的，但在上海，除去生活必需开支以外，基本攒不下多少钱了。

此外，外卖员的安全风险也是挺高的，大多数的收入都来自派单提成，收入极其不稳定，所以外卖员们要拼命抢单跑单。

2019 年上半年，上海市外卖行业相关的交通事故一共有 325 起，其中 5 人死亡，324 人受伤。由于外卖员的电动车与私家轿车、货车相比，安全性能较低，所以在此类交通事故中，受伤、死亡的多为外卖员。就算没有遇到交通事故，外卖员的生命健康权还是很难得到保障，日复一日的高强度工作，使得他们的身体和心灵都背负着巨大的压力，猝死的风险极高。

一个又一个年轻人怀揣着梦想进入外卖员这个行业，试图改变命运，用汗水给自己换一个稍微美好点的未来。我们应当学会尊重这些勤劳付出、努力打拼的人。

再如“珠穆朗玛峰的海拔”8848.86 米的测得。

2020 年是中国人登顶珠峰 60 周年。同年 5 月 6 日，2020 珠峰高程测量登山队从海拔 5200 米的大本营出发，开启珠峰高程登顶测量。通往珠峰峰顶的路本就险象环生，加之高原气候恶劣，本次珠峰高程测量登山队登顶的过程颇具波折：继 5 月 8 日因攀登路线上有雪崩危险，登山队撤回前进营地后，5 月 21 日，由于珠峰海拔 7790 米以上区域积雪过深等原因，修路队未能按计划打通至顶峰的攀登路线，原定 5 月 22 日登顶测量的 2020 珠峰高程测量登山队攻顶组撤回珠峰前进营地，休整待命。5 月 24 日，登山队再次出发。25 日，登山队行进至海拔 7500 米的大风口时，风力变大。大风迫使队员们无法正常攀登，只能趴在路线上慢慢前进。抵达海拔 7790 米的 C2 营地之后，队员们在大风中花了一个小时也没能把帐篷搭起来，只能抱着石头趴下躲避大风。5月26日，冲顶队员从海拔7790米的二号营地出发，前往海拔8300米的突击营地。5月27日11时，中国2020珠峰高程测量登山队成功登顶珠峰！历时2个小时，测量队员们完成各项测量工作，测得珠穆朗玛峰的最新高度为8848.86米。

攀登之路凶险万分，我们为什么还要竭力登顶珠峰？电影《攀登者》中的这几句台词正是答案：“我们国家自己的山，我们中国人要自己登上去。”“我们为什么要登山？就是为了登上去让全世界看见我们，看见中国。我们要测量准确的高度，中国的高度。”

我们再来看一看下面这段即兴演讲中的三个数字，这也是我经常使用的——“520”。是不是感觉数字很有趣？

“合伙人”，一道同行

亲爱的青年朋友们：

我们每个人都是在自己的哭声中来到世界，又都是在亲人的泪水里离开人间，中间这一段就是属于我们每个人的人生。

人生啊，无数的人感慨，不容易。其实，倒也有容易的事。比如说，容易苦，容易累，容易胖，也容易老。

今天站在帅小伙靓小妹们面前，我发现还容易生病——红眼病，我是羡慕啊嫉妒啊！开个玩笑。为了明天的幸福，我是来祝福的，是来分享你们的快乐的！

一生相伴的其实就是“人生合伙人”，今天我来了，告诉大家一个密码，一定能找到属于自己的“幸福合伙人”！

人生幸福的密码是什么呢？三个数字。

第一个数字是“2”。

请记住两个“三”。一个是“三不找”，一个是“三了解”。

私心太重的人不找。一个人心中只有自己没有他人的人不能找。利益当头、鼠目寸光的人明天不会给你带来幸福。这样的人没有见识，处处盯着好处，利尽而人散。

善恶不分的人不找。没有正确的人生观、世界观、价值观，在他心里没有好坏，没有邪恶，也没有善良。20世纪80年代的时候，我身边一个朋友找了一个社会上的小混混作丈夫，总认为他勇敢，有男子气，结果成家以后，暴力不断，当年的英雄居然也把家人当沙包，她常常被打得鼻青脸肿，幸福在哪里？

差距太大的人不找。你是村干部的孩子，他是厅长的子女，这样的组合不是说不行，最好还是避免吧。我不是说必须门当户对，而是要考虑，毕竟文化背景不同，成长环境有差异。说不到一起，甚至都吃不到一块，想的是有人能为自己遮风挡雨，没想到小日子带来的不是风就是雨。

“因为不了解我们恋爱了，因为太了解我们又分手了”，所以在恋爱之前做到“三了解”实在太重要了。

了解健康。对方的健康情况你知道吗？他的家人的健康呢？如若事先不了解，婚后面对现实你该如何取舍，如何面对？

了解经济。金钱不是万能的，没有金钱又万万不能。对方家庭是不是富翁不是问题，问题在于，有的家庭生活困顿，经济拮据，甚至还欠着外债难以还清。不是但凡他没有钱就不和他交往，而是要事先知道他经济情况，自己选择是否海枯石烂不变心。

了解家风。一个在家里娇生惯养的人与你是不是适合？一个“人生第一粒扣子”没有扣好的人，是不是你必须的选择？“三观”不是很对路，是不是一定一路同行？这一切都必须了解，了解了不是说不行，而是让自己将来不会为今天的选择后悔。

记住了两个“三”，现在来看第二个数字“5”。

放下“五气”。

生气。人的一生不可能不生气，关键是生气了还能过一辈子。一个爱笑的人上帝都会爱上他。在一起生活的人总会在“进门前脱去烦恼，回家了带快乐回来”！“合伙人”应该有胸怀。有格局的人不会生气。因为他知道，心大了再大的事都是小事，心要是小了，再小的事都是大事。爱生气的人不可爱，一辈子都像被人欠 200 块钱似的，谁能受得了？冷暴力会毁掉一个人的幸福。幸福不是房子有多大，而是屋子里的笑声有多甜，明白这个道理的人才是最佳的人选。

小气。自私自利目光短浅的人就是小气之人。小气的人不是没有钱，而是损人利己，没有朋友没有邻里，花别人钱一点不心疼，自己却总是一毛也不拔。往自家里，金山也能搬得动，去别人家一分钱也舍不得花。同这样的人共同生活常常会鸡飞狗跳，一地鸡毛。

俗气。在他的眼里是只有房子、车子、票子，还有老子。嘴边最常讲的话就是这“四个子”。老子是什么呢？就是“我爸”。张口闭口，我爸是老总，是某某长。看起来很了不起，其实就是显摆，没底气。有本事出来秀出自己的肌肉！可靠的人都是自己有实力，有魅力，可以甩开膀子创造属于自己的春天。

娇气。我不反对做美甲，也不讨厌娘娘腔，文化多元的时代，我们都应该包容。现如今可以有外卖，可以有洗衣机，但是每个人还是要能进得厅堂下得厨房，锅碗瓢盆交响乐是我们的日常。娇气之人当小心。外卖好像可以包打天下，但实在无法承揽你的一生。

傲气。身边有没有这样傲气的青年？这种人习惯仰视，不会平视，更不愿俯视。眼睛往上。有修养的人不是看他如何对待权贵，而是能不能关注和善待弱者。善良之人可爱，低调之人可亲可近。

放下“五气”，不是投降，而是拥有幸福的模样。天空一直是蓝的，有的人之所以眼里全是灰色，因为他的眼睛是灰的，他的心也是灰的，所以他看到的都是灰色的世界，其实放下“五气”就能走出灰色，走向风和日丽！

最后一个数字是“0”。

零伤害。一个人能把陌生人变成好朋友，我要为你点赞，一个人把最好的朋友变成了陌生人，那我只能说是一种悲哀。谈不成恋爱还是朋友，朋友是用来相处的，是用来学习、敬重和关爱的。我们无论如何不能做伤害对方感情的事，不能成为恋人，绝不会变成仇人，我们依然是朋友。请记住，财富不是我们的朋友，朋友是我们终身的财富。

三个数字，连起来就是“250”。此时我真切地希望大家把“5”调到最前面，这就变成了“520”，幸福生活不能没有这三个数字。来，大家一起喊出“520”。

可以说，演讲者不仅仅是演讲家，更是思想家、政治家、社会活动家。演讲的伟大之处在于传递伟大的思想。

“台上一分钟，台下十年功”，如何让思想融入演讲，让演讲闪烁出思想的光芒，还需要在实践中多思考、多总结。

演讲的思维

求实

“崔老师，领导让我参加演讲比赛，要我拿奖……”他说，“我的阅历太浅，才上班一年多，哪有故事呢？”“故事可以编吗？或者把别人的故事拿过来？”我说：“不行。说别人的事情就成了事迹报告；编来的故事，再生动也是假的，没有真实感。”

演讲要求实，指演讲的内容要真实、真切、实在。什么叫真实？跟客观事实相符合，真心实意，确切清楚。所以想让演讲具有真实感，就必须讲真话，绝不能是假话、谎言，即使是还没有发生的事情也要在未来经得起推敲，经得起考验。所以我和演讲选手说，故事不能编。没有人愿意听谎言，也没有人愿意与谎话连篇的人交流。演讲者可以引经据典，博古论今，但一定要准确、正确、真实；必须尊重客观事实；学会用时间、人物、事件、数据，甚至细节诠释真实。虽然听众当时不一定会去核实，但是第一感觉必须是真实的，或者是在今后可以得到验证的。

在演讲的整个过程中，如何去理清思路，如何去谋篇布局，都必须在“实”字上下功夫。成功的演讲，绝不是靠优美词汇的堆砌，因为没有人愿意听别人的花言巧语，也不希望演讲者华而不实，听众都期望从演讲中有所受益。所以演讲者必须在求实上下苦功。“求实”的秘诀有以下三点。

案例实

演讲所列举的案例要真实可信。

有一次，我车子的一只轮胎爆了，便到4S店去维修。换一只新的轮胎我是有思想准备的，但是没想到4S店的人却要我换两只，我想不通，因为我的车子的备胎是一次也没用过的。4S店的人说也要换，怎么可能呢？为什么呀？经理说备胎一次没用也不行，因为买回来已经5年半了。我没答应。

当时我觉得4S店也是黑心，明明是坏了一只轮胎，非要我买两个不可。

换了一只轮胎后，回到单位，正好碰见单位一个有30多年驾龄的老驾驶员。我对他诉说道：“4S店的人要我换备胎，明明备胎是新的，而且一天没用。”驾驶员说：“普通轮胎的寿命是5年，一般来讲3年时间就开始风化了，即使一次没用，5年半了，也确实要换新的了。如果一个轮胎不用，一直在那放着，作为备胎，超过5年也一定要换。”还一再告诫我，如果没换一定不要上高速。

我一下子明白了，有很多人在工作中总认为越闲越好，在一个岗位上也总想着干轻松的活，久而久之不就成为这只久置未用的轮胎了吗？人闲得多了，就像菜刀会生锈，轮胎会风化，一个人在单位里长期不做事情，也会出现被边缘化、业务生疏以及思想僵化的问题。

如果我在演讲中把这些真实的案例融进去，就会增强演讲的可信度和说服力。

年轻的时候，我身边有一位同事，业余时间喜欢练字。夏天，他总是穿一条短裤、一件背心挥毫泼墨，忍受着蚊虫叮咬与高温酷暑的煎熬。但很奇怪，一年过去了，我发现他的字长进并不大。慢慢地我发现，他的字之所以长进慢，是因为他在报纸上练习。每天放学后，我都能看到他高高兴兴地从校长室拿着报纸回家练字。有一次我给他建议，不能在报纸上练字，因为在报纸上练字往往是随心所欲，拿着毛笔随意地乱画，画完了也不心疼，随手一扔，所以进步不快。我建议他买宣纸，在宣纸上练。那个年头宣纸很贵，要花很多钱，他哪里舍得啊。报纸是不要钱的呢。在我多次怂恿下，他买了一卷宣纸。那天宣纸到家，我帮他按着纸，他一次又一次地提起毛笔，却舍不得落笔，后来写了一个方方正正的“方”字，居然写了5分钟之久。我说：“你写得太慢了，我胳膊都按酸了。”结果他说：“不能写快，一笔点下去，钱就不在了。”非常奇怪，字写得虽然很慢，但是进步很快。没到三个月，他的字就上了一个新的台阶。

人生也如在宣纸上练字，只有认真过好每一天才能行稳致远。学习也好，工作也罢，我们要把职业当事业，不能把工作当成任务来完成，而是要当成作品来雕琢，这样我们出的就是精品。只有一笔一画一撇一捺，认真地起笔和落笔，才能让每一天都过得无比的精彩。

案例用得好，会让听众实实在在有所受益。

演讲时，我经常列举发生在我自己身上的案例，比如让孩子在家学习做饭、做家务。我的女儿从3岁开始就帮家里洗碗，我在水龙头上接个皮管子，地上放个大盆，让孩子拿水龙头冲刷。这样的例子就很有说服力，因为我举的是自己的例子，必然真实可信，毕竟有邻居，有看着孩子成长的人，所以一点假都不能有。正因为是实实在在的实例，讲出来就更具有无可比拟的说服力。

在生活中，这样的案例很多，我们应该在身边找，在生活中找，在与自己有亲近关系的人身上找。无论是在哪里讲话或者发表演讲，这些真实可信的案例往往都是很受欢迎的。

语言实

在浙江温州的一个800多人的会场里，我登台后没有问好，没有致意，而是静静地盯着会场里的听众，突然发问："我问大家一句话，同志们走进会场，最想说的第一句话是什么？"

沉默无语，左顾右盼，然后是交头接耳，窃窃私语……十几秒后，突然有人悄悄地喊出一句话："你的报告什么时候才结束？"随即是哄堂大笑。不关心报告的内容而去关注报告结束的时间，不关注报告的实际效果却唯恐报告时间太久，我们可爱可敬的听众为什么会是这样啊？

其实我们在现实生活中遇到类似的事情并不少。会场里，主持人一次又一次无奈地、软硬兼施地劝说听众别讲话了，关上手机，不要走动，有时甚至出现怒斥睡觉打鼾人的情形，但是与会者似乎早已习惯了这样的会议和报告，我行我素不予理睬。为什么呢？我们有谁去深入地想过，是不是我们的报告人出了问题？是不是演讲效果出了问题？有人打趣道，有些作报告的领导，特别喜欢"三点式"，并且注重"性感"。刚开始，对此说法，我不明白是什么意思，后来才知道，有的领导同志讲话就喜欢讲三点，诸如：第一，要提高认识；第二，要强化措施；第三，要狠抓落实。每逢讲话便是"重要性、必要性、紧迫性""责任感、使命感、危机感"。乍一听，感觉很有条理，很有美感，也很有理论水平。但逢会就讲，真的不美。讲的次数多了，讲的人多了，就不新鲜了，就落入了俗套，不再受到人们的欢迎了。

细细品味，人家总结得还真有几分道理。

一个人会不会讲话不在于他能讲几点，也不在于他能讲多长，而在于他能讲什么样的内容，所讲内容有没有新的东西，能不能引起听众的共鸣。

演讲者用词不一定要美，但一定要实，事例不一定要多么精彩生动，但一定要真实自然。

求新

一次成功的演讲，少不了出色的文采，也一定要有出众的口才。但是真正能让人记在心间，留下深刻印象的却往往是新颖独特的创意。每次演讲之前，演讲者要围绕主题，精心谋划，这个过程就是创意。创意的核心是“新”，所以演讲必须在“新”上大做文章。

创意新

从正面看一个人是标致的五官，那从后面看呢？乌黑的后脑勺。人还是那个人，只是看人的角度不同，看到的画面自然就不同。手拿相机的人，满眼都是风景，但是只有选好角度，才能拍出好风景。演讲的话题很多，确定了主题以后，就要仔细慎重地选取最佳的角度。

领导讲话不走老路才能富有新意。会场上，前面一位讲过了：“要加强领导、周密部署；要开拓创新、锐意进取。”你再讲同样的内容，怎么能受到听众的喜爱呢？

少讲套话，只有说出有创意的话才能引起人们的兴趣。一个新任职的领导就职演说，只讲了五分钟，他说了“三个一”：一颗心、一双手、一只碗。很多年过去了，人们都还记得。尤其是说道：“我带了一只碗，不是来混饭吃的，而是时刻告诫我自己，‘一把手’贵在一碗水端平！”话毕，掌声在耳边萦绕良久。

2020 年夏天抗洪救灾，消防英雄陈陆不幸被洪水冲走，壮烈牺牲。随后，很多地方都开展了向英雄学习的演讲活动。怎样来构思这次演讲的稿子呢？演讲选手陆茜作为陈陆的同事，结合自己所见所闻和工作生活实际，别出心裁做了一次题为《我曾流过三次泪》的演讲，引起听众的广泛关注和强烈共鸣。三次落泪分别是：殡仪馆告别；看到陈陆生前给孩子买的消防车模型的礼物；陈陆父亲说：“谁都不愿意自己孩子出事，但如果必须有一个人，那还是我的儿子陈陆。”这三个场景都感人至深，催人泪下。说事迹，人人都会说；谈行动，虽各有不同，但也难有新意。而陆茜独到的见解，另辟蹊径的思路在比赛中极具优势。

在做理论宣讲时，照本宣科读文件效果肯定不会好，但这往往是很多人都会犯的错误。为了增强宣讲效果，我便另辟一条紧密联系实际的路子，从听众喜闻乐见的身边小事说起，让他们看得见、摸得着。把高深的理论分解、融入生活学习的各个环节，接地气，冒热气，带着泥土的香气走近每一位听众。

所以说，一次成功的演讲一定要有不同寻常的构思。

税务系统演讲比赛，主题是反腐倡廉，如何发掘新意，找出好的角度呢？一位女选手从自己参加比赛几天没见到自己孩子“心里很难过”，想到邻居因为老公贪腐被关监狱，女主人孤身一人在家生病无人照料，展开联想，引出“不能让爱我们的人受到伤害”的观点，呼吁每个人要遵纪守法，虽然没有讲什么大道理，但是却令人深思。演讲者选取了小的角度，避开了大家都走的老路，提出独到的见解，发人深省。

某部组织参加全国演讲比赛，请我去辅导。之前，一篇参赛的稿子发到了我邮箱，我一看这篇稿子，写得很好，题目叫《铁骨铮铮铸警魂》。这篇演讲稿据说已是七易其稿，单位很多领导都亲自上阵，提笔雕琢。我来到他们单位会场，一位首长请演讲员给我先讲一遍。我笑笑就说：“这样，我先谈点观点吧。”我问他们：“这次全国演讲比赛，想拿个什么奖？”他们告诉我，前几届得的都是优秀奖，今年想有所突破，起码拿个三等奖。要求真的不高，搞个三等奖。但我却毫不客气地说：“从这个稿子来看，优秀奖没问题，因为所有参加的都是优秀奖，但是三等奖可能有点悬。”他们蒙了，既然稿子还不错，那就是演讲员的问题啰？我说：“《铁骨铮铮铸警魂》讲的是消防救援人员在一线救火救命，顽强拼搏，奋勇向前，甚至不顾自己的生命，这种看起来非常精彩的演讲，实际上却打动不了人，因为你和演讲对象处在同一个系统。”我给他们举了个例子："你们到医院去看看，医院里很多人痛苦不堪，'哎哟哎哟'直叫，痛苦不堪的人到处都是，但你们再注意看看护士，一个个忙忙碌碌，目不斜视，为什么？因为她们每天见到这样的人太多了。"演讲也是这样，你在上面讲，消防救援怎么救火救命，底下官兵可能就在想："还没有我上次危险，我上次怎么怎么样，比这更惊险。"

我举了第二个例子。1991 年安徽发大水，那年合肥市搞了一次以"社会主义好、共产党好"为主题的演讲比赛。那年我也是选手。我清楚地记得那时候比赛的很多选手年龄都很大了，其中还有不少是抗洪一线回来的，有事迹有体会。但是有一个小女孩的演讲，直到 30 多年后，我依然清晰记得。她开口讲的第一句话我就被吸引了："我演讲的题目是《大伯邀我去过年》。"当时大家一愣，她就说"大伯邀我去过年"吗？不会跑题了吧？"尊敬的领导、评委，亲爱的朋友们，这些天我们家里非常纠结。"大家又感到很纳闷呢，你的家里又怎么很纠结呢？她说："眼看就要过年了，我爸爸在家非常着急。因为今年的大水把大伯老家的房子冲得干干净净，大伯一家人过年怎么办？他家 7 口人呢。今天，我爸在家真的像热锅上的蚂蚁。我们住在合肥东市区，家里只有一套 60 多平方米的房子，5 口人同住已经够挤的了。但如果过年不把大伯一家接来，我爸真的难以心安。他们过年要怎么办？亲爱的朋友们，你们说我们家里纠结不纠结？但是我要告诉你，就在昨天，大伯从老家定远寄来一封信，邀请我们一家人今年过年，无论如何要回定远老家去过。我当时看到爸爸在看信的时候，手是颤抖的，眼睛是湿润的。我爸告诉我，当年奶奶一个人拉扯着他和大伯，1937 年，日本鬼子一把火烧掉了家里的两间茅草房，之后奶奶只能带着大伯和爸爸靠要饭度日。1948 年，他们好不容易垒起来的小屋，又在国民党反动派的一把大火中化为灰烬。怎么也没想到，今年这场大水又毁了大伯的家园，可是在短短两个月后，大伯家居然就住上了砖瓦房。房子哪儿来的？后来我才知道，是镇政府给他们盖的。大伯一家在大水之年，住上了崭新的砖瓦房。同志们，用不着我多说了。我只想说一句话，我们生在好时代。”

今天站在一个相对专业一点的角度，我们看得出来这个稿子有很多需要改进的地方。比如她纯粹是讲故事，如果适当地加一些理性思考，加一些个人感悟可能会更好。但是，至少有一点非常好，她讲的话有新意，让人感兴趣，想听。她不讲困难只是感慨我们生在好时代，这个时代不就是中国共产党创造的时代，不就是社会主义新时代吗？她没有直接去表白，但这却比直接表白更有力。这种立意非常新颖，后来她果然获得了那次比赛的第一名。

我又举了一个演讲比赛的例子——全国“知荣辱、树新风”的演讲比赛。这个主题确定了以后要怎么讲？很多人都讲，我们要勤奋、要节约，我们不要随地吐痰、不要乱扔杂物，要爱护公共财物，但这就是知荣辱吗？我给阜南县一中的一个留守儿童作指导，准备了一篇《妈妈请不要为我担忧》的演讲稿，演讲内容紧紧围绕留守儿童当自强这个主线，发表感想。父母出去打工是一种没有办法的办法，每年春节之后看着父母背着行囊出走，自己只能两眼泪汪汪：“作为留守儿童，我应该怎么办？妈妈请不要为我担忧，我能够自己去上学，我能够解决自己生活的问题，我能够照顾好爷爷奶奶，你们放心，妈妈请不要为我担忧！”这难道不是知荣辱吗？

通过以上这几件事例，再稍加思索，演讲者想到了自己工作中的一则故事。她大学毕业后考到消防队，刚上班赶上单位搞119宣传，需要带几个战士到市区街头宣传。她带上四个战士到仓库里边搬桌子。哪知道几个新兵搬桌子是用大拇指顶。桌子虽然不大，但要用大拇指顶，那还是挺累人的。果然4个小伙子抬了一张桌子，就累得不成样子了。当时她就感慨万千。怎么比我小七八岁，就有代沟了？现在的年轻人真的是垮掉的一代？她当时忍不住给战士示范桌子是怎么抬的。结果战士们对她憨憨地笑了一下。她问：“你们笑什么笑啊？”结果，战士们把手伸过来，他们几个的手指都是血泡。小战士们说，昨天晚上一个仓库失火了，火场里浓烟滚滚，好多钢瓶都烧红了。他们不知情，不小心

摸到了滚烫的钢瓶,手掌都被烫出了血泡。这位演讲者感慨说:“当时我流泪了。我冤枉这些孩子们了。他们不是只有青春没有热血。我委屈他们了。”

于是,一篇感人的新演讲稿诞生了——《我们赛过周杰伦》。很多人埋怨“80后”“90后”是有青春、没热血的一代,可是我们的消防救援人员,个个赛过周杰伦。消防救援人员都是“80后”“90后”,他们不是家喻户晓的周杰伦,但每个人都是值得我们崇拜的偶像。这种立意就是一种创新。

我们赛过周杰伦

尊敬的首长、亲爱的朋友们:

你们一定不会相信,突然间,我全盘推翻了早已准备好的演讲稿,为什么?

几天前,我们几个朋友在一起聊天,聊到了流行歌曲,聊到了周杰伦。一个朋友的妈妈突然插话说:“周杰伦是谁?”朋友觉得很没面子,就警告她说:“这是在家里,外出这么说,小心有人扁你!”

不可否认,我们年轻的一辈崇拜明星,追随时尚,“一代天王”周杰伦已经成了多少青少年心中的偶像!走进歌厅,来到飙歌城,你们来一曲《送战友》或《北京的金山上》,忘情地唱着。而我们呢?时代不同了,我们是新一辈,我们去蹦迪,我们迷F4,周杰伦就是我们的英雄。

朋友,难道这一切真的就是被称作80后、90后的我们的全部吗?

我们的战友、我们的同事、我们年轻的消防战士,他们都是这样的吗?我要说:不是,绝对不是!

刚参加工作时的动人一幕我至今难忘,每每想起,都会深受触动。一年,119消防纪念活动,要把桌子和宣传展板搬到室外,几个战士,我的战友,一帮小伙子,当我看到他们搬桌子时,翘着拇指和食指往上提,我很奇怪,为什么?为什么?原来他们几个战士在前一天的救火战斗中,手掌虎口被热浪燎出了一连串的水泡。十指连心啊，那是钻心的疼痛，可是他们却没有一个人因为伤痛请假。我的心头一热，眼睛模糊了，我深深地被他们的行为所感动，他们都是80后啊！我不禁要说，谁说我们这代人有青春没有热血？谁说我们是真正垮掉了的一代？谁说我们这一代人没有了亲情，目空一切？我们要说我们有情有爱，有激荡不已的情怀，我们有不灭的信念和闪光的灵魂！

我们不否认，有的人已经长大成人，可还只知道整日泡吧、上网、打游戏，还在依赖着父母，成了月光族、啃老族，患上了“爱的麻痹症”。他们崇拜周杰伦，只是盲目地知道他有耀眼的光环、动听的歌喉，殊不知，周杰伦自幼就父母离异，他从一个酒吧辗转到另一个酒吧唱歌时还带着自己亲爱的母亲；他写出著名的励志歌曲《蜗牛》，那是生活艰难曲折的经历给了他无限的灵感，“一步一步往上爬”不是豪言壮语，而是他百折不挠、永不言弃的精神的真实写照！我们崇拜明星本没有错，也没有什么不好！但现实中请你睁开眼睛看看，在我们的消防救援人员中，哪一个没有周杰伦的这种品质，哪一个没有他这样的精神？！

社会上许多人去歌厅舞厅、下馆子，他们不一定都能理解我们的消防救援人员为什么老是盯着那些楼堂馆所，瞄着那些消防通道。他们中的一些人，在灾难出现时往往只知道拨打一个“119”，期盼着消防战士的出现；他们哪里知道，我们不仅要冒着寒冷、炎热和炙烤，有时还要献上自己年轻的生命。在马鞍山，蒙牛乳业有限公司发生了大火，这次火灾中，我们可亲可敬的战友一次就走了三个……为了群众，为了他人，他们没来得及道声别，就这样无声地走了。他们有家，有爱，有父母，有孩子，但当消防事业需要他们的时候，他们就只能义无反顾地冲上去，与火斗、与水斗、与地震斗。他们中的许多人走了，刚刚结婚的新娘失去了新郎，新房失去了主人，呱呱坠地的婴儿失去了爸爸，白发苍苍的老人失去了儿子。但是他们就是凭借着这样的无畏、这样的坚强，在平凡的生命历程中，在那生死攸关的瞬间，放大了消防救援人员的光辉形象，为我们的共和国挺起了不屈的脊梁。

这些天，我一直流着泪在看抗震救灾的新闻报道。我怎么也忘不了，废墟中的一个女孩，她朝着废墟外营救的人群大声喊道：“我相信你们一定会来救我！”“我知道你们一定会来救我！”朴素的语言，却折射出无尽的信任。信任的坚强基石，是我们军人！朋友，那是我们的战友！灾区人民相信会有爱将他们留下，会有爱领他们回家。我知道，自己虽只是一个普通的军人，却也承载着更多的义务和责任。

有人说，一颗心是生命，两颗心是爱情，三颗心是力量。我们军人，我们无数的消防战士正是用无数颗心汇聚成了爱的海洋，成了国人敬仰和爱戴的榜样！

朋友，您能说我们不如周杰伦吗？勇敢地面对灾难，无畏地面对人生的我们——我们年轻的战友，他们个个都如周杰伦，个个赛过周杰伦！

（演讲者：陈婷）

理念新

一说“喇叭裤”，年过半百的人一定会记得20世纪80年代最经典的穿搭：喇叭裤、蛤蟆镜、运动服。当时它们异军突起，风靡神州。当年敢第一个“吃螃蟹”的往往都是有新理念的人。这就告诉我们，演讲只有拥有与众不同的理念，创出自身的特色，才能做到人无我有、人有我优、人优我特，这样的演讲才能给人眼前一亮的感觉。

演讲的新理念表现在很多方面。

新在观念。我见过一个70多岁的老人，一辈子非常节俭，留给我印象最深的是他吃苹果的方式。一箱子苹果舍不得吃，总是堆放在那里，直至意识到快烂了才去吃。吃的时候又总是先拿烂的吃。陈旧的生活观念导致这位老人一直吃不到新鲜的水果。演讲同样如此，演讲者的观念必须时时更新，才能走在时代的前列。

新在观点。照合影时，照片上总是有人闭眼。事实上为了防止出现有人“闭眼”的情况，负责拍照的人总是对着大家嚷：“我喊一、二、三，喊到‘三’的时候，大家眼睛睁大点。”但结果往往是事与愿违，最终的照片还是有人闭了眼。因为有的人长时间睁眼坚持不住，恰好就在喊“三”的时候闭上了。尽管每次照合影都会出现这种情况，大家还是习惯这样做。有一次我遇到了一个截然不同的做法。拍照的师傅叫大家先闭上眼睛，“我喊一二三，喊到‘三’时请大家睁开眼”，这一次还真的没有闭眼的了，这是为什么？是因为与众不同的观点提高了大家的注意力。演讲出新就新在观点，给人醍醐灌顶的就是深邃的思想，与众不同的观点。

大家都知道“田忌赛马”这个故事，田忌先以下等马对齐威王的上等马，第一局田忌输了。进行第二场比赛。田忌拿上等马对齐威王的中等马，获胜了一局。到了第三局比赛，田忌拿中等马对齐威王的下等马，又战胜了一局。三局两胜，田忌赢了齐威王。同样的马匹，由于调换了比赛的出场顺序，就得到转败为胜的结果。对于演讲来说，演讲者的观点必须超过常人，有不一般的智慧才会有不一样的演讲效果。

观点制胜实际上是思维与智慧的比拼。演讲者必须在与众不同上下功夫，在另辟蹊径上求突破，在别出心裁上动脑筋，在出乎意料上创新意。

2021 年是中国共产党成立 100 周年，全国各地开展了“学党史、悟思想、守初心、担使命”的演讲比赛。如何在这里面求新呢？首先，构思要有创意，这往往需要变换视角。下面这篇《是告别，也是开始》，就是一篇创意独特的演讲稿。演讲者选取的角度小，视角却新。谈离别，却说出了自己和别人不一样的思路，这似乎与“学习党史”主题不一致，让人觉得跑题了，但演讲者将自己和孩子离别的真切感受娓娓道来，情景交融，感人至深。想要从一个全新的视角构思，就要求演讲者善于捕捉生活中的瞬间感受，从感受中深入发掘，从而讲出富有生活内涵和哲思的好见解。

是告别，也是开始

尊敬的评委老师、亲爱的辅导员们：

大家有没有读过这样一篇文章——《依依惜别的深情》。这篇通讯文稿，写出了人民志愿军撤离朝鲜时，和朝鲜人民惜别的场景。几个月前的今天，我也深深感受了一番惜别之情。通过层层选拔，我获得了遴选全国红领巾巡讲团成员的机会，我拿着红彤彤的文件，憧憬着到中国青年政治学院去充电，为更多的儿童宣讲党史。

但是我没有想到，到了离别时，却感到了异常的艰难。3岁的女儿紧紧抱着我的腿，稚嫩的脸庞挂满了泪水，一声声哭着喊着，妈妈别走，妈妈陪我。整整一个月分离的日子，对3岁的女儿来说，是第一次，对我这个妈妈来说，也是第一次。恰逢当时，合肥市周边也有了疫情发生，家里人担忧的眼神，也给我的北京之行，画上了一个大大的问号。去？女儿的情绪和家人的担忧，怎么办？不去？作为一名辅导员，学党史、宣讲党史是我义不容辞的责任，是党交给我的政治任务。此时的我，深切感受到了什么是依依惜别的深情。

正当我犯难时，我想到了“读原著、学原文、悟原理”专题学习活动时，读到的这样一个故事。1927年八七会议后，毛泽东须奔赴安源部署秋收起义，与妻子杨开慧和三个孩子即将分别。此时，他们最大的孩子毛岸英只有6岁，小儿子则只有几个月大。看着尚在襁褓中的婴孩，杨开慧毅然带着3个年幼的孩子回到板仓。谁曾想，这一别也成了杨开慧与毛泽东的永别。

身为革命者，面对牺牲她无所畏惧。但夜深人静时，当她独自面对3个年幼的孩子时，她经历过多少个不眠之夜，又流淌过多少眷恋的泪水。想到这里，我低头看了看胸前的党徽，再看看爱人警帽上闪烁光芒的警徽，我已然有了答案。

作为一名大队辅导员，我不仅仅要将党史故事宣讲给本校的5319名队员听，我更应该担负起党史学习和宣讲的任务，将党的光辉事迹传递给更多少年儿童。

于是，我踏上了北上的火车，与116名少先队工作者齐聚中央团校。他们中有的是正在哺乳期的妈妈；有已经53岁的少先队辅导员。原来，每个人都克服着不同的困难，成全了这一次相聚。为了宣讲好党史，在一个月的闭关修炼里，除了聆听25位知名专家讲授党史，我们还有理论考试和宣讲评比。大家都抛开了差额选拔的压力，一个月的时间里，体会到了沉浸式学党史的乐趣。

6月1日，当我们以北京为圆点，向祖国四面八方散开的时候；当我们用党史故事燃起少先队员那浓浓的爱国情时，我终于看到，我们的努力真的具有星星之火，可以燎原的力量。在一周的时间里，我在北外附小、人大附小和人大附中一共进行了5场宣讲。我们希望通过一场场宣讲，让红色基因的“盐”融入爱党爱国的“汤”里、融入少年儿童的血脉里。我想，这就是我与女儿离别的时间里，我最大的收获。

不管是毛泽东与杨开慧的离别，还是人民志愿军与朝鲜人民的离别，今日的离别，都是为了一个更有意义的开始，一个崭新的开始。今日，我们奋力托举这些少年；他日，这些少年就能托起整个中国。

（演讲者：杨妍）

方式新

一是新在题目。我们来看一组演讲题目：《我们赛过周杰伦》《我的青春我做主》《只有边缘的岗位，没有边缘的人》……无论是看见还是听到，演讲题目往往是听众的第一印象，如果能在第一时间给人以深刻印象，就会事半功倍。先入为主就是这个道理，所以每次演讲需要演讲者想一个出彩的题目。题目一般不主张工整对仗，但一定要直白上口。字数不宜太少，也不宜太多，以五字或七字为佳。

二是新在开场。开场新是开口说话就要令人耳目一新，尽量不说套话，甚至不必要说过多的客气话。找到恰当的呼语后就直入主题。“今天，我要告诉大家一个好消息，一个坏消息”和“此时此刻，我突然想到一件事”等开场白，更能引起听众的兴趣。演讲者在不同场合需要有不同的开场方式，良好的开头就是成功的一半。

三是新在结尾。写文章我们常说“虎头豹尾”，演讲结尾也要想方设法创造亮点。或慷慨激昂，或余音袅袅，或概括总结，或耐人寻味。独具特色的结尾会给人不一样的感受，从而收到意想不到的效果。

四是新在案例。记得孩子小的时候总是缠着我给她讲故事，但是哪有那么多故事呢？孩子经常埋怨：“听过了，听了好多遍了。”案例在演讲中的作用是举足轻重的，所以所列举的案例必须常讲常新。

五是新在用语。演讲的语言需要浅显易懂，但并不是说语言不需要锤炼出新，恰恰是富有创意的语言才能让人为之一振，回味无穷。一个文盲母亲，在劝导高考落榜的孩子复学读书时，流着泪说出一句话，唤醒了迷茫的孩子：“今天多读一本书，明天少求一个人。”

在给中学生作励志报告时，我告诫他们：“今天不苦，明天会更苦；今天不累，明天会更累。”这些凝练新颖、富含哲理的语言在青年学生中引起强烈反响。

演讲语言不能过时，必须紧扣时代脉搏；演讲用词不能落入俗套，必须充溢时代新意。有了新意，演讲才有色彩，才能展现出与时俱进的无限魅力。

求异

在参加同一行业、同一领域、同一职业的演讲活动中，因为参加比赛的选手大都处于同一个系统和行业，工作性质大多属于同一种类型。这就要注意一个问题：同质化。

由于大家做的是同一种工作，经历与见解相似，那么同质化现象就是一个非常突出的问题。比如说消防救援，在这个系统内的演讲中，大家都会讲到救人、救命、救财产，大家都要讲到消防员冒着生命的危险等类似的情况。所以选手一定要在同种情况中发现不同，这就是我们经常说的人无我有、人有我优、人优我奇、人奇我特。一定要标新立异，一定要另辟蹊径、与众不同。所以在同质化倾向日趋严重的情况下，追求不同就是我们创意、立意最重要的突破口。

参加竞赛的演讲选手接到演讲任务的时候，首先要考虑的就是避开在本系统、本行业，大家千军万马走独木桥的局面，要另辟蹊径。因为只有走不同的路径才能引起评委的关注，才能够获得观众的掌声。

现在演讲普遍存在一个问题，尤其是在青年人的演讲活动中，选手普遍阅历浅，找不到亮眼故事和出彩案例。但是这个困难对大家来说都是一样的，因为大家工作时间都不长，社会阅历都不深，也没有谁有很特别的波澜壮阔的经历。所以这时候就要求选手在平凡中找出不平凡，在浅显、普通中进行深度挖掘，用“偏方”烹饪出醇香味道。

下面这篇《周国红，我记住了一抹红》是中国第七届好记者讲好故事的演讲比赛中的获奖稿件。演讲者另辟蹊径，将抗疫的激情和抗癌的悲情统一到一个人身上，这让故事本身就具有很吸引人的元素。这个故事的核心是奋斗，这本身就是好故事。演讲者所选取的讲述角度既突出了采访对象，又时时闪现自己的影子，视角独特而闪亮。

周国红，我记住了一抹红

尊敬的评委老师、亲爱的朋友们：

今天是我人生中第二次来到北京。第一次是四年前，我还没有坐完月子就带着孩子来京求医；而这次，因为一个人，是她带我走上了今天演讲比赛的

舞台。

我身后的这张照片，大家一定不会陌生。她就是疫情期间，在武汉方舱医院隔空喊女儿写作业的“网红妈妈”周国红。

第一次知道周国红，是被那句写在抗疫服上的话所吸引：“合肥45中陈彦然，认真写作业！”一位普通母亲的平常话语，在举国上下抗击新冠疫魔的特殊时刻，显得那样深情，打动了天下母亲的心。也是从那一刻起，作为记者的我就暗下决心必须“第一时间采访她”！

得知我要去采访周国红，亲朋好友是一致反对。他们觉得去采访一个刚从武汉回来的抗疫医生是非常危险的。但新闻记者的责任告诉我，新闻真相就在那里，我知道，我必须毅然前行！

采访中得知，周国红在武汉抗疫期间，有过半月内连续两次晕倒在工作岗位的经历。3月22日，身在方舱医院的周国红接到CT诊断报告：“考虑MT”。学医的周国红当然知道这两个字母的残酷，最终，她被确诊为甲状腺癌转移。

周国红有两张名片，一张是“抗疫英雄”，另一张是“抗癌行者”。

“武汉的仗打完了，今天开启我的抗癌之行。”4月27日，周国红发了一条这样的朋友圈。很快，朋友们的关心纷至沓来。我第一时间得到这个消息，就特地来到医院，对她进行独家专访。看到我时，她指尖不停地滑动着手机屏幕，但却笑着说：“王记者，你看看，从抗疫到抗癌，大家虽不在我身边，但字里行间都是关怀。”然后她抬头望着天花板，努力让眼泪不掉下来，又说道：“请他们放心，我会主宰生命的厚度。等我手术做完了，我会拥抱我认识的每一个人。”

在手术前，周国红害怕自己再也醒不来，没有办法亲口对医生和关心她的人说声谢谢，于是她把感谢和感动写满了两只胳膊。

4月28日，我们采写的独家专访《“网红妈妈”周国红：抗“疫”女英雄抗癌之路》在中安在线首发。稿件经《人民日报》微信头条转载后，阅读量短时间突破 10 万，更多天南地北的人为周国红送上了爱与祝福。我和她之间也不再只是受访者与记录者的关系，更像是知心老友和好姐妹。渐渐地，我知道周国红是个风趣的“段子手”。我还知道她去复查了，去手术了，化疗后能为女儿陈彦然做饭了……

作为一个女人，一位母亲，周国红的经历和她的情绪也彻底感染了我，从她身上仿佛照见了我的影子。

我曾为了践行记者的担当，独自一人进入麻风病患者的病房；我也曾为了一篇环保的稿子，在臭气熏天、满是蚊虫的养猪村，采访了一天一夜，最后被咬得面目全非、几近“毁容”……

我是记者，也是一位普通的母亲。要工作，要顾家，尤其是那段得知孩子患有严重的先天性心脏病，在北京四处求医的岁月，我失望过，绝望过。

然而，面对眼前的周国红，我为曾经有过的“放弃”念头而羞愧。她在武汉抗疫期间，面对的也不仅仅是新冠病毒，也曾受过很多委屈，甚至被安排去倒比她人高出一个头的生活和医疗垃圾，一天来回运输几十趟。面对疫情，人的生命是脆弱的；面对癌症，人生是容易崩塌的。但周国红一个弱弱的女子教会了我坚定和坚强，她让我深刻体会了习近平总书记的那句话：“心中有阳光，脚下有力量。”我们要实现中国梦少不了周国红，也少不了我，“功成不必在我”“功成必定有我”。我们每个人都很平凡，但会给社会带来力量和温暖。

苦难与阳光，仅有一墙之隔，周国红决定踮起脚来。8 月 12 日，她又多出一个新身份——中国人体器官捐赠志愿者。她说，死，只是一个结果，怎么活着才最重要。希望自己的身体还能做些贡献。

此刻的周国红，多么像一束光呀！她是一抹灿烂的红色，激励着每一个见过她的人，克服眼前的一切困苦，实现人生的跨越。从周国红身上我感受到了，一个人的身影无法铺满大地，但她身上发出的这束光，通过我们新闻工作者的书写却能传遍整个神州！

坚强勇敢，精神不垮，为实现中华民族的伟大复兴奋勇向前！周国红，我记住了一抹红！

（演讲者：王玲）

求突破

就学习抓学习，抓不好学习；就经济抓经济，抓不好经济；就教育抓教育，抓不好教育；就演讲抓演讲，也很难达到演讲目的，所以演讲上必须争取有突破。这种突破体现在以下几个方面。

一是程序上有突破。一说到演讲或面试，有的人就想到三段论：开头、正文和结尾，这是写文章的常规套路；有的人想到要演讲，于是就来找行家写演讲稿，然后再来背稿；有的人开头习惯用套话，再找几句时髦的语言填上，运用几个像样的排比句，或是找几个出彩的故事等。这些都是程序上的东西，这种思维模式并不利于做好演讲。作为演讲者，想要在程序上有所突破，就要学会破题立意，围绕演讲的内容，积累素材，用最快的时间组织自己讲述的内容。

二是演讲稿上有突破。不是每一次演讲都一定要把演讲稿写好，有的时候准备一个思路，列一个提纲就上阵，往往效果更佳。演讲需要有演讲稿，似乎是天经地义，所以有的演讲者，尤其是初学者，首先想到的就是找别人写稿，或到网上找稿，这些准备演讲稿的方式都要摒弃。

首先找别人写稿万万不可取。演讲讲的是自己的思想、自己的感受，无论何种主题、何种内容的演讲，都少不了自己的切身体会，只有这样才能有血有肉，才能生动感人。

网络找稿同样也不可取。网络上的稿子是对外的，你可以参考，别人同样也找得到，雷同化现象比较严重，而且也没有结合自己的实际。对在网络上寻找到的一些有创意的例子、突发奇想的构思，可以学习和借鉴，但一定要避免在网络上直接抄稿件。

其次是读稿背稿。进入完稿阶段，无论是别人写的还是自己写的，演讲者多数要读稿背稿，脑海里浮现的总是第一段、第二段，某个标点符号，什么地方的语气应有变化，这种近似于朗诵的模式，不适合演讲。演讲的思维应该像厨师烹饪，首先准备好各类菜肴的配料，然后再集中进行大火小火烹饪。所以演讲者不要拘泥于演讲稿，稿件形成以后随时可以改变，演讲过程中及时作出调整，增删改动都是合情合理的。依赖稿子去演讲多半很难出彩，靠背稿子参加比赛，就像眼珠子不会转，更难以引起听众的共鸣。

三是创新思维上有突破。很多单位的选手参加演讲比赛，单位领导干预过多，经常要求增加自己的内容和思想。比如说，要借此机会宣传本单位，把自己单位取得的荣誉加上。我往往告诫他们，如果加上这些内容，那么演讲者的语言和思维就会受到影响，而且恰恰是因为加了这些宣传语言，导致演讲者不能入围，进入不了决赛，单位反而难以得到真正的宣传。在关于正能量主旋律的宣传方面，正能量主旋律是总基调，每一个参加演讲的选手应该通篇自始至终贯穿着主旋律正能量，而不是成段成章地空喊大道理和口号，否则就变成了假大空的演讲。所以演讲者要想办法把高深的理论融会贯通，变成自己的语言，更可以贴近听众、打动听众。

四是在 PPT 的运用上有所突破。随着时代的发展，越来越多的演讲者不失时机地运用 PPT 来辅助演讲。

严格意义上说，演讲并不需要 PPT，有的时候甚至显得画蛇添足。当然在一些经济类、金融类或者数字、图表使用比较频繁的状况下，有一些数字、公式又确实需要听众有所记忆，是可以使用 PPT 的。但是这里有几个误区必须指出来：

第一，一张 PPT 上的文字原则上不宜超过 6 个。因为演讲者传播的是思想，听众接受的是心灵的触动，而不是文字的呈现，这一点与书籍的呈现方式有很大的区别。如果演讲所配PPT在同一画面出现的文字超过6个，听众大脑就会停顿来进行思考和记忆，这会影响听众对演讲内容的理解。

第二，一张PPT上的图片原则上不超过两幅。两幅以上的图片会占用听众对信息的储存，导致听众无法在极短时间内看清并记住相应的内容。

第三，图表公式。对于专业性较强的演讲，PPT上可能少不了一些图表公式。这些内容大多存在于一般的课堂教学，以便于逐字逐句一步步向前推进地讲解。一般性的演讲不主张出现公式图表，因为即使讲得再详细，听众也很难记住，这本就不属于演讲的内容。

第四，画面不能太炫。一般来说PPT呈现在听众面前（之所以我这里用的是听众而不是观众，就是因为听演讲更多的是运用耳朵而不是眼睛），如果眼睛使用过度，就很难再同时使用耳朵。所以这时候出现的画面不宜同时有过多的色彩。色彩斑斓，在演讲使用PPT上是个大忌，它会过于吸引人的眼球，从而导致听众的注意力发生偏移，演讲效果就会打折扣。

第五，演讲呈现的PPT应该以静为主。在画面中不能一会儿飞出一朵花，一会儿冒出一个泡。最典型的是最近流行的沙画，很多人都使用它作为演讲的PPT背景，但这很不合适。因为演讲的内容与沙画并不吻合，沙画一步步往前推进，恰恰抢夺了人们的注意力，导致人们听演讲时注意力分散。

所以在演讲时运用PPT其实弊大于利，演讲者要坚持做到，讲话则不放PPT，放PPT就不讲话，这样才能更好地发挥PPT的作用。

演讲的思路

厘清演讲的类型

演讲一般从其功能、形式、内容三个角度进行分类。

第一，从功能上划分，可分为五种。

1.“使人知”演讲。这是一种以传达信息、阐明事理为主要功能的演讲。它的目的在于使人知晓、明白。如美学家朱光潜的演讲《谈作文》，讲了作文前的准备、文章体裁、构思、选材等，使听众明白了作文的基本知识。它的特点是知识性强，语言准确。

2.“使人信”演讲。这种演讲的主要目的是使人信赖、相信。它从“使人知”演讲发展而来。如恽代英的演讲《怎样才是好人》，不仅告知人们哪些人不是好人，也提出了三条衡量好人的标准，通过一系列的道理论述，改变了人们以往的旧观念。它的特点是观点独到、正确，论据翔实、确凿，论证合理、严密。

3.“使人动”演讲。这种演讲意在使听众激动起来，在思想感情上与听众产生共鸣，从而使其欢呼雀跃。如美国黑人民权运动领袖马丁·路德·金在林肯纪念堂前的演说，他用一个“梦想”激发广大的黑人听众的自尊感、自强感，激励他们为“生而平等”而奋斗。

4.“使人奋”演讲。这比“使人动”演讲进了一步，它可使听众产生一种欲与演讲者一起行动的想法。二战期间，法国总统戴高乐在英国伦敦作了演讲《告法国人民书》，号召法国人民行动起来，投身反法西斯事业。它的特点是鼓动性强，多以号召、呼吁式的语言结尾。

5.“使人乐”演讲。这是一种以活跃气氛、调节情绪，使人快乐为主要功能的演讲，多以幽默、笑话为材料，一般常出现在喜庆的场合。比如有时我自嘲：“我一直不知道我在别人眼里是个什么样的人？”女儿告诉我：“是伟大人物。”只不过“伟”是“尾巴”的“尾”，意思是我长得胖。我说自己是个吃货，女儿又说不能用这个词，因为“长得好看才能叫‘吃货’，长成我这样的只能叫‘饭桶’”。类似这种演讲的例子很多，它的特点是材料幽默，语言诙谐。

第二，从表达形式上划分，可分为三种类型。

1. 命题演讲，即由别人拟定题目或演讲范围，并经过准备后所做的演讲。它包含两种形式：全命题演讲和半命题演讲。全命题演讲的题目一般是由演讲组织者来确定的。某单位举行“让雷锋精神在岗位上闪光”主题演讲，为了让演讲员各有侧重，分别拟了《把爱送到每个顾客的心坎上》《练好本领，为民服务》《从一点一滴做起》三个题目，给了三个演讲者，要求以此组织材料，准备演讲。半命题演讲指演讲者根据演讲活动组织单位限定的范围，自己拟定题目进行的演讲。2021 年，“全民阅读、致敬百年”第四届“魏源杯”全国演讲大赛，即是以“讲党史、颂党恩”为主题，用语言的力量传递伟大的时代精神，用和悦的声音去传播中国故事、凝聚中国力量，具体题目自拟。有时半命题演讲还别出心裁地给一部分素材，或者是给一段话、一个故事，叫演讲者接着去发表演讲。命题演讲的特点是：主题鲜明、针对性强、内容稳定、结构完整。这种形式的演讲一般还可分为：照读式演讲、提纲式演讲、背诵式演讲。

照读式演讲。也就是读稿式演讲。演讲者拿着事先准备好的演讲稿，走上讲台，逐字逐句地向听众宣读一遍。其内容经过慎重考虑，语言经过反复推敲，结构经过精心安排，话讲得十分郑重。

提纲式演讲。就是提示式演讲。演讲者担心中途忘词，只把演讲的主要内容和层次结构，按照提纲形式写出来，借助它进行演讲，而不必一字一句写成演讲稿。

背诵式演讲。亦称脱稿演讲。演讲者事先写好演讲稿，反复背诵，背熟后上讲台，脱稿向听众演讲。

2. 即兴式演讲。演讲者没有预先充分准备而临场生情动意所发表的演讲。它是一种难度大、要求高、效果佳的演讲方式，可以根据实际情况，针对听众的心理和需要，灵活机动，迅速调动语言的一切积极因素，以悬河之口造就生动、直观和形象的具有感染力的画面，这是其他各种演讲方式都无法比拟的。

即兴演讲是演讲者在事先无准备的情况下就眼前场面、情境、事物、人物临时起兴发表的演讲，如婚礼祝辞、欢迎致辞、丧事悼念、聚会演讲等。它的特点是：有感而发、时境感强、篇幅短小。它要求演讲者紧扣主题，抓住由头，迅速组合，言简意赅。

3. 论辩演讲，即指由两方或两方以上的人们因对某个问题产生不同意见而展开的面对面的语言交锋。其目的是坚持真理、批驳谬误、明辨是非。比如，我们生活中常见的法庭论辩、外交论辩、赛场论辩，以及每个人都曾经历过的生活论辩等。它的特点是：针锋相对，短兵相接。论辩演讲较之命题演讲、即兴演讲更难些，要求演讲者必须具备正确的思想、高尚的品质、严密的逻辑和较强的应变能力。

第三，从内容上划分，大致可分为四种类型。

1. 政治演讲。凡是为了一定的政治目的，出于某种政治动机，就某个政治问题以及与政治有关的问题而发表的演讲均属此类。它包括外交演讲、军事演讲、政治宣传等。

2. 社会生活演讲。指演讲者就社会生活中存在的各种问题、风俗、现象而作的演讲，它表达了演讲者对这些问题的看法、见解和观点。这种演讲涵盖的内容更加广泛，如：亲情、友谊、迎送、答谢等。

3. 科学学术演讲。指演讲者就某些系统性、专业性的知识和学问而发表的演讲。一般指特定场合的专题讲座，如学校和其他场合的专题讲座、学术报告、学术发言、学术评论等。它必须具有内容的科学性、论证的严密性和语言的准确性三大要素。这是与其他类型演讲的一大区别。

4. 法律法庭演讲。即公诉人、辩护代理人在法庭上所作的演讲、律师的辩护演讲。法庭演讲有自己的突出特征：公正性和针对性。

另外，按照风格的异同可分为激昂型演讲、深沉型演讲、严谨型演讲、活泼型演讲等；从目的上分为说服型演讲、鼓动型演讲、传授型演讲、娱乐型演讲等；从场所上分为街头演讲、战地演讲、集会演讲、课堂演讲、法庭演讲、电视演讲等。总之，依据不同的标准，站在不同的角度，可以把演讲分为不同的类别。

由于演讲内容、形式、功能的复杂多样，我们以上对演讲的分类不可能做到绝对的准确。这里介绍的几种基本类型，旨在为演讲爱好者提供一些参考。

演讲、朗诵要分家

“崔老师，我们单位一个选手，明天参加演讲比赛，请您帮忙指导一下。”一位领导给我打电话，我一脸茫然，明天就上场了，今天还可以指导什么？我告诉他，时间来不及了，他居然认为我是在找理由推脱。其实不然，我纵有三头六臂，真的没法子再有什么有效的见解了。他说，可以给选手讲讲表情，指点指点动作。我明白了，他把演讲当成朗诵了。

生活中几乎人人天天都在演讲，却有人不识演讲，认为自己说话并不是演讲。

可能是演讲中不时会有朗诵的情怀，朗诵中偶尔也会出现议论的语句，许多人便把演讲和朗诵混为一谈，有人干脆说二者是“双胞胎”。其实演讲与朗诵真的不是“兄弟”，甚至连“表兄弟”都算不上。

不错，演讲与朗诵的确有共同点，直白地说，都是口语表达的有声语言的表现形式，都要求以普通话为基础，也都要求有情感的流露，多数也都是在公众场合进行展示，但是二者有着本质的区别。

演讲爱好者必须把二者分开，不然就会出现方向性的错误。

演讲与朗诵有以下几方面的区别。

语体不同。“祖国啊，母亲”这样的表述就是朗诵的语体；演讲就不行，只能说：“祖国，你就是我的母亲。”纪念长征的活动，有演讲，也有朗诵。“讲到长征，请问有什么意义呢？我们说，长征是历史记录上的第一次，长征是宣言书，长征是宣传队，长征是播种机。”这是演讲的语体，无论怎么排比，如何激情，都是在向我们述说观点。所以，演讲毫无疑问是论说文、政论文，至少也应该是杂文、小品文。论说文是以议论、述说为主要表达方式的一种文体，是论述社会政治问题、事件、社会文化现象、社会道德等的评论性语体。语言上多用陈述句、祈使句、复句，用语言说服听众接受一定的观点、思想，其目的是让听众信服你所阐述的道理，影响或改变受众的态度，激发受众的行动欲望。

“莽莽苍苍长征路，二万五千惊世程。一路足迹留血印，一路厮杀扬雄风，一路飘飘红旗展，一路耀耀播火种。”从这几句诗里可看出朗诵是口头文艺语体，是虚构和想象中的情境再现和情感表达，所以朗诵几乎毫无例外的是散文、诗歌、辞赋或其他叙事性和抒情性文体。朗诵是艺术审美活动的需要，主要以形象性、抒情性、美感性为其基本特征。

角色、受众不同。“大家有没有发现，夫妻离异的原因千万种，但是有一个原因可能被忽视，那就是夫妻的床太宽了。”一位听众，听了我的演讲，回家后就把自己的大床换给了孩子，还说我挽救了他的婚姻。在这场演讲中，他找到了自己作为听众的角色。演讲的表达是非表演性的，演讲不能扮演角色，演讲过程中只有一个自我，演讲者永远是自己，即使是在演讲中模仿某一角色行为或说该角色的语言，也是在以“我”，即演讲者的身份，在“学”其样子或转述角色语言。演讲追求的是真实和率真，绝不能虚构和杜撰。

“天上的星星流泪，地上的玫瑰枯萎，冷风吹，冷风吹，只要有你陪。”在一次诗歌朗诵会上，我看到一位观众因为这句话泪流满面。后来才知道，她的爱人在一次车祸中身亡。诗歌朗诵会中，台上灯光炫目，两个伴舞若即若离，表演得活灵活现。这位观众触景生情，顿觉心碎。她不是被说服了，而是被艺术带进了情境，从而被深深感染了。朗诵是为抒发作品情感，进入角色、抒发角色的感情，进而感染受众。朗诵是表演，是扮演角色，是第二自我的呈现。演员要高于角色，驾驭角色，表演角色。

“轻轻的我走了，正如我轻轻的来。”徐志摩的《再别康桥》相信很多朗诵爱好者都无比熟悉。朗诵的过程就是艺术欣赏的过程，所以朗诵群体是特定而小众的艺术群体，也是一个人艺术细胞在语言方面的具体体现。有天赋因素，也归功于后天培养。朗诵并不是人人都喜欢，人人都擅长的。相对而言，演讲虽然很多人也都谈不上专业，但是人人都要说话。所以我们常说，没有与演讲无关的人，人人都可以成为演讲家。其实，只要是对两人以上表明自己的观点、意图、想法，那就是演讲。演讲是大众的。朗诵可以一个人自娱自乐，演讲却必须是有人在听。

演讲离不了艺术，但它不属于艺术范畴。它的表述主体是思想，主导思维是逻辑思维，其追求的艺术是构思的巧妙、创意的新颖、案例的剪裁、表达的技巧等。朗诵的主导思维则是形象思维。虽然朗诵也有逻辑思维的因素，演讲也有形象思维的表现，但从本质上而言，朗诵是艺术，允许并且需要想象和虚构。

朗诵一般是二次创作，将散文、诗歌、辞赋或文稿声情并茂地传播出来，还可以配上动听悦耳的音乐。所以朗诵可以听上无数遍，朗诵者激情满怀，欣赏者如痴如醉。但是演讲一般只听一遍，因为其中的思想观点听众已经知道了，演讲的新鲜感就缺乏了，听众听多了自然会感到厌烦。所谓的百听不厌，那一定是指朗诵，或者纯粹是恭维人，说好话给演讲的人听。朗诵是艺术范畴，所以生活中我们可以说某某是朗诵艺术家，却不会说某某是演讲艺术家。

演讲需要的是思维与智慧。“理想，当你想它的时候，会很快乐；欲望，当你想它的时候，会很痛苦。”“方向不正确，就像苍蝇趴在玻璃上，前途一片光明，但是一点出路都没有。”这些句子让人记住，不是因为美，而是因为有哲理。演讲过于追求艺术化反倒真的把自己在向朗诵的方向倾斜。演讲不需要刻意加什么动作，穿什么服装，如何化妆。参加长征精神的演讲，没有必要一定穿着红军服装登台，更不需要模仿角色到惟妙惟肖的地步。朗诵则不然，为增强艺术效果，可以化妆，设计服装、道具，安排场景。肢体语言也可以恰到好处地专门考虑，比如，发型、发饰，穿着特制的服装出场，效果会截然不同。朗诵还可以伴舞，甚至配音、配画。但是演讲就完全不需要。恰恰相反，配音配画容易分散听众的注意力，影响演讲的效果。

语言和表现风格不同。演讲不是比嘴皮子，也不是比普通话的标准程度，演讲斗的是智慧。演讲注重口语化，用语直白明了，浅显易懂，朴实无华。朗诵的文稿词语比较华丽，一般有意境，有诗情画意。演讲用排比，往往是语义的递进或升华，如“森林不缺一棵树，大海不缺一滴水，你的单位不缺你一个人”，为的是增强语势。朗诵的排比更多的是词语的抒怀，追求唯美和韵味，比如：“烦闷时，读书可以解闷；愁苦时，读书可以忘忧；兴奋时，读书可以警醒。”

二者对普通话虽都有要求，但是对于演讲者来说，能用标准的普通话更好，如不用普通话，只要不影响表达，听众听起来不费劲，甚至夹杂着方言也同样可能受欢迎。演讲者的眼睛不可以离开听众，因为演讲者需要和听众进行交流。即使是演讲者用手指指向某个特定的位置，演讲者眼睛也必须一刻不停地与听众保持互动，正如我们常说的：“眼睛是心灵的窗户。”朗诵者因为是表演，它的表现形式就灵活多样，朗诵者完全可以沉浸在自我陶醉之中，眼睛可以与观众交流，也可以游离至远方。

要说演讲和朗诵的不同，还有许多，比如发音、语气等。但是知道以上几点就足以明白它们不是一家人，演讲、朗诵需“分家”。

演讲不是讲故事

要搞清楚演讲稿的体裁，就必须弄明白演讲和讲故事有什么区别。

演讲与讲故事有什么不同呢？讲故事要有几个基本要素。什么是故事呢？拿我们通俗的语言来说，故事是“一件事、三两个人、转几个弯”。

讲故事要有时间、地点、事件，乃至过程，讲究完整。演讲则必须是真实的，原则上不可虚构，是演讲者所思所想，是演讲者的见解和观点，即使在演讲中运用到一些故事，也是为了说理。朗诵、故事等形式是可以再现，可以演绎的。它们都有“情”，不同的是讲故事要热情，朗诵要煽情，演讲则要有真情。

实际上，演讲稿是杂文的一种，演说者要表达自己的观点必须有例证，要有大量的数字、具体的人物、准确的时间，甚至要有完整的情节。演讲者在证明自己某个观点的同时，需要叙述事件的过程，讲清楚来龙去脉。这一类的演讲，多有较强的故事性，但一定要注意，这不是讲故事。讲故事只要把故事本身发生的时间、地点、人物、事件过程等交代清楚就可以了，一般不需要议论，不需要升华，让听众自己在故事中体会、感悟，受到启迪。演讲却不同，列举事例的目的是证明自己已经明晰的观点，在讲完某个事例之后必须加上议论部分，以示升华，或者画龙点睛。我们先来看几则故事。

喝喜酒

谁没喝过喜酒啊？不过，这次喝喜酒，我却流泪了！

今年的五一节，妈妈带我去参加了一场婚礼。新娘子是一所知名大学的毕业生，我可要去沾沾喜气，将来也考个好大学。

婚礼现场布置得好看极了，终于，音乐响起，美丽的新娘闪亮登场了。

哇！新娘就像童话里的美丽公主！大家纷纷拿起手机，啪啪啪，不停地拍照。这时，人们奇怪地发现，新娘手里除了捧花，还拉着一个红色的拉杆箱。咦，这是什么？第一次见到哦。当听到主持人说这是新娘子给她妈妈准备的礼物的时候，小朋友们高兴坏了，会是什么礼物呢？

这么大的箱子好贵重吧！“一定是漂亮的衣服！”“不不不，我觉得肯定是好看的珠宝！”在大家的猜想中，新娘缓缓打开手提箱的拉链，我们一下子拥过去，想第一个知道是什么。新娘子小心翼翼地取出一个包裹。只见这个包裹用鲜红的大绸子布仔细地包着。来宾们激动起来，快打开呀，我的心里急死了！“快打开啊！到底是什么？”突然我看到新娘子哭了，眼泪出来了，发生了什么事？新娘子为什么落泪？就在我们不知所措的时候，新娘子终于打开了金皮纸包着的贵重礼物，我们看见了，那是一件破旧的小棉袄！

天呐，这是什么礼物？哪有人送给妈妈这样的礼物啊？！

新娘接过主持人的话筒，我们知道了。

原来新娘4岁那年，得了一场怪病，花了很多钱，去了很多家医院都没有治好。因为家里穷，邻居们都劝妈妈放弃，再生一个。医生都说，别治了，以防人财两空，可是她妈妈没有理会，硬是背着她，南京、北京、成都、上海……到处求医。

妈妈的坚定，让新娘子挺过来了，她要把自己4岁那年穿过的小棉袄在今天这个特殊的日子亲手送给自己的妈妈。

看着看着我流泪了，新娘子送给妈妈的不是小棉袄，那是优良的家风啊！

大家看完这则故事会被深深感动。我们稍稍思考一下就会发现，故事没有议论，感人的是情节，通篇没有议论，没有刻意升华的语言，但所有的读者（听众）都会产生心灵上的震撼。

我们再来看一则全国红色故事讲解员大赛冠军选手张淞硕所讲过的故事。从预赛到决赛，五轮比赛中张淞硕共讲了五则故事。我们来看看其中两则。

（一）追寻

前不久，我和爱人带着宝宝去照全家福，从做造型到拍摄再到选片，整整用了一个下午，可我身后这张全家福却只用了几分钟。

1952 年 12 月 31 日，还在睡梦中的康明忽然被抱到院子里，急匆匆地拍下这张照片。当他再次进入梦乡时，他的父亲，中国人民志愿军第 1 军第 7 师第 19 团团长康致中，正在奔赴抗美援朝战场。

1953 年 6 月 26 日，19 团正在召开作战会议，忽然，山洞外传来一阵刺耳的轰鸣声，美军 40 多架轰炸机倾泻出上百枚炸弹，山体轰然垮塌。前来增援的战友日夜不停地挖，挖了一个月才挖通。可坑道里的 114 名指战员早已凝固成 114 座雕像，有人握着电话，有人举着手电筒，还有人紧紧地攥着工兵锹。距离康致中不远处的墙上，挂着一张作战地图，上面斜插着康明的照片，儿子就是以这种特殊的方式陪爸爸度过了生命最后的时刻。

康明用了一生去寻找爸爸。他从母亲的书信里、历史资料上，拼命地搜寻着关于父亲的一切。他曾辗转全国去寻找父亲的战友，他也曾几十次远赴朝鲜半岛。终于，他从父亲战友手中获得了一张珍贵的照片，照片备注“152 号墓”，康致中就安葬在这座墓群。可遗憾的是，墓地处在北纬 38 度线附近的一处军事禁区，根本无法进入。于是，康明就只能利用卫星地图，冲着手机屏幕上小小的坟冢，跟爸爸说说话。

2014 年 3 月 28 日，437 位在韩志愿军烈士回归祖国。康明知道，那当中并没有他的爸爸，可他还是不远万里赶到了沈阳。当他看到沿途几十公里自发前来送行的市民，当他望向棺椁上覆盖的五星红旗，当他听到回荡天际的思念曲，他忽然间明白，爸爸找到了！他和所有的志愿军忠烈早就回来了，他们，就在人民的心中！

(二)党史上年纪最大的新党员

20世纪60年代初，电影《红色娘子军》公映，在当时全国8亿人口的情况下，创下了6亿人次的观影纪录。该片讲述了第二次国内革命战争时期，海南红色娘子军的英勇战斗故事。

前几天，我正在重温这部红色经典时，听到女儿对着妻子说："妈妈背背我，妈妈背背我。"当我看着妻子背着女儿的背影时，忽然间发现，这一幕是那样的熟悉，因为影片里也有一位母亲背着孩子，但他们却是走在行军的路上。

今天，我想为大家讲述的就是电影中这位母亲的原型——王运梅。

1931年，王运梅加入了中国工农红军琼崖第二独立师第三团女子连。

1932年秋，马鞍岭阻击战后，怀孕的王运梅随连队向母瑞山根据地挺进。一个夜晚，她身子剧痛，全身冒冷汗，在战友们用山葵叶和芭蕉叶支撑成的临时帐篷里，生下孩子。

为了躲避敌人的追击，产后第二天她就搂着孩子继续前进。为了孩子能多吃到些奶水，战友都将稍好一点的野菜野果留给王运梅，可根本起不到什么作用。孩子一天天地消瘦下去，最后虚弱到连哭的力气都没有了。这个小生命坚强地陪妈妈和这支年轻的队伍挺过了20多个日夜后，还是停止了呼吸。为了防止被敌人发现，王运梅忍着巨大的悲伤，硬是把哭声压在嗓子眼。

连长冯增敏脱下军衣，将她能够给予的全部温暖包裹在孩子身上。战友们在小小的坟冢旁种下一棵象征着坚强的木棉树。

王运梅失去了儿子，也失去了许多情同手足的姐妹。在娘子军仅存的两年左右的时间里，这些平均年龄不到20岁的女子，先后参与了50多场战斗。许多人牺牲时，跟现在刚上高中的孩子差不多大。

2000年5月1日，红色娘子军纪念园在她们战斗过的地方落成。王运梅来到纪念园定居，以志愿讲解员的身份继续着她的革命事业。

一天，有位游客问她缴纳多少党费。一直以为参加革命就是党员的她才意识到，自己还没入党。于是，年逾百岁的王运梅自己口述、请人代笔，写了满满两页纸的入党申请书。“没有入党，就像一个人没有家一样，我希望组织能认真考察我，接收我为党员……”终于，102岁高龄的王运梅站在党旗下庄严地宣誓，创下了党史上年纪最大新党员的纪录。

如今，当年那支红色娘子军的成员已全部离世。但信仰与理想的光芒，永远闪耀在这群女性革命者坚定的眼神中。一个个红色娘子军的英雄形象，永远铭刻在每一个中国人的记忆深处，激励着我们向前进，向前进，永远向前进！

这就是故事，读完后我们会有很多联想，但仅有故事不是演讲。演讲有时要讲故事，但故事讲完之后必须加以议论。我们再来看一篇类似于讲故事的演讲，但必须注意这是演讲稿，而不是故事。

改革之音撞破了我的黑暗

尊敬的评委老师、亲爱的朋友们：

我是一个盲人。我的眼前一片漆黑，但是今天来到了著名思想家魏源老先生的故里，我的心里充满了光明。

40年前，我住在安徽农村，那个时候每天我最大的奢望就是能吃饱肚子。6岁那年，我突发高烧，由于家境困难，没有能及时到大医院救治，导致了眼膜出血，使我双目失明。我8岁那年，我的父亲因为生了大病离开了我。我的母亲担心我的眼睛失明后心里孤独，在联产承包的第一年用很多粮食给我换回了一台“红灯”牌收音机。在我12岁那年，我的母亲由于劳累过度突发疾病也离开了我。当时，失去了眼睛又失去了父母的我，在很多人的眼里，就是个废人。但是，母亲买给我的这台收音机使我在改革开放的年代里改变了命运。

1984年，我13岁。我把从广播里学会的100首歌词和歌曲作为灵感，创作了5首歌曲，其中《送花船儿轻轻摇》《你送来一支奋发的歌》在安徽乐坛上先后发表，让我一下子在合肥成了小有名气的人，也点燃了我一定要走出去的梦想。所以，那时候我就想自己一定要走出去，因为走出去就有发展，走出去就有光明。1995年，我从广播里听到了全国有很多盲人在深圳做按摩工作，月收入1万元左右，同时也听到了北京按摩医院对外招收学员，当时我激动得在家里蹦了起来，却忘了自己是一个盲人，一头撞在墙上痛得我半天说不出话来。但是，我坚信，没有人能代替我的苦痛，同样也没有人能抢走我的坚强。为了去北京学习，我没有钱买票9次被赶下火车。我眼睛看不见，多次被困在危险的站台上，因为口袋里钱不多，七天七夜很少吃饭睡觉，很少上厕所，终于从合肥来到了北京。幸运的是，按摩医院的院长听了我的经历破格录取了我。因为没有学费，又重复着同样的困难回到了家里，通过民政救助解决了我的学费。我凭着学到的按摩医术，在合肥创办了推拿养生堂，积累了人生第一桶金。2009年，我利用第一桶金的资本和改革开放的政策，做起了药材生意、石材生意、房产生意，成立了生态农业有限公司。我每前进一步，都会想起小时候父亲说的一句话："人在穷的时候可以多想想自己，但在富裕的时候别忘了多帮助别人。"所以，当我遇到汶川地震、贫困学子、困难残疾人的时候，我都会慷慨解囊、捐款捐物，伸出温暖之手。我知道我的力量很有限，但即使是一只小小的萤火虫，只要肚皮朝上就会发出微弱的光芒。在改革开放的新时代里，再小的爱心乘上14亿就是爱的海洋。

40年前，6岁就双目失明的我根本无法想象40年后的今天日子会是什么样子。从过去我有什么吃什么到今天的想吃什么就挑什么；过去我只能在收音机里倾听世界，今天我能通过读屏软件在网络里遨游世界；过去我发高烧因为没有钱救治导致了眼睛失明，今天人们腰酸背痛就可以拿着医保卡到诊所里刷卡治疗；过去几千元的学费都要靠政府救助，今天我也能经常捐款捐物帮助别人；过去我因为没有钱买票多次被赶下火车，今天我拿着手机坐着飞机来到全国演讲大赛的舞台上自信地张扬。改革开放40年，我们的祖国自信满满地屹立于世界强国之林。让我们为我们的祖国喝彩，为美好的生活喝彩！如果魏源老先生能够听到我今天的演讲，一定会开心地鼓掌、喝彩！

（演讲者：王良成）

这是一篇为了参加“魏源杯”全国演讲大赛而准备的演讲稿，要求内容中有感人故事，但本质上必须还是演讲。在这篇演讲稿中，我们看到了一个不同寻常的故事，但更了解了演讲者在叙述完故事之后所发的议论，明白了演讲者在演讲中所表达的思想。这些议论不是画蛇添足，而是锦上添花，是对主办者要表达的思想主题的升华。

我们再来欣赏一篇同类型的演讲稿。

再读两封信

当接到参加这次比赛的任务时，说实话，我的内心是拒绝的。作为一个刚刚结束产假的二孩妈妈，每天除了上班努力工作，就是下班努力带娃。许久没有演讲的我，能讲什么呢？况且对于党史，总觉得自己是泛泛而读，体会不深，又如何能站在台上侃侃而谈呢？直到我再次读到同样是母亲的两个人的两封信。

1929年，作为三个孩子的妈妈，杨开慧写下一封托孤信：“说到死，本来，我并不惧怕。只有我的母亲和我的小孩呵，我有点可怜他们，我决定把他们托付你们！”那时，杨开慧已经一年多没有丈夫毛泽东的音讯了。她深感自己前途未卜，决定将孩子托付给叔叔们。写完信的一年后，她就英勇就义了，年仅29岁，最小的孩子才3岁。

第一次读到这封信，是15年前，那时我刚踏进大学校门，递交了入党申请书。当时的我，觉得这封信感人而动情，但是对于信中表达的绝望和坚毅，对孩子的难舍和痛楚，对共产主义的信仰和执着，18岁的我，其实并不能完全理解。

直到去年，我迎来了一地鸡毛的二孩生活。我的爱人因为工作的特殊性，在疫情期间被隔离封闭。对我而言，最难的还不是独自半夜哄睡和喂奶，而是两个孩子同时生病。小的哭，大的叫，灰头土脸的我深感家庭工作难以两全，甚至茫然失措到自我怀疑。这时，我想到了自己曾经读过的另外一封信。

同样是1929年，共产党员赵云霄在狱中给刚出生一个半月的女儿写下遗书：“小宝宝，我很明白地告诉你，你的父母是共产党员。当我死的时候，你还在牢中，你是个不幸者，更是无父母的可怜者！望你好好长大成人，且好好读书，才不负你父母的期望。”两天后，赵云霄给襁褓中的女儿喂了最后一次奶，便走向刑场，牺牲时年仅23岁。

血泪成书，纸短情长。这两位母亲，为了反抗压迫，永眠于20多岁的年纪。她们也是血肉之躯，却没能像大多数妈妈一样陪伴自己的孩子长大，她们明白向前一步就是永别，对孩子有着满心的不舍和亏欠，却也只能将所有的柔情深藏于心，最终头也不回地走上刑场。18岁时的我，并不能完全体会信中的情感。当我有了孩子，成了母亲，才明白这正是她们那一代共产党人的选择与担当！

同样作为妈妈，今天，我们也许不再需要为了理想和主义与孩子残忍地永别。是因为我们生活在一个和平的年代吗？不，是因为我们生活在一个和平的国家。是因为曾有千千万万个杨开慧、赵云霄这样的妈妈，用自己的生命，用与年幼孩子的分别，替我们踏平了前行的坎坷与荆棘。与她们相比，33岁的我，眼前所经历的一切辛苦难道不是另一种幸福吗？

一个人有初心不难，难的是一辈子坚守初心；一个政党有精神不难，难的是一代代传承精神。重读党史，让我明白，它并非停留在教科书上的冰冷字眼，而是由9800万个你、我、他共同书写和创造的实实在在的历史。在这段历史中，我尤其要感谢这两个人、两封信，让我这个被琐事所困扰的二孩妈妈能够重新鼓足勇气站到这里，与在座的各位分享：学党史学什么？初心和使命又是什么？是铭记历史不忘来路，是立足岗位探索去路。是我作为一名党校教师，不仅要对自己的孩子负责，还应该对脚下站着的这片土地负责的担当和勇气。当然，我也要感谢我两个可爱的女儿，给了我机会成为母亲，让我曾经没有读懂的这两个人、两封信，在今天不仅读懂了，还会一直读下去！

（演讲者：章曼）

演讲稿中的故事或典型事例，不需要具备完整性，更不必具备故事的所有要素，只要能论证观点就足够了。

值得一提的是，演讲稿并不都是故事性的，反而恰恰以议论见长。有的时候只是以一个小小的事件做引子，要用更多的时间去论证、去说明，需要科学的理论、高超的记忆、缜密的逻辑、准确的数字和精练的语言。

所以说，演讲稿的文体理所当然是议论性、政论性的。

纯议论性的演讲，文体不应该是散文或记叙文。演讲当然需要案例，需要叙述，但最根本的是说明观点。

在表述方式上，演讲用的是陈述，是论证，不需要描写，只要求叙述。讲故事和案例都是为了辅助说明演讲的观点，如“雷电交加”“天灰蒙蒙的”，这些表述方式虽然很生动优美，但不是演讲必备的语言，那是散文的笔调。

专攻谋篇布局

开头要重视

无论发表何种演讲，讲话一开始就抓住人心是至关重要的，这就是所谓的“黄金 20 秒”。

演讲者要珍惜开场这宝贵的时间，要认真思考如何开头，因为在演讲者登台时，听众注意力最为集中。我听过一位台湾学者的演讲，第一句话就是：“在座的朋友们，你们忙吗？我要问你们‘忙’是怎么写的，你们一定会回答，竖心旁。不对！如果你们问我‘忙’的写法，我要告诉你们的是，是不是‘死亡’

的‘亡’，下面放个‘耳目’的‘目’？不对啊，不是‘盲目’的‘盲’。那我理解是草字头下面放个三点水，再放个‘死亡’的‘亡’，‘渺茫’的‘茫’，没有本事，前程迷茫。你说是什么‘忙’？‘竖心旁’放个‘亡’，我知道了，心死了它才会忙，没有效率。”这个开场一下子就把人抓住了。这是反问式开场白。

现实中很多领导或专家讲课为什么不受欢迎？很重要的原因是没能把握好开场，而是把最重要的时间用来讲客套话，讲重要意义，讲必要性，讲大道理，每次开场都是这样，就会丢掉听众！请注意，在我们的生活中，要尽量避免开场时候的乱哄哄。我在外面讲课，一开始底下有人交头接耳，有人做小动作，甚至有人还没落座，这时候我是不会讲话的。开始半分钟时间，火候把握好了，对整场演讲都有好处。如果最开始的半分钟到几分钟就受到影响，那么你这次演讲就差不多失败了，所以我认为演讲者有必要在这个方面动点脑筋，做些设计。

悬念式开头。有位选手参加全国演讲比赛，正式比赛时换了一篇新的演讲稿，上台时发现老演讲稿已汇编成书，而自己的新稿子没能编进去，担心稿子换了会被扣分，我教他把开头换掉：“走上今天的演讲台，我下决心要做的第一件事，就是换下我的演讲稿。”一句话就吸引了所有的评委和听众，取得了意想不到的成功。大家都想知道其中的原因，好奇心被充分激发起，这实际上就是开头的重要性。

用虚情假意的客套话作开头，只会让人感到索然无味。有位学者演讲时习惯于用这样一句话开头：“本人水平有限，准备得也不够充分，讲得不好请多多谅解！”大家思考一下，这句话看似客套可效果却往往适得其反。“水平有限”？有自知之明就不该来，结果还来了。最不可原谅的是，“准备得不够充分”，真的是不把听众当回事，准备不充分居然还来讲，别人怎么谅解你？所以一定要在开场白上，用巧劲。

我到一家盐业公司发表演讲，是用两个小故事开头的：

小时候丢了两分钱，结果未能买到两斤盐，回家父亲狠狠地揍了我一顿。那时我就想，盐比儿子还重要。

童年时吃不饱饭，而且连菜也没有。有一天中午吃饭，实在没有菜，母亲就在主食里放了一点盐，那一天我们居然把白米饭吃出了美味佳肴的感觉。

这种以真实的小故事作为开场白的方式非常受欢迎。两句话一说，就立即调动了盐业系统广大听众的极大兴趣，演讲自然取得了良好的效果。不难看出，故事式开头很重要。

一个普通的女孩就要结婚了，可就在她精心准备婚礼时，却遭遇车祸去世了。之后人们惊异地发现，她竟然有10本无偿献血证书。她被评上了“中国好人”，有关部门开始准备她的事迹报告会，谁来讲呢？她的表弟挑起了这个担子。开头怎么开？他说：“今天站在这里的不应该是我，但是她已经离开我们半年了，我代替她走上今天的讲台，带来了她生前的一摞证书……”

这种开头贴切自然，吸引人，有悬念。这就是直入主题式的开场白，亲切自然而真诚。

一个大学生刚毕业工作一年，要参加反腐倡廉演讲比赛，演讲的题目是《呵护我们共同的家园》。她的开头是：

我是个普通的挡车女工，大学毕业后参加工作才一年就来参加廉政文化演讲。一开始，面对反腐倡廉的主题我真的没法下手，做个挡车工还是个副的，难道不在河边走，也要防鞋湿吗？直到几天前，我的一个高中同学突然来到我家，我才意识到，廉政其实离我们每个人都不遥远，有时候甚至就在我们眼前。

以这种渐进式的方式开场就非常贴切自然，给人水到渠成的感觉。

开场白的方式有很多：反问式、设问式、故事式、渐进式、悬念式、情境式、概括式、数字式、道具式等。开场没有固定的模式，只有最受听众喜爱的方式。演讲者需要根据不同的演讲内容和场合进行思考，随时找到最适合自己也最受欢迎的演讲开场白。

结尾套路深

结尾多种多样，有留有余味的，有激昂奔放的，有概括式的，也有分解式的，效果各有不同。但无论是何种结尾，无外乎都要给人启迪，令人深思。结尾最忌讳拖沓，听众最讨厌听套话，演讲者也不需要假客气。多余的、过分的谦虚同样也都会削弱演讲效果。

重要报告、领导讲话等很多场合的演讲结尾都是激昂奔放的。但也有例外，有一次我给服刑人员讲课，结尾就采用了娓娓道来的方式，听众还在遐想之中，就突然结束，让人感到余音袅袅，意犹未尽。

我是怎么结尾的呢？

高墙内的朋友们，也许还有三天五天、三年五年，长的也可能还有七八年、十几年，你们要相信，总会有一天你们将走出高墙，回家找回那颗久违的初心。高墙内的朋友们，当你们走出高墙的时候，当你们回到了阔别已久的家，我希望你们一定别忘了，拥抱一下你们的父母，亲吻一下你们的孩子。如果有可能，给你们的父亲、母亲洗一次脚，你们来到这个世间，走了一段曲折的路，但是你们现在终于回家了……

就这样我的课结束了。我这样一渲染，很多犯人的泪水在眼眶里打转，后来听说有几个曾当过高级干部的犯人，都是流着泪听完的。

结尾的方式有很多种，就看你运用哪种。但无论选择什么样的方式结尾，一定要自然，要干脆利索，要有新意、有特色。比如我在讲社会需要有一个温馨的环境时，举了这样一个案例。

有一个老人在风雪茫茫之中，车坏了。寒风之中，没有人来帮她修车，她很着急，她需要人帮忙。一个青年走过来了："阿姨，我来帮您修。"青年叫乔，父亲去世了，他正在往家赶，已经开了一天一夜的车，但是还是帮她修好了车。老人家看他要走了，很感谢他，问他："我怎么报答你呢？"小伙子说："用不着报答我，如果您一定要报答我，那在别人需要帮助的时候也请您帮助他，我叫乔。”小伙子走了，老人家眼泪下来了，世上还是好人多呀。

老人家又冷又饿，开着车来到一个小吃部门口。一个即将临盆的孕妇走过来，搀起她走进小店。她身上有积雪，孕妇拿着毛巾为她掸去。老人家眼泪又下来了，孕妇多么需要别人关爱啊，她却还来关爱我。刚刚落座，孕妇又端来一碗热气腾腾的茶。老人家眼泪下来了，世上还是好人多啊。她拿出一百块钱让孕妇找零。孕妇找零回来，老太太已经走了。桌子上的餐巾纸上写了一行字：“用不着报答我。如果您要报答我，在别人需要帮助的时候请您帮助他。”孕妇看后眼泪也下来了。

晚上十一点半回到家，腰酸背痛的孕妇仍然感到心里很温暖，她对丈夫乔说：“哎呀，今天我好受感动。”丈夫说：“这是一个爱之链，你见过没有别人的帮助活得好好的人吗？希望这个爱之链不要断在我们的手中。”

案例讲完了，也该收尾了，我非常自然地说：“有一首歌唱得好，只要人人都献出一点爱，世界将变成美好的人间！”这样的结尾给人以感召，语言也具有诗情画意，但在内容和思想上却一点不虚。

结尾的方式有很多，也千差万别。有故事式、诗句（名言）式、请求式、概括式、口号式等，具体运用哪一种，需要演讲者视情况决定。

案例要经典

演讲是说理的过程，但是如果没有案例，就如啃一块骨头，实在是没有啃头。一个家长批评孩子早恋：“今天不好好学习，明天你就上不了重点高中，将来就考不上好大学，以后也找不到好工作。”这个道理很正确，人们也都懂，但是很难说服人。但如果给孩子讲讲诺贝尔奖获得者奥尔罕·帕慕克早恋的故事，效果又如何呢？

当年奥尔罕早恋了，父亲告诉他自己当年也早恋，但是那时候自己 13 岁就已经当了童工，能挣钱养家糊口了。如果没有本事，即使 40 岁、50 岁的恋爱也是“早恋”。奥尔罕如梦方醒，主动分手了。后来他考上大学，并获得了诺贝尔奖。

一位教师选手说，自己虽然在基层的学校当老师，但是没有参加过任何扶贫工作，参加“脱贫攻坚”主题演讲赛找不到案例，尤其是与自己有关的事情。我问他，班里有没有贫困的孩子，有没有留守、流动儿童？他恍然大悟。其实生动真实的案例到处都有，关键要有发现事例的眼睛。

“能讲小的不讲大的，能讲近的不讲远的，能讲自己的不讲别人的，能讲经典的不讲一般的。”无论是时政热点，还是生活百科，天南地北，人情冷暖，只要把握好这一原则，选择好精彩的案例，演讲就一定会出彩。

第一，能讲自己的不讲别人的。

“昨天晚上，我一夜没睡，一件小事让我纠结万分……”这是我在一次授课时的开场白，听众觉得很真切，便开始关注我，在接下来的时间自然就很专注地听了起来。我经常说，不管什么样的演讲，演讲者都要大胆地说出自己。比如要求大家不要在公共场所吸烟。如果演讲者提出要求，抛出国家关于公共场所禁止吸烟的规定，说：“你们都是公职人员，应该带头模范执行，不然就是不讲社会公德。”大家想想，效果会如何？这样说看上去没什么问题，似乎也很有道理。但是如果演讲者说出“从我做起，不在公众场所吸烟。如果有人看到我没有做到，就请对着我大声地说‘请遵守公德’”，效果又会如何呢？要求别人，不如先要求自己；同样，批评别人不如批评自己。

一个人敢讲自己就说明他比较真实，比较自信，听众就会感到演讲者的亲和力，认为他的话可信。而且一个最重要的秘诀是不能盛气凌人，这样才能易于被人接受。当然也不排除有的人会好大喜功，王婆卖瓜，甚至谎话连篇，但是，说出去的话，那是要经得起时间检验的，谎话是见不得阳光的。我在演讲中经常讲自己：“每次住宾馆，起床后第一件事，就是铺床叠被，垃圾放进垃圾桶，我知道没有人规定必须这样做，但是一言一行就是一个人的修养。”

除了说自己，我还说女儿“婚礼不要婚车”；岳父临终前去几十公里外的社区“交党费”。每一个真切的来自自己的和身边的事例都为我的演讲增添了无限的魅力，增强了说服力。

强调讲自己，并不是说不能再去讲别人，而是说自己有话讲就尽量讲自己，多讲自己的事，身边人的事，看得见、摸得着的事，这样演讲效果一定会更好。

第二，能讲近的不讲远的。

首先请看以下三句话：

“今天早上，突然发生一件事……”

“40年前的一个早上，突然发生一件事……”

“1937年7月的一个早晨，突然发生一件事……”

看似差不多的句式，我们一下很难感受到其中的不同，但是如果我问你：哪一条对你更有吸引力？相信你一定会更关注“今天”。不是因为今天的事情是否更惊人，而是因为今天所发生的事与自己最近，甚至有可能与自己有关联。原因很简单，人们最关注的一定是与自己有关的。

时间近。引起人们关切的往往是新近发生的。“某某担任某某职务”，是刚刚发生的，大家会关心；如果是民国时期呢？听众就会无所谓。演讲的时候我们选取的事例，讲述的事情，最好是离现在近一些的。

人物近。演讲中我们常常需要谈古论今，今天的英雄，昨天的功臣。谈钱学森、邓稼先，可能与说李鸿章、曾国藩区别不大，如果再说到春秋孙武、战国廉颇，那么关注的人可能就少一些了。演讲中要说到的人，与听众的兴趣有着密不可分的关系，一般来说谈古不如论今，说远不如讲近。

生活近。演讲中与自己关联度高的、有帮助的、很实用的事情会更加受听众关注。这就要求我们演讲者演讲时的切入点要贴近生活，贴近实际，既要“接地气”，也要“冒热气”。演讲内容可以与人们的衣食住行游息息相关，“带着泥土芳香”的演讲一定备受欢迎。

第三，能讲小的不讲大的。

“脱贫攻坚，决胜小康”演讲赛上，一个演讲选手没有直接去说扶贫工作的意义、背景、成就，而是选取一个很小的切口，“我家的三代结婚照……”把听众带入过去的生活，让人真切感受到社会的进步，生活水平的提升。把时代的大主题，从三张“结婚照”这个小角度反映出来，可谓以小见大，深入浅出。

还有一种常用的办法就是小故事反映大智慧。不久前我去参加一场婚礼，司仪要我讲几句话，新郎的父母还专门交代我要讲一讲关于孝敬父母的事。新郎送给自己父母的礼物也让现场所有的人为之感动，“我是个早产儿，出世的时候只有 4 斤 8 两，父母把我拉扯大，不容易，我送给爸妈的是 4 斤 8 两重的布娃娃。孝顺父母是我的责任。”我在很多次演讲中都巧妙地运用了这个小故事，感动了无数的人。试想，如果是上台讲孝道，讲感恩，讲责任这些大道理，结果会如何呢？所以，能讲小的就不需要再去讲大的。

听众的脑袋不是填装知识的容器，而是需要被点燃的火把。通过一件事，让听众感悟出深奥的道理，比说什么金玉良言都重要。每次讲话，演说者都应尽量多地选取几个生动典型的实例，以事实说话，以小见大，让人感到自己不是在听大道理，而是通过听故事，明了事理。要让听者领会精神，领悟真谛，从而受到启发，产生共鸣，这就需要演讲者每次演讲前做足功课，找准典型的实例、准确翔实的数字。这也就是我们经常说的演讲要有故事，故事精彩了演讲才能出彩。

演讲，怎么讲

我们每个人都是在自己的哭声中来到世界，又都是伴着亲人的泪水离开人间，中间这一段就是我们的“人生”。一个人的精彩人生是离不开说话的，人生因说话而更精彩。“讲什么”，很有学问。“怎么讲”，是一门科学。演讲者只有目中有人，脑中有魂，心中有爱，脚下有根，才能拥有吸引力、感染力、呈现力和震撼力。演讲是一个人智慧的体现。一场精彩的演讲会让人坐得下来，听得进去，让人觉得有道理，有意思，有收益，有帮助。那么，演讲究竟要怎么讲呢？

演讲的牵引力

听一场精彩的演讲，听众总有一种舍不得离场的感觉，生怕一离场就会错过什么关键的内容或是某个细节。精彩的演讲仿佛有一根看不见的线牵引着听众一步一步地往前走。在听的过程中，听众如果一直带着浓厚的兴趣，随着演讲内容的深入、演讲者情绪的递进，听众的情感也会随之波动，让演讲者的思想不知不觉入耳、入脑、入心。好的演讲有种内在力量，这种震撼人心的力量就是一种看不见的牵引力，我们称之为演讲的牵引力。一次演讲中，尤其是长时间、内容比较丰富的演讲，牵引力更显得重要。牵引力表现在哪些方面呢？如何在演讲过程中发挥牵引力的作用呢？

主题的牵引

人们往往希望通过听一次报告、讲座能有所收获。好的主题、主旨明确的报告要能吸引人。比如每一个处于成长期、正在接受教育的孩子的家长，当看到有关家庭教育的讲座时，会产生浓厚的兴趣；爱好汽车的人，当发现有汽车制造、汽车运行这方面的专题，也会兴趣骤升；若是举行国防报告，爱好国防的、关注国际社会风云变幻的人一定想去听。所以主题是吸引听众的第一要素，与主题有关的内容一定会受到不同兴趣听众的欢迎。

如何针对主题深化内容呢？

主题是演讲内容的主体和核心，是演讲者在说明问题、发表主张或反映社会生活现象时表达出的基本观点。演讲的主题是多方面的。有的是主动地选择主题，如在会议中陈述自己的观点，讲清自己的意图和想法；但更多的时候，是被动地接受主题，比如参加演讲赛、辩论赛或是专题报告会，这要求演讲者必须在一定的框架内有限制地发挥。

演讲者需要明确自己演讲的目的，吃透组织者的要求，理解其精神实质，有目的地谈看法、讲想法。一次报告的主题往往比较宽泛，比如，国防就是一个很大的主题，但如果能讲得更小、更细，比如说中日关系、中韩关系、中美关系，这样一来主题更加明确，听众往往兴趣更加浓烈。

在坚持正能量、弘扬主旋律的基础上，可以结合自己实际，说出精彩故事，凡是紧扣主题的话语都可以尽情发挥。如果是时事政治主题，要紧扣时代脉搏；如果是政策法规的主题，必须了解必要的专业知识；如果是相关专业要求，必须联系其专业特点和诉求。所以演讲者在接到演讲任务后，首先要做的是了解活动意图，摸准组织者确定的主题，精心研究主题所包含的内在意义，然后再动脑筋谋篇布局。即使是无主题演讲，演讲者自己也要心中有数，一定要围绕一个主题表达自己的观点，如果跑题肯定不会获得好的演讲效果。所以演讲者要针对主题准备演讲稿，并尽可能深化主题。

一切脱离主题的讲演都是“白费蜡”。一次，一个演讲爱好者来找我指导她参加演讲比赛。那次比赛主题是“学沈浩，见行动”。我看了她的演讲稿后问她这个主题的关键词是什么，她居然答不上来。后来才说就是这六个字“学沈浩，见行动”。六个字中的关键词呢？很显然是“见行动”，可她却用一大半的篇幅在介绍沈浩的事迹，故事虽然感人生动，可这并不完全符合主办方的意图。我指导后，让选手把重点放在自己身上：“想想沈浩，我深感惭愧。”“我理解了，一个人所履职的岗位高低并不重要，重要的是能在自己的岗位上做出不简单的事情。”“我每天从事单调而重复的工作，做着看似不起眼的小事，然而在这个集体里，也是在履行我的职责，实现我的价值。”在演讲的最后，演讲者找到了答案，也呼应了演讲题目：“只有边缘的人，没有边缘的岗位。”这次演讲取得了意想不到的效果。

深化主题不是就主题中的大道理大谈特谈，而是要结合实际，讲出深度。深化主题要联系实际，这就需要演讲者亲自动笔写稿，如若假手他人，别人并不知道你要说什么，又怎么会了解你个人的出身经历、社会背景，怎么知晓你所遇到的酸甜苦辣？所以演讲稿的撰写最忌讳由别人代写，更别说从网上直接下载一篇与主题差不多的演讲稿了。千人一面的演讲怎么可能受到听众的认可和欢迎？下面给大家看一篇紧密联系实际的演讲稿例文。

呵护我们共同的家园（节选）

尊敬的领导、亲爱的同事们：

……（开头部分略）

这位同学曾是班上备受瞩目的班花，她爸爸妈妈都在银行工作。当时我们全班同学都很羡慕她。那时候的她，今天带好吃的，明天又带来我们见都没见过的进口玩具，身上穿的都是名牌，连书包都是换了一个又一个。说心里话，那个时候我们对她真是羡慕嫉妒恨哪，有的同学甚至埋怨自己父母没本事，没有钱让自己也靓上一把。可是今天，我的同学来到我家时是那样的失魂落魄，我简直不敢想象，她怎么就落到这种地步了？

那天晚上天好黑好黑，她一个女孩子，独自一人像疯子一样冲到我家，口里不住地喊："芳芳，我怎么办哪？怎么办？快救救我，救救我啊，我没有家了。"我这才知道，她的爸爸妈妈犯错误了，检察院带走了她的爸妈，一个好端端的家仿佛塌了，曾经备受关爱的小公主一瞬间就成了孤苦伶仃的人，叫天天不应，叫地地不灵，无依无靠。我不敢相信自己的眼睛，怎么也不敢想象她就是我当年的那个家里有钱有势的同学。

同学的突然出现，使我受到了极大的震撼。她是一个无辜的孩子，也才刚刚大专毕业，父母的事与她并没有直接的关联，可她今天却是腐败分子的女儿，因为父母的经济问题受到如此巨大的影响。想到自己当年的贪慕虚荣，我感到十分后怕。我明白了，一个人的贪念大多是从追逐虚荣开始的，为了攀比，为了那些物质的东西不知不觉迷失了方向，最后坠入深渊。

曾经听说我们某某烟厂从前的一名保管员因为贪污被判刑入狱，而当时他的孩子才刚学会说话。听到这件事情，尤其是看到他那刚会走路的孩子时，我的心里很不好受。每个人都在寻找自己的信仰，寻找自己心中的太阳。但许多人却不知父母和孩子就是我们心中永远的光明，烟厂就是我们心中的家。人生在世有多少爱可以重来，有多少人可以等待？天底下最纯最美的是亲情啊！朋友们，我们无论如何不能让爱我们的人受到伤害！

我生长在一个普通的家庭，父母都是工薪阶层，我们家没有奢华的生活，没有高档的服饰。如今我只是个普通工人，不能进高档场所消费，也不能给父母在城里买上房子，但我骄傲，因为我有一个温馨的家，我有自由、有尊严，也有承欢膝下的快乐。

同事们，也许你们会说，我们都是普通员工，没有贪污的条件。其实，即使是最普通的岗位也需要敲响警钟。我们生产卷烟用的材料是由不同厂家将材料带到车间的机台，由正、副挡车工试运行，选谁不选谁就是挡车工一句话。正因为这一点，我们有时也在河边走！

作为一线工人，我们收入不高，工作很忙也很累，但当我想到还有很多和我一样的大学生还没能找到工作，我就感到很庆幸，我非常珍惜今天的工作。我不知道在今天的这个岗位上会干多久，但我知道为了我的事业，为了我们的烟厂，我会踏踏实实做事，清清白白做人。

朋友们，“攀登者”文化是我们中烟文化的灵魂，攀登的路途上我们要顶得住诱惑、经得起考验，共同呵护我们的心灵家园。

（演讲者：吕芳芳）

标题的牵引

当把演讲的主题和内容确定下来之后，我们下一步工作是要给这篇演讲稿起个名字，也就是确定演讲的标题。演讲稿的标题，是演讲稿不可缺少的有机组成部分，是一篇演讲稿的定音之锤。演讲标题涉及演讲稿内容的整体布局，关系到演讲一开始能否抓住听众的心理，吸引听众，并自然地引出演讲内容。演讲稿标题拟得好，不但可以引起听众的注意，吸引听众，而且还能起到概括文章的思想内容，突出演讲的中心论题，明确演讲所要讨论的特殊对象或所涉及的特定场合及其范围等作用。

大家经常在感慨，有的时候打开手机点开一条新闻，往往是因为被题目所吸引。比如近几年的《我和我的祖国》《我和我的家乡》《我和我的父辈》等影片，光看名字就觉得很有亲和力。新颖的、具有吸引力的标题，具有大幅度、高强度拨动听众心弦的功能。许多听众，特别是青年听众，常常根据演讲者的标题来决定自己听不听演讲。因此拟一个鲜明、生动、富有吸引力的演讲标题很重要，能够使演讲从开始就以新颖取胜。

演讲稿标题的类型，常用的一般有下列几种。

1. 提要型。提要型的标题，即标题概括演讲的基本内容，把演讲内容的核心简明地提示出来，如：《人总是要点精神的》《我曾流过三次泪》《周国红，我记住了一抹红》。这种类型的标题，有利于集中表达演讲者的思想，便于听众了解演讲的中心主题，在思想上打下一个烙印，有利于听众对演讲内容的领会、吸收。

2. 象征型。象征型的标题，即运用比喻或象征等修辞手法，把抽象的哲理或某种特殊意义具体化、形象化，从而深入浅出地揭示主题，如：《给心灵吃点冰激凌》《让美的横杆不断升高》《扬起生命的风帆》。第一个标题将心灵拟人化，引起听众的探究欲；第二个标题用“横杆”作比，把本来抽象的“美”具体化、形象化；第三个标题，演讲者巧比妙喻，赋予理想、信念以生命、感情和思想，鼓励青年荡起双桨，乘风破浪，借此鼓励青年奋发进取。这种类型的标题，一般具有强烈的感情色彩，容易引起听众感情上的共鸣，强化演讲效果。

3. 含蓄型。含蓄型的标题，即运用伏笔，造成悬念，引而不发，撩拨听众思维。用婉转的话来烘托或暗示某种内涵，让人思而得之，且越思含义越多，如：《逐日立杖铸丰碑》《红绿灯下赤子情》《蜡炬成灰泪始干》。

4. 警醒型。警醒型的标题，即运用哲言隽语，立片言而居要，提醒、劝谏、鼓励听众，以激发听众警觉，使之猛醒，如：《忧劳可以兴国，逸豫可以亡身》《天下兴亡，匹夫有责》《有志者事竟成》。

5. 设问型。设问型的标题，即通过设问，提示演讲所涉及的内容，而演讲内容则是对标题设问的回答，如：《人生的价值何在？》《他们很傻吗？》《我是差生，我容易吗？》《阿斗扶不起来，怪谁？》。

6. 抒情型。抒情型的标题，即抒发情感，以情感人，具有浓烈的感情色彩，如：《自豪吧！光明的使者》《我爱长城，我爱中华》《党啊，亲爱的妈妈》。

标题的类型绝不仅仅限于上述几种。好的标题往往很难一下确定下来，需要反复打磨。很多演讲者常常在准备好演讲内容后，还苦于找不到合适的标题。许多标题的拟制和提炼，要经过反复推敲，深思熟虑，有的甚至是“煞费苦心”。

标题的撰写技巧有以下几点：一是释词。所谓的释词，就是在一句话当中，后半句话是前半句话的解释。这种修辞方法，经常出现在演讲稿的标题当中，如《理解——师生友谊的桥梁》《爱——教育成功的金钥匙》《中国，我们的根》《长征，不朽的丰碑》《爸爸，你是我永远的牵挂》《精彩，与青春有约》《花开不只在春天》等。二是呼告。呼告，就是呼吁你应该怎么做，关键字有“让”“请”等。这种修辞手法跟表态差不多，所以，这种修辞手法也常常应用在演讲稿的标题当中，如《让法治的春天更烂漫》《让生命之火永远燃烧》《让青春释放能量》《让32号从明天开始》《天使，请不要吝啬你的微笑》《绝不向偏见低头》《带着种子上路》《注定一生与天争》《我不想当坏老师》等。三是对偶。由于对偶句的上下半句字数一样多，在听觉上有对称美，在表达意思上有关联性，所以，对偶句也经常出现在演讲稿标题当中，如《奉献无悔，青春无悔》《心的呼唤，爱的奉献》《九十华诞，洪福齐天》等。四是对比。由于对比是对偶的一种特殊情况，所以，这种修辞手法也经常出现在演讲稿的标题当中，如《我们赛过周杰伦》《不是所有的九零后都叫许豪杰》《进来的是块铁，出去的是块钢》等。五是比喻、排比、回环、夸张、拟人、设问、反问等修辞手法，如《父爱将我举过命运的栏杆》《我是一个小小点》《习惯·改革·观念》《梦想，想梦》《世界不大是个家》《冬天和我有个约会》《今天，你学会了什么？》《怎样做一个子女？》等。

标题的要求，有以下几点。

第一，标题要贴切。贴切的含义有三：一是演讲的标题要与演讲内容和谐统一，标题含义的内涵和外延要与演讲的内容一致。二是拟制演讲标题时，要使用准确、贴切的语词和语句，不能使用含糊笼统、艰深晦涩、令人费解的语词和语句。标题晦涩，令人费解，就不能引起听众的兴趣，从而影响听众听演讲的情绪。三是标题要符合演讲者的身份，不能定位太高、太大，不能夸夸其谈、随心所欲地选择那些与自己身份根本不相称的题目。

第二，标题要简洁。演讲的标题要有概括性，力求用最简洁的语言，表达最丰富的内涵，即所谓“意唯其多，字唯其少”。一般地讲，演讲的标题要概括演讲的基本内容，或者反映演讲的中心论题。从语言表达角度来说，精心拟出的演讲标题，要尽可能做到简短、有力，字少意多，言简意深。如果过长，就会显得散漫无力，分散听众的注意力。简洁的题目，能让人留下深刻的印象。

第三，标题要醒目悦耳。标题也叫题目。题，指人的额头；目，指人的眼睛，是一个人最显眼、最具特征的地方。演讲稿的标题，就是演讲稿的“前额”和“眼睛”。因此，演讲标题一定要新，要奇。新而奇才能醒目。由于演讲稿语言有声性的特点，演讲稿标题不仅要醒目，而且要上口，要悦耳，要使标题念出来有音乐般的韵律美。

第四，标题要有启发性。一个好的演讲标题，还要具有一定的启发性。只有这样，才能引起听众认真听讲的兴趣，才能激发听众迫切要求了解演讲内容的心情。

标题的拟定十分忌讳刻板的套路，可用主标题加副标题，或者四个字四个字的组合，一般不用一个字或两个字的词语。考虑到口语化标题要读起来朗朗上口，多用 5、7、9 个字。当然一些浅显直白的标题，使用一句话也是可以的，如《庞大的身躯只需要一颗跳动的心脏》。

情节的牵引

人们普遍有一种习惯，爱听故事。人们愿意听一次报告，很可能是被报告中出彩的故事所吸引。所以在演讲者讲故事的时候，往往是听众最专注的时候。因为故事有血有肉，有内在的联系。故事里如同有一根看不见的线，那就是情节。有了情节牵引，听故事就像是爬楼，人们上了一楼还想上二楼，上了二楼还想上三楼，直至顶层仍意犹未尽。这就是情节在故事中的牵引作用。

听众的脑袋不是填装知识的容器，而是需要被点燃的火把。通过一件事，让听众感悟出深奥的道理，比说什么金玉良言都重要。每次讲话，演说者都应尽量多地选取几个生动典型的实例，用事实说话，以情节感人，让听众感受到不是在被灌输大道理。演讲要让人通过听故事明了事理，听者在聆听中领会精神，领悟真谛，得到启发，产生共鸣。这就需要演讲者每次演讲前做足功课，找准典型的实例。这就是我们经常说的要有故事，故事精彩了演讲就出彩了。

对于“孩子生日到底应该怎么过？”这一话题，我通过几个小故事，提出个人家庭教育的观点。

那天，我在泾县讲完课，一位妇女走上来拉住我的手，哭得很伤心。我问为什么。很长时间她才停止哭泣，说是听了我讲的课，感到很伤心。原来是我在课堂上讲到了一个孩子过生日的故事：一位妈妈早晨刚起床，16 岁的女儿

上前紧紧地与妈妈拥抱，然后从沙发上抱出一大把鲜花送给妈妈，还毕恭毕敬地给妈妈鞠了一躬：“今天是我16岁生日，希望妈妈您和鲜花一样美丽！”这位妈妈流下了幸福的泪水。

在这个孩子的心里，自己生日这天，是妈妈的难日，妈妈为自己受了很多罪，尤其是在生自己的那天，妈妈几乎是在鬼门关前走了一遭。“这一天是我的报恩日，我要给妈妈一个惊喜。”孩子精心地为妈妈准备了礼物。在她的带动下，身边很多同学也都行动起来，节约零花钱给妈妈买礼物，或者画一幅画，写一首诗，写一封信，来表达自己对母亲的感恩之情。

听了我讲的故事，泾县的这位妇女大有感触。她和丈夫在宁波打工，因先前患了不育不孕症，快40岁了才生下这个孩子。夫妇两人对这个孩子非常看重。为了能给孩子攒学费，也为了让孩子将来能过上好日子，夫妻俩过年时在家吃完年夜饭，天还没亮就踏上了去宁波打工的火车。没想到，年初三丈夫骑着三轮车给酒店送菜时遭遇车祸，虽经抢救捡回了一条命，但成了植物人。高额的医疗费用让他们几乎倾家荡产。一天，这位妈妈收到了正在读初一的儿子的短信：“妈妈，今天是我的生日，快给我的卡上打200块钱，我要请同学吃饭。”

孩子的这个要求其实并不高，但是让他的妈妈感到无比伤心。丈夫至今未醒，自己四处借钱，如今已无处可借，娇宠惯了的孩子不仅没有体谅到做妈妈的困苦，还在伸手找妈妈要钱，做妈妈的能不伤心吗？

事实上，在我们的生活中，这样的事情并不少见。我曾在好几所学校做过调查，发现很多家庭的孩子都是：“今天我生日，妈妈给我订蛋糕了吗？”“爸爸给我送什么礼物？”孩子生日找几个同学或好朋友到饭店聚一聚早已不是什么新闻，甚至幼儿园的孩子过生日到饭店摆上几桌也是很常见的事了。

过生日是对孩子进行教育的绝好机会。如果孩子对自己的母亲都不知道体谅，将来他们还会对谁有这种感恩的情怀？我们的妈妈们并不是需要那样的礼物，而且从某种意义上说孩子买礼物的钱基本上是父母的，但这钱花在引导孩子树立感恩之心上更具意义和价值。

因此，家长不要小看孩子生日这件事，这是对孩子进行品德行为教育和感恩教育最有效的时机。如果孩子能在这一天给妈妈送个礼物，鞠个躬，写封信，哪怕发条短信，也具有不一般的意义。

我们再来看看一位女兵转业后回到地方服务老干部，她是怎样运用牵引的作用做好演讲的。

为了心中夕阳红

尊敬的各位领导、各位评委、亲爱的朋友们：

大家好！

我曾是一名空军战士，一年后又成为陆军野战部队的女兵，现在是省社科院老干部处一名普通的工作人员。我怎么也没想到，最近一件很小的事情让我承受了极大的委屈。

一位 84 岁的老干部，因为年纪大了思维不清，几个月前，他突然告诉我，工资给他少发了。为了向他解释清楚，我带上半年多的工资条，上门陪他去银行，打清单，一项一项和他核对。整整半天过去了，尽管经确认工资发放并没出错，但他还是没个完。无论我怎么解释他就是不听，说我态度不好，还一个劲地发火，情绪十分激动，不是说自己是老前辈，就是表白自己多么无私。看他面红耳赤，手都发抖的样子，我真怕他血压上升，会晕倒。我满腹委屈地离开，到了办公室，眼泪再也忍不住。其实对我来说，辛苦点不怕，怕的是还要被冤枉。

记得我刚转业到院里，领导安排我到老干部处工作时，就有朋友劝我，不要去，老干部处干得再好，也是出力不讨好的地方。

朋友们，我是军人出身， 13 年的军旅生活早已磨炼了我，“服从命令是天职”铭刻心中，更何况我是一名党员，不能只想着个人的利益，老干部工作得有人去做，有着医学知识的我可能更适合些。

记得刚到部队的那些日子，我们充满喜悦、带着骄傲还有点豪情壮志，可每天早晚都要跑3公里，搞内务、训练、站岗、吃饭前唱歌，等等。每次半夜站岗时，我都紧紧裹着大衣，仰望着天空，苦思冥想着我该怎么办呢？有时痛苦地哭，有时因想家哭，有时绝望地哭。终于有一天，望着星星，飕飕的凉风把我给吹醒了，原来我们所做的一切，都是在磨砺我们的心智。叠被子是磨耐心，饭前唱歌也是体现部队的气势和精神面貌，教我们绝对服从是为了增强部队的凝聚力，强大的体能训练是锻炼我们的身体素质。

如今我服务全院84名离退休老干部，没想到当初的磨炼，对我做好老干部工作起到了那么大的作用。

老干部工作中，很多事都是一些琐碎的小事，比如谁家的灯坏了，谁又生病了，谁又闹情绪了，谁又把医保卡丢了，等等。今年3月份有一位老同志在杭州身患重症，而他没有办过异地安置，就不能报销医药费，更何况他医保卡也丢了，所以要补办很多材料，有的材料补办还要受时间限制，为此来来回回我跑了十多次才办成。老人每次住院都要向医保中心备案，出院要送发票，再报销拿钱。就这样我来来回回往医保中心跑，他住院7次，我跑医保中心40多次，但我并不觉得烦。即使受到老同志的误解，一开始觉得委屈，但很快就释然了。

我时常想，每家都有老人，我也有老的时候。“老吾老，以及人之老。”是中华传统美德。老人们应该得到社会的关心与爱护。我就是怀着这样的信念为老干部服务，老干部也很信任我，住在附近的老同志也经常到我办公室坐坐，聊聊保健、聊聊家常，说说碰到的烦恼事。有的事我也帮不了忙，但我会认真倾听。其实有时老人的要求很简单，他们只是需要一个倾听者而已。我觉得：如今多数的老人经济上已不困难，应更多地从思想上关心他们，从精神上关怀他们。为此我经常研究心理学。通过我的努力，大家也认可了我的工作能力，今年3月份院机关党委改选，我被选为机关党委委员。

朋友们：我很普通，但爱就在普通中体现；我很平凡，但品质在平凡中闪光。我虽然不是顶天立地的男子汉，但我会和无数平凡的女性一样，把自己那份朴实的情感、那份真挚的爱，献给那片夕阳红！

（演讲者：金敦霞）

这句话有必要再重复一遍："能讲小的不讲大的，能讲近的不讲远的，能讲自己的不讲别人的，能讲经典的不讲一般的。"无论是时政热点，还是生活百科，只要把握好这一原则，选择好精彩的案例，演讲就有可能会出彩。

知识点的牵引力

一首歌或一首诗，可以百听（看）不厌，因为它是用艺术在熏陶和感染人，而演讲则是用思维和智慧，尤其是内在的知识来影响人。我们在听报告、演讲的时候，往往带着对未知领域的强烈好奇与渴求。所以听众往往对那些信息量大、知识点多、覆盖范围广的演讲，有着更加浓厚的兴趣。演讲者要不断更新演讲内容，更换不同的知识点，力求让演讲内容始终保有新意。这就需要演讲者不断更新自己的"数据库"，拓展自己的知识领域，挖掘自己的知识储备，广泛吸收各方面的知识。不论是天文地理，还是古今中外，尽可能用第一手材料，用最新的知识，最大限度地开发新的知识区域。这样才能使自己的演讲熠熠生辉，让听众在有限的时间里最大限度地获取信息，扩大知识面。

一个正确的观点，可以有不同的表述方法，其中有些说法是听众非常熟悉的，如果演讲者一味地外甥打灯笼——照旧（舅），照本宣科，老话连篇，就会使听众兴趣索然。所以我觉得从这一点来讲，优秀的演讲者在对知识点的挖掘和更新方面要求极高。

我经常作为评委参加各种形式的演讲比赛，因为总要在比赛结束后做点评，如何将比赛总结和演讲的知识相融合，就要运用知识点牵引的力量。下面是 2014 年 8 月 12 日我在安徽省投资集团“中国梦，我的梦”演讲比赛现场的即兴点评。

亲爱的青年朋友，尊敬的各位领导、专家：

当我又一次站在这里的时候，我很想再申请一次热烈的掌声——这掌声不是给我的，而是给我们 17 位选手的，尤其是给今天没能获奖的 9 位选手。

两点半之前，17 位选手只有一个梦想：得奖。随着刚才掌声的响起，其中 9 位选手的得奖梦化成了泡影。我认为这不是失败，只是暂时的失利。就像拳击比赛中，进攻的拳头收回来再打出去，可能会更加有力。所以我很想和没能得奖，或者是分数不够理想的选手说：你仍然是强者，台上三分钟台下十年功啊！强者不是没有眼泪，而是含着眼泪继续奔跑：“也许我会有 100 次的失败，但我更会有 101 次的追求！”

今天我们参加这次演讲比赛，我和大家一样，心情不平静。30 年前我和青年朋友们一样，年轻、有朝气，正青春。30 年前的崔老师很烦恼，满脸都是“青春痘”。30 年后的今天，你们看到我的“痘子”还在，但是青春没了。今天参加比赛的经历给了我们美好的回忆，在青年人面前，我感到好像自己的青春又回来了。在此，真诚地祝贺这次演讲活动圆满成功！

一个下午的比赛说长，也不长。今天下午在 17 位选手中，给我印象深的有：王雨燕、张莹影、张亚亚、孙丽沙，她们是那样淡定，那样自如。当然，我也记住了朱毅恒、夏荣骄，他们是那样的豪迈、洒脱。我也有理由记住李由、陈倩、翟玉、葛子涵，他们有点儿羞涩、拘谨，但这一切都不影响你们每一个人今天的表现。走上台很不容易，很不简单，每一位选手都很了不起。

今天我们参加的是演讲比赛，我想和大家交流的是：演讲比赛比的是什么？我认为，比的是思想，是观点，我们要围绕一个主题来谈自己的思想。今天的选手走上来，表达的是什么思想？梦每个人都有，你的梦在哪里？不知不觉中很多人在日常的工作中变成了“三等人”，等下班、等工资、等退休。这“三等人”已经禁锢了自己的思想，束缚了自己的手脚。演讲比赛比的不是外貌，否则奥巴马永远当选不了美国总统；演讲比的不是声音，鹦鹉的声音很好听，但是它只能待在屋檐下，鹰的声音可能刺耳，但是蓝天永远属于它。演讲比的是思想啊！世界上本来没有演讲家，有思想就有演讲。大胆地把自己的思想、自己的观点说出来，就是一次非常成功的演讲。所以，今天大家走上演讲台，围绕“我的梦”的主题，表达自己的观点，抒发自己的情怀，我们知道，每一个中国人的小梦实现了，伟大的中国梦也就实现了。

我们应该明白，每个人都是在自己的哭声中来到世界，又是在亲人的泪水里离开人间。在人间，最重要的是活出精彩；在人间，就应该力争成功，每一个成功的人往往都具备“三头”：笔头、口头和领头。其中演讲所体现的“口头”能力就是给我们一生中增光添彩的重要阶梯！

热爱演讲吧，让人生因演讲而精彩。我要真诚地说，每一个人都不要高估自己的能力，但也不要低估自己的潜力，为了演讲绝不要放弃自身的努力。

一段简短的点评，所展示的知识点很多，有的虽然是陈旧的知识，但是巧妙地旧话新说，同样会引起听众的关注。

观点的牵引

观点的牵引是演讲最为关键的要素。好的演讲需要表达与众不同的观点，观点制胜，往往就相当于打蛇打在七寸上。大家通过听演讲潜移默化地接受了演讲者的思想，这是一种愉悦享受。演讲者是思想的胜利者。一个富有智慧的人总是想方设法地用自己的思想引领着听众。大家听一次演讲最渴望的是汲取精华，汲取对自己有用的东西。所以在准备演讲的时候要思考用什么样的思想去吸引人、教育人以及鼓舞人。这就需要我们在演讲中有观点，学会说“理”，以理服人。

有个微信段子：一个3岁的小女孩与妈妈在争吵。妈妈说："再不懂事，我就把你扔到大街上了。"小女孩也不示弱："扔到大街上，你就没有女儿了。"妈妈说："没有了我到大街上再捡一个回来，不就又有了吗？"女孩说："你捡回来的，她也不会听话。"妈妈说："你怎么知道人家不听话？""因为她也是不听话，人家妈妈才扔掉的！"3岁的孩子那么睿智，说得那么有道理。

演说者在台上讲话不是靠大话压人、吓人，更不是拍桌子捶板凳就能使人服气。我们说的是"理"。人的一生就为两个字而活，"呼""吸"。呼是为了出口气，吸是为了争口气。要说服别人，必须有理有据。理论科学，逻辑严密，说理透彻，才能使人折服，才能令人付诸行动，才能让人"出气"和"争气"。

如何提出新颖而富有吸引力的观点呢？

一是老话新说。即在演讲中，把老观点巧妙地"包装"一下。如联想集团总裁柳传志曾在演讲中说：联想集团培养人的第一个方法叫作"缝鞋垫"与"做西服"。什么意思呢？就是培养一个战略型人才和培养一个优秀的裁缝有相同的道理，我们不能一开始就给他一块上等毛料去做西服，而是应该让他从缝鞋垫做起，鞋垫做好了再做短裤，然后再做一般的裤子、衬衣，最后，才是做西服。培养人才不能拔苗助长，不能操之过急，要一步一个台阶爬上去，这个并不新鲜的观点人人都懂。演讲者在这里把培养人才和培养裁缝类比，把培养人才的过程描绘为从缝鞋垫到做西服，用一个通俗而新颖的类比给老观点披上了一件新外衣，内容是旧的，但形式是新的，可谓殊途同归，新意盎然。

二是借老说新。生活中有许多流传甚广的话，如民谣、俗语、谚语等，但它们为人们所理解的内涵是相对固定的，如果演讲者能巧妙地借用这些老的形式，并加以"改装"，赋予它新的内涵，就能为我们在演讲中进行观点创新找到取之不尽的宝贵资源。而对于听众来说，则会使他们感到似曾相识但又有所不同，只要演讲者能自圆其说且言之有理，就能与听众的认知上达成一种新的和谐。比如在表达曲折的人生，走弯路是一种常态时，我们可以说：俗话说“自古黄河九道弯”，河流都是弯弯曲曲的。河流在前进的过程中，会遇到各种各样的障碍，有些障碍是无法逾越的，它只有走弯路，绕道而行，避开障碍，最终才能抵达遥远的大海。人生也是这样，充满了坎坷、挫折，“人生不如意十之八九”。生活中，难免遭遇困境，唯有懂得拐弯，知道变通，方能化危机为转机，收获“柳暗花明又一村”的惊喜。弯路虽然表面让人迷茫，但是背后却是让人豁然开朗的图景。山不转，路转；路不转，人转。只要心念一转，逆境也能成机遇；只要心里拐个弯，路就会随心而转，从而超越自我，开创新的天地。一览无余的是视野，曲径通幽的才是景致。

三是破旧立新。演讲中的破旧立新，就是在否定、破除旧的观点之后，提出与旧观点相反或相对的新的观点，虽然破旧立新的难度和风险较大，但只要有言人所未言的勇气，有实事求是的科学态度，就能收到语出惊人、震撼人心的特殊效果。

以上就是演讲的牵引力，希望大家平时多练习，多思考，在实践中不断提高演讲水平。

语言的魅力

口语化

不久前我参加某图书馆举办的一场以“读红色经典”为主题的演讲大赛，真没想到 40 多个选手清一色地在讲“大道理”。要知道选手全部是小学生，甚至连不到 7 岁的小女孩也在慷慨激昂地背诵老师或家长为其准备好的全是套话的演讲稿。整个演讲过程没有一点童真，通篇都在空喊口号，听众“情何以堪”！

演讲者要把书本上的语言换下来，演讲语言一定要口语化，一定要贴近观众、贴近实际。在演讲过程中口语化的语言往往比书面语好。大家在讲话的时候，不一定用古汉语，也不一定要插两句英文让人感到时尚。因为演讲的目的是想要听众听得明白，所以演讲语言得直观、直白，通俗易懂。书面语和口语的不同之处在于：前者是用来看的，可以仔细察看、辨认、思索、回味；后者是用来听的，只能在听清听懂之后再理解、再感悟。

通俗易懂，是演讲语言的一大特点，即用听众熟悉，能马上理解的语言，把要讲述的内容浅显明白地表达出来。要避免采用生涩、艰深、冷僻的词语，避免引用不易理解的古文和诗词，避免过多使用专业术语和学术名词。总之，语言要明朗化、浅易化、大众化；切忌一开场就来几句优美的排比句或是抒情的散文式的语言。要明白一个简单的道理：听你演讲要能立即明白你的意图，从你的演讲中，能够立即有所收获，能立即受到你的语言感染，被你的情绪打动。就如你正饥饿的时候，给你一袋大米，就算再好吃，也解决不了问题；但如果给你拿来几块面包，哪怕是两个土掉渣的烧饼，你也可以立即吃下去，立即产生热量，获得能量。

演讲重在讲，语言不需要有多美，但一定要很实。就文体来说，演讲属于论说文体，虽然也讲事实，也有描述、抒情，但那些只是手段，议论才是总体特点和要求。无论是阐明自己的主张、见解与态度，还是申诉、解说、动员、鼓励，总之都是在说理。演讲又是用口语面对面地说理，不能像书面语那样写几万字乃至几十万字，更不能采用论证严密、附加成分多的长单句和分句多的长复句。如果句子太长，严密倒是严密，但是听众的脑力跟不上，不容易连起来理解并掌握整个句子的意思。正由于这两点限制，口语具有另一个特点：朴实无华，简短有力。

下面这篇演讲稿是关于教师的责任和义务的演讲，演讲者摒弃高大上的道理，通过《不让一个熊孩子掉队》的小角度，通过口语化的表述，亲切而自然地体现了主题思想。

尊敬的老师、亲爱的朋友们：

我是一名教师，当老师的最怕遇到熊孩子！熊孩子往往是老师眼里学习成绩差，表现也很差的学生。如果老师们遇到这些孩子怎么办？

遇到班里淘气任性、自暴自弃的学生时，面对一个成天“出口成脏”，对老师无礼顶撞的学生时，我也曾感到过迷茫和困惑。面对那些桀骜不驯的熊孩子们，我也曾在夜深人静时无助地哭泣过。每当这时，我都会自问，我还有多强大的内心能够继续包容？但是两年前的一次北京研学旅行改变了我。

出行前我患了重感冒，发烧、嗓子嘶哑说不出话来，还常常犯眩晕。就这种身体状况还要负责全班54位同学的全部出游事项，想想都要疯了。而我最担心的却是：平时那帮熊孩子们都已经够闹腾的了，这要是出了门还不得把笼顶都掀翻了？为此我很诚恳地特聘那几位熊孩子担任此次出行任务的“班主任特助”。然而正是那些所谓的熊孩子们，在为期5天的北京研学旅行期间，每天从早到晚都扛着班旗走在队伍最前面，旗子时刻不离手。你要知道钢管做的旗杆有多重？几天里，肩膀扛酸了，他们愣是没吭一声，每天很认真地整队、数人。是他们做到了让二班无论走到哪儿都“人走地净车净”。他们还带领全班同学自觉践行了“光盘行动”。

最让我感动的是，登临长城时我体力不支，仍是那帮熊孩子们扶着我边走边开着玩笑：“老佛爷，您别怕，有小的们一路护驾，就是扛也要把您老人家扛到长城顶上去吹吹风，看看景。”在“特助团”的“簇拥”下，我终于跟着一行人兴奋地登临长城顶端，做了一回“好汉”！看着春阳下慷慨激昂放声高歌的他们，我被那一张张青春明媚的笑脸感染了，心底有根弦被轻轻地拨动了，不禁自问：这真是我平时认识的那一群“可气可恨”的熊孩子吗？除了成绩以外，我忽略掉他们的可爱之处究竟有多少？

大家都说“教师是太阳底下最光辉的职业”。我想这种光辉应该是无私的，它包含的是一种大爱。

70 岁的老父亲因患脑梗躺在医院里，每天都需要有人照顾。高中两个班级的教学加上班主任的工作，常常让我分身乏术。我常常是安排好医院的事情转脸就得奔到学校。为了不让一个熊孩子掉队，我在班内组织了学习互助小组，让孩子们互相督促，共同进步。那时再苦再累我都没有想过要放弃，我跟孩子们约定每一个人都要尽最大的努力做最好的自己。

后来在北师大攻读研究生期间，经常在北京、淮北、合肥三地之间来回奔波，这种三角形生活，1000 多公里的路程，700 多个日夜，常常让我疲惫不堪。最累的时候，头上曾经出现了三块斑秃，俗称“鬼剃头”，可我还要兼顾两个班的语文教学和校团委工作。即使这样我也没有放弃，为了不让一个熊孩子掉队，在外学习期间，我还会通过手机短信和班级群每天与他们及时沟通。大到首都北京日新月异的变化，国家图书馆和各大高校的特色资源，小到日常的学习情况都成了我们经常互动的话题。

我常常会忘记自己的生日，是他们一次次热情地拥抱我，向我送上祝福；父亲重病我急得手足无措时，是他们不断地安慰我、鼓励我；我晕倒在讲台上时，是他们着急地背着我送到医院；当我因为输液反应差点一命呜呼时，也是他们和我家人一起陪在我的床前，哭着喊着唤醒几乎已经没有了意识的我。我不得不说这些平时最令人烦神的熊孩子们给了我最难以割舍的爱。

朋友们，我不伟大，但我是千千万万拥有良好职业情操的教师之一。

民族之魂是道德，德高为师啊！民族的振兴在于下一代，我们老师不只要让每一个好孩子都考上名牌大学，还要让每一个熊孩子都成人！每一朵花都有盛开的理由，每根小绿藤都有怒放的权利。每位教师，我们都应发自内心地说一句话：绝不让一个熊孩子掉队！

（演讲者：贺蓓）

生活化

演讲的生活化指的是接地气、冒热气、有生气。要做到“三气”，需要讲究“三小”，即小切口、小侧面、小世界。以小见大，小处说起，大处升华。越是小的事件越要深挖掘，越是大的主题越要小切口。这样才具有感染力，才既接地气，又不失高大上。无论在哪个场合，应尽量选取小的角度。因为大的事件，大家可能都知道。但是从小处着手，则会有不一样的效果。

怎么能找到“三小”？

下面这篇演讲稿《面对黄金潮的冲击》，就是一篇角度小，但视角新的演讲稿。首先，谈理想，说出了自己和别人不一样的思路，似乎与“红色之旅”主题不一致，一开始给人跑题的感觉，但演讲者把自己去探访革命志士方志敏家乡的真切感受娓娓道来，情景交融，感人至深。从一个全新的视角构思，这就要求演讲者善于捕捉生活中瞬间的感受，从感受中深入发掘，从而讲出富有内涵和哲思的好见解。

面对黄金潮的冲击

各位老师、亲爱的同学们：

你们一定都有宏大的志向、远大的理想。可是我要告诉你，我没有理想。我这样说，我的老师一定失望了；我的伙伴们也瞪起了眼睛；我的全体听众都惊讶了！

我常常受爸爸妈妈的赞赏，常常得到老师们的表扬；我当过不止10次的“三好学生”，我得过无数张大红奖状——可是，我却失落了理想。

左邻右舍三句话不离钞票：我的二叔常以收入高为豪；爸爸妈妈总是用人民币来激励我考高分；爷爷奶奶用钱鼓励我听话；同位小江给我1块钱要我帮他值日扫地；小金说他的理想是长大了出国赚大钱——周围的人谈到未来，

讲到理想，便是工资高，奖金多。一句话：为金钱工作，为金钱学习。难道这就是我们新时代青少年应该追寻的理想吗？作为一个成绩优秀的学生，作为一个曾在心头闪现过当歌唱家念头的我，可以攻克学习上的重重难关，但在黄金潮的冲击下，我在理想的问题上却成了一只迷途的小羊羔……

我亲爱的各位听众，是红色之旅，是方志敏的《可爱的中国》帮我找到了那份属于我的理想！今年4月，作为爱国主义读书教育活动积极分子，我和同学们来到了江西弋阳——革命志士方志敏的家乡。从事革命斗争十余年，担任当时闽浙赣苏维埃政府主席的方志敏，经手的钱财数以百万计，但在他被捕那天，两个国民党士兵搜遍了他的全身，也只搜到工作所用的一块怀表和一支钢笔。方志敏没有金钱，但他给我们留下了宝贵的精神财富。《可爱的中国》是方志敏烈士在狱中写下的不朽之作，这是多么感人的诗篇啊！催人奋进，让我清醒。生命中不能只有金钱，不能为几个铜钱去弯腰，我们不能成为金钱的奴隶。一个心无他人、胸无大志的人，眼睛只能盯着那几个铜钱。

细细地观察，细细地品味，生活中还有无数的人把对人间的爱看得比金钱重要。我们安徽岳西，当年烈士的后代储仿曦省吃俭用捐建家乡希望小学；我的同学因父母在外打工，8岁就成了“留守儿童”，这么多年是他的老师给他衣服，给他吃穿，给他温暖。老师自己的孩子没有吃过肯德基，这位同学却走进麦当劳过起了生日——谁道人间冷漠？谁说一切向“钱”看？谁说我们淹没在黄金潮中了？

我又做起了歌唱家的梦，但我们不能只会唱《两只蝴蝶》《老鼠爱大米》。

各位听众，亲爱的朋友们，现在我要郑重地、响亮地告诉您，我有理想，我有理想！我的理想是创作《可爱的中国》交响诗，组建大规模的学生合唱团，唱响主旋律，迎战黄金潮，让每一个同学唱响《可爱的中国》。

（演讲者：马慧）

大众化

演讲的大众化，指的是要多使用生活中人与人的交谈过程中随和而融洽的语言。演讲的声音转瞬即逝，听众来不及去琢磨每一句话的含义，要知道大多数的听众文化层次、成长环境、知识背景是不一样的。因此，演讲的语言，提倡“大众化”，反对“小众化”，要直白、简洁、易懂、易记，少用书面语言，多用口头语言，少用长句子，多用短句子。如何做到大众化呢？

1. 把复杂的变成简单的。真正的高手善于把复杂的事情简单化。面对繁杂的事务，要怎么做才能把它们变得简单？这需要独特的看问题的角度。一次，我在一个市的工商局看见了一个标语：“作风就是一桶水，你漏一滴、他漏一滴，桶里没有水。”这条标语就做到了简单生动。

2. 把深奥的变成浅显的。毛泽东当年给长沙人力车夫讲课时，用“工”字放在“人”字上面变成“天”的例子，形象地告诉大家，工人的力量如果联合起来可以顶天的道理。大道至简，真理往往是朴素的。在安排演讲内容的时候，一定要考虑，你的听众能听明白吗？把上级文件拿来读几遍，肯定不易出错，但问题是你读的大家能理解吗？若因深奥而理解不了，就没有实际效果。我们要用事实去说话，用真情去打动，这样大家才能够理解。大众化的语言也可以通过比喻等方式来表达。比如对于一些不常见的事情，我们为了给人解释清楚便可以使用形象的比喻，对于一些非常抽象语言难以表述的东西，也可以借用比喻的手法来向听众讲明。爱因斯坦提出相对论后，很多记者去采访他，问他什么叫相对论，爱因斯坦打了个比方说：“如果你跟不喜欢的人在一起聊一分钟，感觉就像过了两个小时；如果你跟心爱的人在一起聊两个小时，感觉就像只过了一分钟，这就叫相对论。”听完爱因斯坦幽默通俗的解释，记者们都会心地笑了。只有把复杂的理论阐释得通俗易懂，让大家学习好、理解好、运用好，才能让理论发挥应有作用。

3. 把枯燥的变成生动的。台湾著名散文家林清玄常在演讲中把非常枯燥的内容生动地表现出来，很是了不起。他在讲自己身世的时候告诉我们磨难是一所大学，他讲得生动到什么程度？“在座的朋友们，我真羡慕你们啊，我，你们猜一猜，能猜得到吗，我的兄弟姐妹有多少？”林清玄告诉大家，自己兄弟姐妹 18 个，底下掌声一下就起来了。“我第十二”，底下又一次鼓掌了，这么多，第十二，“小时候吃饭吃不饱啊，每次吃饭只能吃个三分之一饱”。最让他难忘的是，台湾夏天热，很多人是要喝汽水的，“像我们穷人家哪有汽水喝啊，每次家里有汽水，我拿在手里，父亲总是用手指切个印子规定只能喝到这儿。但是不听话的我没找到感觉，把汽水瓶一竖，居然就超过印子，就挨爸爸的揍”。一件非常简单的小事，被他讲得如此生动。“最要命的是，在十多岁那年，我亲眼看到一个和我差不多大的小男孩，坐在石凳上，居然一口气喝掉一瓶汽水。在我眼红的时候，在我嫉妒他的时候，他居然打开第二瓶汽水，一个劲地又喝完了。我当时，同学们，我怎么想啊，我发誓这辈子一定要喝上汽水，而且喝上两瓶。正在我自己这样想的时候，那个喝汽水的小男孩居然开始接二连三地打嗝了。哎呀，我羡慕死了，喝了两瓶汽水打嗝该是多么舒服、多么幸福啊！我一定要喝汽水，而且要喝到打嗝，从那时候我就有一个理想——长大了喝汽水一定要喝到打嗝！”语言十分通俗，但画面感却如此之强。“机会终于来了，一个亲戚家娶媳妇、办喜事，我大清早就去了，缩在院子里，很不巧，看汽水的人一直不走，我很着急，下不了手。快到吃晌午饭的时候，他走了，我不顾一切，一下子掀起草帘子，什么也没顾上，噌噌拽出两瓶。同学们啊，对我来讲，最大的理想就是喝两瓶汽水，我把汽水拎在手里，火速地冲进茅厕，关上茅厕的门，我想幸福的时刻就要到来了，我眼泪都下来了。我什么也不顾，拧开盖子，咕咚咕咚喝完一瓶，没想到一瓶汽水喝完，居然一点反应都没有，我很失望，顾不得了，把第二瓶的盖子拧掉，咕咚咕咚又喝掉了，第二瓶汽水快喝完的时候，肚子就开始叽里咕噜地叫。我眼泪哗哗地流，我的理想实现了，我也打嗝了，我太幸福了。”就是儿时的一件简简单单的趣事，但在林清玄的演讲之下，却让我心生感动：枯燥的事例，被他演绎成了实实在在的生动的演讲。

个性化

演讲的表现具有独特的艺术性。它要求演讲者必须强烈地意识到自我的存在，表达出自己的真实情感，张扬独特的个性，面对广大听众公开发表自己的主张和观点。台下是自己，台上仍是自己。正如卡耐基说的：“尽力培养出一种能力，让别人能够进入你的脑海和心灵。”我们要学会在个人面前、在大众之前，清晰地传达自己的思想给别人。

一个诚恳的演说者，不怕缺乏知识；一场说服听众的演说，能够把自己的心与听众的心融合为一，而不是单单把自己的记忆移入对方的记忆中。诸多政治家、名人的演讲之所以深入人心，是因为它不仅是告知，更是在感染，他们是在展现活生生的“自我”，这个“自我”对人的冲击力、震撼力是无限的。演讲的成功绝不是华丽的词句、夸张的表演所能赢得的，它靠的是真情和真诚。真情和真诚是演讲魅力的生命之源，靠“真”才能调动大众的情绪和兴致。

可见，演讲就是要在听众面前展示真正的自我，根据不同的演讲内容、场合，选取不同的风格，完美地表达自己的观点。因此，那些程式化、格调雷同的所谓的演讲，常常给人以乏味的感觉。完成一篇演讲，绝不是把一些字句机械地传达出来，或用假装的激情把它们演示出来，而应像石油工人采油那样，让思想从心田里喷发出来。演讲的生命是用“心”说话。

很多人讲话都很容易被人忘记，原因是没有特点，千人一面，毫无自己的特色，别人怎么可能记得住？演讲语言要尽可能个性化、人性化，只有独特的、带有感情的讲话才可能吸引人的注意力。

个性是一个人先天禀赋和后天素质的综合：肉体上的、精神上的、心理上的、遗传、嗜好、倾向、资质、思想、精力、经验，以及全部的生活状况。由于个人的性别、年龄、民族、职业、地位、文化、修养、情趣、性格、气质不同，每个人的天性禀赋也不同。发表演讲的人是形形色色的，他们的言辞和形体语言的表达，也不应该千篇一律。在音调、语气、音量、遣词、造句以及神态、表情、姿势、动作上应各具特点，各有特色。这些特点、特色就是一个人的风格。

比如美国第十六任总统林肯，就具有极其突出的言语风格——诙谐、幽默、风趣。《林肯传》中他的好友比尔·格林评价他的言语风格时说："他活像个从儿童图画中钻出来的人物。""他的严密的说理与诙谐滑稽，很少能有人与他并驾齐驱。""他讲起笑话来简直能使人笑破肚皮。我从来没见过一个真正的滑稽演员，而林肯算得上一个。"任何一位著名的政治家、学者、演说家，他们的言语风格都很突出，如孙中山的稳重与大方、周恩来的潇洒与稳健、陈毅的豪放与坚定。他们正是以独特的风格表现了无限的人格魅力，赢得了亿万人的敬佩和喜爱。

要形成独属于自己的演讲风格，首先要发挥自己天性禀赋中的长处和优势，不盲目地模仿别人。一个人的性格特点往往比较难改变，俗话说得好，"江山易改本性难移"。比如彭德怀就是一个个性特点十分鲜明的人。他严肃、认真、耿直、倔强，在他的一生中遇到过无数的困难和挫折，但仍然没能改变他的这些秉性，所以他的演讲也和他的为人一样，简练平实、直截了当，但同时语言也脍炙人口，让人感到中肯亲切。但是，风格也不是不能学习的，事实上，更是应该下一番苦功夫学习的。因为风格的形成不仅受性格特点的影响，还受到外界因素的制约，一个人的本性不容易改变，但修养风度、行为举止却是可以后天学习和培养的。林肯是一个木匠的儿子，只受过12个月的正规教育，嗓子也不好。可林肯干活之余自学英文文法、数学、法律，整篇背诵莎士比亚的剧作，去很远的地方听法院律师的辩护。通过不懈努力，林肯终于锻炼成一位为后人所熟知的演讲家。再如丘吉尔的演讲功力令世人折服，在其演讲的措辞语调和手势中透出非凡的勇气和力量。二战中最困难的时刻，英国军民所受的精神支持，几乎全来自于丘吉尔每天的广播演讲。可是有谁知道，丘吉尔青年时特别害羞，一讲话就脸红，唯唯诺诺。当他确定了自己远大的目标和抱负后，决心彻底改变自己。他不仅刻苦钻研语言学、音韵学，还经常对着镜子练口型，甚至试用不同的嘴唇动作去争取理想的演讲效果。最终，他的演讲成为世界演讲历史上的丰碑。

其实每个人都有自己的特点、特色，我们都有一座魅力的宝库，关键要相信自己有表现它的必要，要学会去开发它、释放它，让它绽放出五彩斑斓的光芒。

演讲者是演讲活动的主体，客观事实是：人有其气质，人有其形态，总之，作为演讲的主体，各有其特性，个性化是演讲的生命。

我这个人的演讲有没有个性？当然有。比如，喜欢说大实话，接地气，好讲身边的人和事，演讲事例中有很多生活里看得见、摸得着的人的影子。在我时而高亢、时而低沉的演讲中，也许可以不经意间给人带来启迪和感悟。

幽默感

幽默是一个人的智慧，它可以淡化人的消极情绪，消除沮丧与痛苦。具有幽默感的人，生活会充满情趣，许多看起来令人痛苦烦恼之事，他们却应付得轻松自如。

幽默不是为了搞笑，其实，它是一个人睿智的体现。幽默就像生活的调味品，有幽默感的演讲才会深入人心，受到欢迎。

长时间的讲话或讲座更需要幽默，因为一个人能够专心听讲座的时间不会太长，尤其是半小时之后开始出现困意的时候，演讲者巧妙地讲一个笑话或者来一段幽默会起到意想不到的效果。

演讲要学会用幽默来处理倦怠与困乏，使人在听讲时心情愉悦。如果板着脸说话，时间长了，听众当然会感到累。尤其是听长时间的报告，就很容易

发困，要是演讲在午饭后，听众打瞌睡更是常见的事。要避免这些现象，就需要演讲者具备幽默的素养。

那么幽默从哪里来？我觉得至少可从以下几个方面找到一些适合自己的幽默方式。

学会自嘲。幽默的方式很多，自嘲就是演讲人常用的手法。我见过一个没有头发的人参加演讲，第一句话就说："这次比赛，我必须来，因为来了咱就是'头一名（明）'。"我也经常拿自己的头发开涮。十几年前见到我的一个朋友，他说："崔老师，您有白发啦。"最近的一天他又见到了我，看见我满头白发，愣住了，我赶紧笑着对他说："现在，还有黑的。"

不久前我参加婚礼并担任主婚人，第一句话我讲："为什么要请我来当主婚人呢？因为新郎一家是有影响、有地位的人，他总想找一个有面子的重量级的人。我对照了一下，还真的是，我比较合适，我的脸长得大，而且体重超过 80 公斤。"博得了现场一片掌声、欢笑声。自嘲而不自损，能够用诙谐的语言为演讲增添活力。

讲俏皮话。什么叫俏皮话？就是我们日常生活中有很多有意思的，但又往往在不经意间会溜走的话。这些生活语言通俗但不低俗，需要我们用心去揣摩。在很多不是十分庄重严肃的场合，适当地使用一些俏皮话，也会给我们的演讲增添色彩。调侃家庭地位，说："我不怕老婆，我在家是老虎。（稍作停顿）老婆在家是武松。武松有什么用，打我不疼，（稍作停顿）我在她没打之前先吃止疼片。"

会讲笑话。在演讲中适当穿插笑话和段子，是很多演讲者经常使用的一种方法。在参加一些需要演讲的场合，可以提前做一些准备，如找几个适合该场合使用的笑话，一些比较流行的段子，用得好，可能受到热烈的欢迎。至于选用哪些笑话、段子，大家可以结合自己的喜好寻找，最重要的是要适合当时的场景。

就地取材。就地取材，指根据现场出现的一些情况“借题发挥”。比如现场你拿了一瓶好酒，可以用谐音“好久没见”或“没见好久”，今天见了“一醉芳心”；疫情期间大家都不能出门，“有人告诉我，最近你可能被情所困，我纳闷了很久，是亲情，是友情，还是乡情，或是爱情？现在我明白了，都不是，是疫情”等表述，就是就地取材，借景创设情境，借景延伸拓展。类似这样的例子很多，在一些特定的会场、特殊的饭局都可以找到类似的使用场景。这些语言都是幽默的，具有烘托气氛的功效。

想要做一个有幽默感的人，平时就要学会积累，注意观察，从生活中不断发现各类幽默元素。

有一个小男孩，妈妈带着他到杂货店买东西，老板看到这个可爱的小孩，就打开一罐糖果，要小男孩自己去拿糖果。但是这个男孩却动也不动。几次邀请之后，老板便亲自抓了一大把糖果放进他的口袋中。回到家中，母亲很好奇地问小男孩，为什么没有自己去抓糖果而要老板抓呢？小男孩回答说：“因为我的手比较小呀！而老板的手比较大，他拿的一定比我拿得多哇！”这是一个很有趣的笑话，于是我便将它收入囊中，成了演讲时的笑料。

钱锺书的《围城》出版后在世界文坛引起了极大反响，很多读者想要见钱锺书。钱锺书很为难，因为他有些内向，不善言辞。但是，一位英国女郎居然不远万里来到中国，一定要见钱锺书。来到钱锺书家之前，她在外面打了个电话给钱锺书：“先生，我是你的读者，我这次从英国赶来，是一定要见到你啊！”怎么办呢？钱锺书很睿智。他的回答令这位英国女郎十分满意，虽然没能见到钱锺书，但也很高兴。钱锺书是这么讲的：“这位女士，谢谢您啊！不过我有个问题啊，假如您吃一个鸡蛋，感觉这个鸡蛋味道不错，是不是一定要见一见下蛋的母鸡？”于是，这位英国女郎说了声“谢谢”，便打道回府了。

幽默往往是原创的，它是你即兴应对世界的一种表达方式，你可以通过幽默，告诉这个世界你的独特观点。作为演讲人，要培养幽默感，就需要先培养洞察力。

所谓洞察，就是你需要有自己独特的想法，这些想法不是在报纸上看到的，也不是在网上看到的，更不是你在微信朋友圈当中刷到的。它不需要好笑，只需要独到。这是什么意思呢？就是它真的是从你的脑海当中长出来的，它产生自你的真实经历，或者是你对生活的观察。但是光有观察还不够，你还要继续思考、追问、解读、联想，才能把这种想法变成独特的洞察。形成洞察的关键是：你要对那些别人习以为常的情境和做法进行拷问，一再追问为什么，这样你就能从中找出或荒诞或有趣的观点来重新解读，形成你个人的洞察。为什么需要洞察呢？因为幽默只是一种手段，它背后要表达的思想才是关键。善于洞察能让你拥有独特的思想，所以一个具有洞察力的人，一定是一个有趣的人。观察生活小事而产生的洞察更好，因为它们容易引起别人的共鸣。比方说，单身会上瘾，这听起来像个谬论，你的听众会好奇，会想这是为什么呀，于是他们就会想听你讲下去。如果你接着说“单身就像失业，时间越久，找下一份工作就越难”，没准你会发现听众可能都在点头认同你。

当然，幽默也要有几个问题需要演讲者注意。

一是自嘲不可过度。比如说自己就读的学校不好，不能说“自己分数考得不行，结果考到了最差的学校”，这样表述不仅不幽默，反而会降低别人对自己的认识，所以应该用一些比较恰当的语言把语境进行转换。“我上的学校不是一般人愿意上的，为什么我能上，因为我基础打得牢——小学人家上了5年，我就上了8年。”以幽默转移话题，以诙谐寻找突破。

二是可以调侃，但不可以伤人。我们调侃自己，调侃他人，一定不能伤了别人的自尊，损害了自己和他人的形象。不可以拿别人的缺陷开玩笑，不可以拿别人的短板来取乐。这一点如果把握不好，可能会得不偿失。所以我们在开玩笑的时候要适度考虑别人的感受，不能为一时之乐导致别人很难堪，甚至感到被挖苦，被讽刺，这样不利于社会交往，演讲的效果更无从谈起。

当然遇到一些当事人不是很在意，甚至自己也爱逗乐的则另当别论。比如一位战士在宴席上为戴高乐将军倒红酒，不小心把酒滴在了戴高乐的脑袋上，戴高乐又偏偏是个秃顶的将军，所以士兵很紧张。但戴高乐自己却来了一句很幽默的话：“小伙子，你以为这样会有疗效吗？”当时，全场哄堂大笑。但在一些忌讳讲头发少的人面前，尽量注意避免“秃”“光亮”这样的语言；在一些忌讳别人说他胖的人面前，也不要用暗示、影射对方体型的语言，可说“长得比较富态”“现在流行这种体态”等，不能用“你长得真胖”“你简直就是肥婆”这一类会伤人的语言。

三是要注意分寸。不是所有的场合都适合讲笑话，讲话者必须把握好分寸，对人、对事、对场景要有一个明确的判断，不能够一时兴起而口无遮拦。在不恰当的场合说话没有分寸，会让人感觉低俗。最重要的是演讲者自己的身份、形象都会受到损害。

四是注意场合。幽默诙谐的语言受人欢迎，但是在庄重严肃的气氛下刻意使用也会让人难以接受。比如在医院，有的病人痛苦不堪，甚至有的家属泪流满面，这时一些自认为幽默的语言建议还是少讲为好；还有一些正规、正式的场合，如正式宴会、大小会议等，也尽量要避免使用不恰当的幽默语言。

综上，幽默无处不在，但若使用不当，效果适得其反。

句子的呈现

哲理警句的使用

哲理警句包括名言、格言、典故和诗句等，它是简练、深刻、动人并具有警世意义的语句，是人类广博知识和丰富经验的结晶，是思想、智慧与学识的闪光点。在演讲稿中恰当地使用与演讲内容有密切联系的哲理名言，可以打开场面，设置亮点，统率主旨，提升思想，制造高潮，开阔听众的视野，鼓舞听众的志气，使你的演讲鞭辟入里，光彩照人，获得理想的表达效果。

第一，用警句打开场面。

俗话说："万事开头难。"在一场演讲中，演讲者上场后若以独特的方式开头，吸引听众，抓住听众注意力，尽快获得听众的认同，架起演讲者与听众的第一座桥梁，就能迅速打开演讲场面，给听众留下一个良好的印象。

2006年10月，时任法国总统的希拉克，对中国进行友好国事访问，其间他应邀在北大作演讲，主题为中法合作伙伴关系。演讲那天北大施德楼座无虚席。在演讲中，希拉克首先阐述了当时的国际局势，分析了各种矛盾，高度评价了中法关系和中国的发展前景。他说道："正是因为这个世界依然徘徊于稳定和混乱之间，正因为我们依然记得孔夫子的名言'二人同心，其利断金'，所以法国和中国在近几年间不断努力，构建一个全面的政治组织架构，以规避风险，并在强有力的、合法的、为众人接受的国际组织框架下共同承担责任。"

在这段演说词中，希拉克借孔子的话准确形容了中法关系，也迅速与众多北大才子拉近了距离。由此可见，名言的运用，可以使自己的演讲增色生辉，显示出勃勃生机。

第二，用警句设置亮点。

演讲者可以用警句来设置亮点，彰显真理，弘扬正气，赞颂真善美，鞭挞假恶丑，使人得到深刻的启迪，感受美好的情操，树立高尚的思想，产生强烈的社会效应和巨大的精神力量。我们来看一个婚礼上的祝词，也许从中能悟出一定的道理。

新人的亲朋好友、亲爱的各位嘉宾：

15年前一个英国人，问我什么叫"不得了"，我不知道怎么给她解释；她又问我什么叫"了不得"，我还是一脸茫然。她很不开心地说："算了，不问了。

我还有很多疑问呢。比如说，‘了得’‘得了’。”我真的蒙啦！

今天我陡然明白了，疫情严峻，困难重重，“梅花依旧向阳开”，婚礼如约举办，可喜可贺，不得了！

来的路上，我很纳闷，为什么新人请我来主婚？我知道了，我脸大，来了大家会感到有“面子”；我很胖，我不是“很重要”，但是我确实“很重”，他们会觉得很有分量。我啊，了不得！

一对新人，一个是“严”字当头打死也不说的国安郎，一个是听到一阵风就冲得无影踪的新闻人，两个人竟然和和美美地走到了一起，开始了红红火火的生活，明天的幸福还了得，还得了？

让我们祝福他们——永远幸福，幸福永远！

其实人的一生都是在追求两个字：幸福！我想借此机会把幸福的密码告诉新人。那就是 3 个数字。

第一个数字是“2”。

记住两句话：幸福是奋斗出来的；幸福不是房子有多大，而是屋子里的笑容有多甜。

幸福是奋斗出来的。世上没有无缘无故的爱，天上不会掉馅饼。幸福生活靠勤劳的双手来获得。努力了，每天都有点难，但以后一天比一天容易；不努力，每天都很轻松，但以后一天比一天难。没有干不成的事，只有不努力的人。我相信你们有两颗火热的心，两颗没有生锈的头脑，加上两双勤劳的手，一定会创造出属于你们的幸福人生。

幸福不是房子有多大，而是屋子里的笑声有多甜。进门了，请脱去烦恼，回家了带快乐回来。不开心的事永远放到一边。心大了，再大的事都是小事，心要是小了，再小的事都是大事。没有走不通的路，只有想不通的人。心是晴的，一生没有雾霾！

“琴棋书画诗酒花”是每个人的向往，“柴米油盐酱醋茶”是我们大多数

人的日常，“锅碗瓢盆交响乐”伴随我们走向诗和远方。矛盾时时都有，不同永远存在，如果吵架无法避免，请记住，生活不是一辈子不吵架，而是吵架了还过一辈子。愿你们白头到老，幸福永相随！

我要讲的这第二个数字就是“5”。

5个多：多理解，多欣赏，多赞美，多包容，多开心。不要生气，不要挑剔，不要猜忌，不要偏心，不要抱怨……对生活不好的咱们“都不要”！

第三个数字是“0”。

0争斗：家不是讲理的地方，这里没有对错，也没有输赢。这是你们最安全的地方，也需要你们成为安全的保卫者。

有分歧了，闹意见了，请记住：吵架需要两个人，停止吵架只要一个人。

这三个数字新人记住了吗？

愿天下有情人都能铭记这三个数字——“520”！

第三，用警句统率主旨。

主旨是演讲的核心和灵魂。一场演讲，演讲者巧妙地用警句突出主旨，统率主旨，从而揭示社会的本质特点，可以使演讲内容集中，思想深刻，使听众受到心灵的震撼，起到演讲的宣传教育作用。

1929年，胡适对中国公学十八年级全体即将毕业的同学进行了简短的演讲，胡适当天演讲的主题是“不要抛弃学问”。在演讲末尾，胡适引用道：“易卜生说：‘你的最大责任是把你这块材料铸造成器。’学问便是铸器的工具，抛弃了学问便是毁了你自己。再会了，你们的母校眼睁睁地要看你们十年之后成什么器。”

实际上，易卜生的话本身对于演讲的主题并没有支撑作用，但是由于胡适引用的这句名言恰到好处——内容已经阐述完毕，打算收束，并且易卜生是当时学生心目中的大名人。名言一出，听者为之一振，这样胡适先生也就可以顺理成章地说出自己的结论了。

第四，用警句提升思想。

一篇演讲思想深刻与否，在于演讲者的思想认识的高低，在于能否反映客观对象的本质特点。而在演讲关键之处，用好富有哲理的警句，能揭示客观对象的本质特点，深化内容，提升思想，升华到一个新的高度，能给人一种深刻的启迪，一种愉悦的美感，一种奋发的力量。请看白岩松《人格是最高的学位》演讲片段。

有一年秋天，北大新学期开学，一个外地来的学子背着大包小包走进了校园，实在太累了，就把包放在路边。这时正好一位老人走来，年轻学子就拜托老人替自己看一下包，自己则轻装去办手续。老人爽快地答应了。近一个小时过去，学子归来，老人还在尽职尽责地看守着。学子谢过老人，两人话别。几日后，北大举行开学典礼，这位年轻的学子惊讶地发现，主席台上就座的北大副校长季羡林，正是那一天替自己看行李的老人。

我不知道这位学子当时是一种怎样的心情，但我听过这个故事之后却强烈地感觉到：人格才是最高的学位。

白岩松讲述老人替年轻学子看行李的平凡故事，发生在当时的北大副校长、著名教授季羡林博士的身上，季老高尚的品格，令人肃然起敬。白岩松从这真实的事例中，由个别到一般，由具体到抽象，归纳总结，提升思想，升华到一个新的境界。在特定的条件下，与博士的专业职称比，一个人的人格才是最高的学位。这是人的精神世界里最高层次的学位，既蕴含北大“要学做事，先学做人”的育人理念，又赞美了季羡林无与伦比的人格魅力，使人的心灵得到提升和净化，观点新颖，别开生面，令人感动，发人深省。

第五，用警句制造高潮。

清代袁枚在《随园诗话》中说：“文似看山不喜平。”作文要曲折有致，演讲也是如此，在演讲时要抑扬顿挫，富有变化，不能平平淡淡，一个调子讲到底。在特定条件下，演讲者可以利用警句推波助澜，制造高潮，激发听众的情感，获得较好的演讲效果。

我愿做一把小小的雨伞

尊敬的老师、亲爱的同学们：

我想问大家一个最简单最常见的问题：你们给不给自己过生日？你们又是怎么过的？我可以很坚定地告诉在座的各位，我和大家一样，每年都认真地、隆重地过一次生日！大家也可能都和我一样，老早就开始惦记、准备，甚至还会憧憬着，父母会给我准备什么样的礼物？给我订什么样的蛋糕？去年的生日，我和同学好友们老早就开始计划，去饭店摆几桌，并且准备请司仪开个生日party（聚会），来几个节目，吃好喝好玩好，好好庆祝一番。

然而，去年发生的一件事让我一下改变了过生日的想法。

学校有一位音乐老师，怀孕六个多月还坚持每天来上课。那天，她像往常一样下课走出音乐教室，音乐教室在四楼，她要下到二楼自己的办公室。由于下课，学生们都在走廊上玩耍，她小心翼翼地走到三楼时，突然从楼梯拐角处冲出一帮同学，不小心一下子将她撞倒在地。坏了！要知道那是个身怀六甲的人啊。音乐老师的羊水破了，她痛苦地捂着肚子倒在地上，疼得嘴巴一张一合，却一句话也说不出来，一会儿，鲜血就流得满地都是！那一刻我们都吓坏了，看着老师无比痛苦的表情，我们都不知所措。好在最后老师被紧急送往医院，母子平安渡过一场劫难，但孩子早产，只有两斤多！

回到家，我告诉了妈妈，妈妈无比惊恐地说了一句话："孩子奔生娘奔死。"那天，我才真正意识到，做妈妈是多么不容易，十月怀胎多么痛苦、多么艰难、多么危险！孩子的生日，妈妈的难日啊！

我深深地自责起来，在我大操大办过生日时，却从未想过当初妈妈经历了什么，需要什么？想到这里，我的心不禁颤抖起来，愧疚、后悔涌上了心头：我怎么能这样过生日呢？我们的生日可以过，但它不应当是庆祝自己生命诞生的狂欢，而应当是关注妈妈历经劫难的纪念！

孩子奔生娘奔死，这句话对于每一个母亲来说，真实而准确；对于我们每一个孩子来说，却是一件无法理解的事。仿佛我一下子长大了，那天以后我就决定：我的生日我做主，今后的生日，我要给妈妈过！

人的一生中，最伟大的价值就在于两件事：第一是让自己好好活着，第二是让自己好好活着的同时，让别人也好好活着！

今年我生日这一天，将成为我的报恩日，我应当是一把雨伞，为妈妈遮挡风雨。新时代的少年，如果我们不能为自己的妈妈，不能为自己的家庭，不能为社会承担责任，我们的祖国母亲又有谁来为她撑起这片蓝天呢？

同学们，让我们行动起来，做一把小小的雨伞吧！

（演讲者：颜孟雅）

“人的一生中，最伟大的价值就在于两件事：第一是让自己好好活着，第二是让自己好好活着的同时，让别人也好好活着！”

这句话耐人寻味啊！

总之，在演讲稿的写作中用好警句，不能脱离主旨空喊口号，不能游离于客观事实之外。它是以演讲事实为基础，总结出来的道理或规律，是演讲者从具体、鲜活的事实中发现的亮点，是演讲者深刻思想、非凡智慧和渊博学识的闪光点。

直白生动的俗语呈现

所谓俗语，是指通俗并广泛流行的约定俗成的语句。由于这种语言简练明快，而且具有形象化的特点，很容易被听众理解和接受。

在演讲的开场白中恰当使用俗语，会使听众感到亲切自然，从而对演讲内容产生兴趣，尤其是在一些特殊场合，用俗语开头也能先声夺人。例如著名语言学家张志公在一所大学做关于现代汉语的学术演讲，他一登台就说了这

样一段开场白：

我们中国有句俗语“隔锅的饭香”。小孩吃自家的饭菜吃惯了，总以为邻居家的饭菜更好吃，其实我们扬州师范学院汉语组的老师在学术方面很有建树，很值得我们学习。

张先生从口头表达的实际出发，用家喻户晓的俗语开场，一下子就抓住大学生听众的需求。这段开场白既富有情绪，又隐含着深刻的哲理，可谓俗中见雅，恰到好处，这先声夺人的俗语激起了会场上一阵热烈的掌声和笑声。

俗语包括谚语、歇后语等，它们是经过人们长年传诵、千锤百炼而丰富起来的，寓意深刻、韵味隽永、结构固定、朗朗上口。用它们来形容、描绘事物会更形象生动、诙谐幽默，听众听来如饮甘泉，如嗅芳香。

“行得正，走得直，身正不怕影子斜，虽然他们受到了一些人的诬蔑，虽然有时不被理解，但我们相信，路遥知马力，日久见人心，他们的付出是会得到人们理解的。”这里两处用了谚语，都顺应着内容的需要，很有说服力。

“我虽然是一个普通的农民，有些人对我们农民有‘土包子’‘傻帽’之称，他们门缝里瞧人——把我们看扁了。但在这里，我要大声疾呼……”这里运用歇后语，生动形象。

演讲中运用俗语要注意以下几点：第一，不能太多。俗语有俏皮感，但用多了显得轻佻浮滑。尤其是凭吊演讲、政治演讲更要少用或不用，否则会冲淡主题，使之庸俗。第二，不能乱用。有些俗语虽有一定的群众基础，但内容粗俗浅陋，不堪入耳。如：“龙生龙，凤生凤，老鼠生崽会打洞”。第三，要自然、完整，与演讲风格融为一体。可以用一些提示语连接，如“有道是”“俗话说”等。第四，有些方言区的歇后语不能用。如：“一嘴食胡椒——胡溜溜”（福州方言），“狗吠老虎——不知死”（客家方言）。

下面列举一些朗朗上口的俗语供大家参考：百日连阴雨，总有一朝晴；帮人要帮到底，救人要救到头；补漏趁天晴，读书趁年轻；不会做小事的人，也做不出大事来；不怕家里穷，只怕出懒汉；不怕学不成，就怕心不诚；迟干不如早干，蛮干不如巧干；青春就是一团卫生纸，看着很多，用着用着就没有了；生活不是一辈子不吵架，而是吵架了还过一辈子；吵架需要两个人，停止吵架只要一个人。

排比句的精妙运用

著名作家魏巍，他的《谁是最可爱的人》一文中有这样一段话："亲爱的朋友们，当你坐上早晨第一列电车驰向工厂的时候，当你扛上犁耙走向田野的时候，当你喝完一杯豆浆、提着书包走向学校的时候，当你坐到办公桌前开始这一天工作的时候，当你往孩子口里塞苹果的时候，当你和爱人一起散步的时候……朋友，你是否意识到你是在幸福之中呢？"这样的一段排比，很多人在演讲时都会模仿，但我要说的是，这是散文的笔调，并不适合作为演讲的模块。我要提醒演讲者，这样描述性的排比句，一般是不可学的，尤其是不能放在开头，要不然演讲就变成了朗诵。

排比是一种常见的修辞手法。在演讲中，排比的使用不仅能产生语言形式上的匀称美和声音韵律上的往复美，而且能给听众以深刻的印象。这种句式不仅气势壮阔、情感充沛，而且表现力极强，无疑会为演讲锦上添花。

排比一般有反问排比和假设排比之分。反问排比，就是将三个或三个以上的反问句按照一定的顺序排列在一起。将此方法巧妙地运用到演讲中，可使表达的情感越来越强烈，许多伟大人物都在演讲中运用此法，取得了非凡的效果。如美国独立战争时期杰出的政治家帕特里克·亨利，在1775年3月23日弗吉尼亚州第二届议会上的演讲《不自由，毋宁死》中有这样一段话：

但是，我们什么时候能变得更加强大呢？下周？还是明年？难道非要等到我们被彻底解除武装，家家户户都被英军占领的时候吗？难道优柔寡断、毫无作为能为我们积聚力量吗？难道我们能高枕而卧，要等到束手就擒之时，

才能找到退敌的良策吗?

帕特里克·亨利属于主战派，反对向英军妥协和解，主张武装独立。以上三个反问分句组成的排比句式，力量雄厚，如泉奔涌，是向议长先生以及其他主张和解的议员的有力反问，层层逼近，咄咄逼人，以雄辩捍卫了自己的主张，为后面提出“战争已经在所难免——那就让它来吧”的呐喊做了完美的铺垫。

又如在一篇题为《保护我们共同的家园》的演讲中，有这样几句话:

面对我们美丽的家园被工业的浓烟污水一天天染黑，成片的森林被乱砍滥伐，取而代之的是光秃秃的山坡和漫山遍野的黄沙，我们怎么能袖手旁观，无动于衷？怎么能盲目乐观，毫不警惕呢？我们难道愿意做那种对破坏我们生存环境的行为视而不见、听而不闻的人吗？我们难道愿意做那种“非到黄河干我们心才甘，非到棺材备我们才落泪”的人吗?

这是假设排比，即由三个或三个以上的假设分句组成的排比句式。此方法通过层层假设为前面或后面的结论性语言拓宽视野，如横望坦荡的旷野，游目蓝色的汪洋。

所谓事实罗列排比法，就是用三个或三个以上结构相近、语义相关、语气一致的句子，将一系列的事实罗列出来。如法兰西第五共和国的创建者戴高乐在《谁说败局已定》的广播演讲中这样说:

幅员辽阔的帝国是她的后盾；控制着海域并在继续作战的不列颠帝国可以和她结盟；美国雄厚的工业力量可以像援助英国一样，成为她源源不断的后援……

演讲者通过罗列帝国的幅员辽阔、不列颠的海上优势、美国雄厚的工业后援等事实，组成排比，把当时对法国有利的国际形势纷纷灌入人民耳中，如百川入海、波澜壮阔，有力地论证了“法兰西并非孤军作战，并非单枪匹马”的论断，更坚定了法兰西人民团结一致抗击纳粹德国的信心。

排比的方式不拘一格，演讲者可根据演讲风格及表达内容的不同做出不同选择。但不管选用哪种排比方法，都应注意以下几个问题：切忌生搬硬套，以免失之于滥；厘清排比中各个分句之间的逻辑关系及排列的条理性；另外，不仅要注意句意的推敲，还要考虑音韵和音节等。另外，描述性的语言要尽量避免使用排比句，否则会给人华而不实之嫌。

声音的表现

与其他语言活动的表现形式所不同的是，演讲用的是原生态语言。演讲过程中语言无须雕琢，不必模仿，不要变声，更不能用假嗓子说话。表达时声音的高低，语速的快慢，节奏变化或语调转变，都只是情感强弱和不同表述方式的需要。

在生活和工作中我们发现有的人讲话人们爱听，有的人讲话大家就听不下去，这就是表现手法的问题了。

表现手法实际上就是演讲的一种技巧，体现着语言表达的艺术性。既然是讲，那就一定要有声音，要让人听得见、听得清、听得明白。所以至少有三个方面需要注意。

第一，声音要清晰。说话吐字要清楚，思路要清晰。普通话不一定要特别标准，但无论你说什么，得要别人听得懂、听得明白。我国著名播音员夏青的声音浑厚、质朴，别具一格；与之齐名的葛兰的声音则亲切、悦耳，独树一帜。几十年来，他们的声音通过先进的传播手段，已经是家喻户晓、响彻四方。当然，播音是一种语言艺术，播音员是生活中说话的佼佼者。但是，这并不是说，我们作为普通人，就有理由说话含糊不清。我认为，声音悦耳、吐字清晰应该永远是口语交际的客观要求，当然也是我们演讲者需要时刻学习和借鉴的。

据国外资料统计，如果一个人每天用于说话的平均时长是一小时，那么一生用于说话的时间累计可达两年半甚至更长。如果把这些话记录下来，便是约1000部（每部400页）巨著。我们知道，说话是人的本能之一，更是一种极为重要的人类活动。一般说来，常规的对话环境下，说话人的音色、音量和音域对交际活动的影响并不是很大，发音吐字才是至关重要的因素。

发音吐字要做到音节正确、准确，尽量符合普通话的发音标准。吐字时，发音力量集中于字头上，归音时要读准每个音节的韵尾，即发音要求到位。总之，发音时要正确把握每个音节的发音部位和发音方法。演讲者平日要进行这方面的训练，同时为了做到语句流畅、干净利落、出口成章，可根据自己的发音难点，选择一些绕口令和有一定难度的语言片段，进行快速口才训练，力求做到吐字准确、快速、流畅，快而不乱，语气连贯，不增减词句。

怎样才能做到发音准确、吐字清晰呢？我个人认为，熟悉言语产生的过程是很有必要的。言语是人们日常生活中必不可少的一种工具，通过频繁使用而发展成为一种极为有效的表情达意的手段。实际上，它的形成过程很复杂，绝不是动动嘴唇和舌头那么简单。因此，熟悉发音器官的构造、活动和作用是必不可少的，这样才能掌握正确的发音方法，做到吐字清晰。人类没有单独用作发音的器官，而是使用呼吸器官、消化器官作为自己的发音器官。发音器官有肺、气管、喉（包括声带）、咽、鼻和口，这些器官形成了一条从肺部一直延伸到唇的形状复杂的“管道”。由于舌、唇和咽、口、鼻的形状可以发生各种各样的变化，因而我们能够发出不同的语音来，大多数的言语声波就是通过这样的机制产生的。其实，做到正确发音吐字的途径是多方面的：一是学习一点语言学的常识；二是养成勤查字典、随时正音的良好习惯；三是广泛地从社会信息中寻求帮助，通过看电视、看电影、听广播等有意识地听辨，矫正自己在发音吐字方面的毛病。当然，进行发音吐字的训练也不能忽视以下几点。

1. 发音器官训练。如口腔开合练习、唇的圆展练习、舌的前伸后缩练习、舌尖练习等，学会灵活控制发音器官的各种活动，才能使发出的声音准确、清楚。

2. 声母、韵母练习。进行声母训练时要严格掌握正确的发音部位和发音方法，找准着力点，使发出的音有弹力；进行韵母训练时要严格控制口腔的开合、唇形的圆展和舌位的前后。

3. 正音练习。指按照普通话的语音标准，矫正自己的方言音、难点音，如平、翘舌练习（z—zh，c—ch，s—sh），鼻音、边音练习（n—l），前、后鼻韵的鼻尾音（n—ng）及声调练习等。

应该说，在对声母、韵母、声调都能正确掌握的基础上，还应进一步追求声音的优美动听。这就需要进行共鸣训练，掌握控制胸、口、鼻这三个共鸣器官的方法，使发出的声音圆润悦耳，有如“大珠小珠落玉盘”，使人听后心旷神怡。依我个人的经验来看，如果您能坚持一段时间的练习和实践，“如何吐字清晰”这个问题就会迎刃而解。

第二，声音要响亮。这里所说的响亮并不是说演讲都必须声若洪钟，有时候恰恰是需要如潺潺流水般悦耳动听。讲话时音量的大小，要根据会场的大小和人员的多少而定。既不要过高，也不要过低。过高容易失去自然和亲切感，过低会使会场出现不应有的混乱。演讲者要想取得良好的发音效果，必须加强语音训练。“声乃气之源”，发音的基础之一是呼吸。响亮、动听的声音与科学的呼吸训练是分不开的。演讲者要善于掌握自己的发音器官，自觉地控制气息。一般来讲，采取胸膛式呼吸较好，这种呼吸是通过横膈膜的收缩和放松来进行的，大的气量能为发音提供充足的动力。演讲者平日可结合生活实际进行练习，为正确吐字发声打好基础。

音量的变化有利于准确地表达思想感情。演讲者要学会准确地控制和把握音量的大小，在情感激荡之地、意思重复之处，提高音量，反之则降低音量。音量的大小变化要自然、流畅，以利于感情的自然流露。不管你在什么地方讲话，都要留意会场的话筒、音响。没有话筒和音响时，你要把声音提高；有话筒和音响，你就要轻一点。不论在什么岗位，要把意图传达出来，都必须讲话，你要讲话就必须有口才，而口才需要你用声音传出去。你可以激情荡漾，也可以娓娓道来，但是你必须让听众听得见、听得清、听得明。

第三，声音要有变化。大家听我声音似乎很大，有些吵人，但是也有变化，并不是一味地高、再高。要让大家对演讲内容深有体会，你的语言就要有变化，或是激扬奔放，或是娓娓道来、袅袅余音，似潺潺流水。所以大家无论到哪儿讲话，不要声音自始至终一样高，或者是一直很小，又或者一直很高昂。建议大家在现实生活中多体会，没有什么比变换音调更能改善你演讲的整体效果了。如果总是用一种音调和语速演讲，即使内容很有趣，也难以提高听众的热情。更严重的是，这会使演讲者无法传递自己的思想，使听众无法明白演讲的重点及目的。然而，真正的沟通正是建立在这一点上的。除此之外，我们还要把握好语气和节奏。说话要有节奏，该快的时候快，该慢的时候慢，该起的时候起，该落的时候落，这样有快慢、有起伏、有轻重，才能形成口语的乐感，否则话语就不可能感人、动人。节奏，是指口语中有规律性的变化。有了这个变化，语言才生动，否则就是呆板的。有位意大利的音乐家，他上台没有唱歌，而是有节奏、有变化地从 1 数到 100，结果所有的观众为之倾倒，有人甚至感动得流下了眼泪，可见节奏是多么重要。当然，节奏与语速有关系，但它们绝不是一回事，语速只表示说话的快慢，节奏却还包括起伏、强弱。

态势语

拥有基本定型的演讲内容之后，就要看演讲者“表现”的功夫了。就如厨师在拥有一流的原材料之后，就看他如何能做出上等的、人人喜欢的菜肴了。这就是有的人用别人写的演讲稿参加演讲也能得奖的原因了。生活中确实有一些人不会写，也缺乏思想，但是他就是会“演”。有一个选手毫不谦虚地跟我讲：“只要给我一篇好稿子，我就能得奖。”由此可见当前演讲面临着多么尴尬的境地。但不可否认，演讲的“演”确实是有技巧的。但技巧又在哪儿呢？怎样说才能讲出好的效果呢？

先要弄明白，这“演”到底是不是表演？绝对不是。既然不是表演，那这“演”又是什么？是演绎和推理。大家观察一下一个人打电话请别人吃饭的情景。我们会发现，有时，打电话的人一边打着电话，一边在用手比画，“向左”“向右”“直行”……看那个架势，似乎接电话的人就在身边。其实对方怎么可能看得见呢？那既然看不见，打电话的人为什么还要“表演”呢？那是因为打电话的人在表达思想时，仅仅用语言远远不够，还需要用一些无声的动作来辅助。这里打电话的人所做的手势就是辅助性的语言——他的手在动、在比画，不是为了让对方看见，而是在语言不能完全表达自己要表达的意思的时候要用动作来增强效果。举一个父亲批评儿子的例子。儿子迷恋网络和电视，父亲不允许，但儿子就是不听。一天父亲刚到家，发现儿子又在上网，父亲发怒了，实际上这个时候父亲就是在演讲：“怎么又……”你会看到发怒的父亲一边骂儿子，一边挥着手，甚至用食指指向儿子，时而拍桌子，时而跺脚，表情冷峻、愤怒。其实父亲真的不是在表演，而是此时此刻父亲的语言不能完全表达他的心情，他必须有动作来辅助。我们从没有看到过父亲发火时却语气平静、动作僵硬的情景吧？这就说明演讲的“演”，其实是辅助性的语言，而这种辅助性语言就叫态势语。一次成功的演讲，离不开态势语的使用。演讲中的态势语又称为无声语言、体态语言、形体语言、“道具”语言等。想要掌握态势语，要努力做到以下几点。

形不能炫

我经常看到一些指导老师在辅导演讲选手时，不是十分注重演讲者所要表达的思想，而是刻意在选手的衣着、动作、化妆等方面做文章，这很不合适。演讲不是表演，所以老师在辅导一些演讲比赛的选手时，也切忌画蛇添足。有一次，

我在一家单位举办的演讲比赛中做评委，看到一位选手在结束的时候，做了一个非常夸张的动作：一下子从话筒后转到话筒前，把右胳膊往胸前一抬，左胳膊向后一伸，身子往前一探，口中呼出“奋勇向前”的结束语，这就是过分夸张导致失败的态势语。另一次，在比赛进行中，一位38岁的选手激情演讲，他字正腔圆地说道：“我们都有一颗爱国的心。”与此同时，做了一个“绝妙”的动作：挥动双手在胸前合拢摆出一个“心”的造型，我和台下的听众愕然了……

演讲是以讲为主，以演为辅，演就是语言演绎，还有外在表情、态势、站姿等。坐的时候要坐端正，把脑袋伸着或弯着腰都不行。不要过多地在演讲台上走来走去，动作不要做得过于夸张，特别是在告别式等比较严肃的场合，程度适当就可以了。

和演讲爱好者在谈到形不能炫的同时还要注意另一种倾向，就是不能一成不变，僵硬，在台上两手始终压着裤缝立正、稍息。

体不能晃

演讲时的身姿应是挺胸抬头，身体的重心平稳，双脚略微分开，既要做到挺拔，又不显得过于僵硬。面前有演讲桌时，双手交叉自然放在身体的前面，切忌在胸前抱臂或把手背在后面，前者对听众有失敬意，后者给听众以受训的感觉。演讲时不要靠在讲台上。偶尔这样做是不影响演讲效果，但是靠在讲台上会让你看起来很虚弱。另外，要注意的是，心神不宁、慌里慌张、站着纹丝不动、装腔作势、仰面朝天、双手插兜、手撑在演讲桌上、身体靠着演讲桌等动作都会影响听众的情绪。最后要注意，演讲中一些微小的动作，诸如摇头、晃腿、摸脸、摆弄领带或笔，等等，也会影响你的演讲效果。

面不能僵

有人曾问古希腊最伟大的演说家德摩斯梯尼：“对于一个演讲家，最重要的才能是什么？”德摩斯梯尼回答：“表情。”又问：“其次呢？”“表情。”“再次呢？”“还是表情。”由此可见表情在演讲中的重要作用。人的面部表情，是人的思想感情在外貌上的显示，是人的思想感情最灵敏、最复杂、最准确、最微妙的“晴雨表”。一般来说，喜则眉飞色舞，怒则切齿瞪眼，哀则蹙额锁眉，乐则笑逐颜开。

最重要的一个面部表情就是微笑，给听众一个简单的微笑就可以迅速拉近你和听众的距离。用你的表情来强调重点，将你所讲的东西表演出来。

面部表情体现在眉目、口唇等部位。它主要是指演讲者通过自己的脸、嘴和眉目所表达出来的感情。人的面部表情是十分生动、丰富和复杂的。根据生理学和神经心理学研究，人的喜、怒、哀、乐等感情在脸上的表露，都是由面部肌肉的交错收缩与放松而实现的。比如：面部肌肉绷紧，多出于严肃、庄重、愤怒、疑问、不高兴的时候；相反，面部肌肉放松则表现平易近人、和蔼可亲、取信于人、理解、友善、感激等感情。在态势语言中，面部表情和手势一样是最能传情达意的，它是人的内在思想感情在外貌上的显示。正如法国作家、社会活动家罗曼·罗兰所说的那样：“面部表情是多少世纪培养成功的语言，是比嘴里讲的更复杂到千百倍的语言。”所以，富有经验的演讲者，总是充分利用面部表情和手势，表达出丰富的思想感情，吸引听众、影响听众、感染听众。达尔文在《人类与动物的表情》一书中指出：“现代人类的表情动作是人类祖先遗传下来的，因而人类的原始表情具有全人类性。”在当今的社交活动中，这种全人类的表情成了交际过程中的重要手段之一，它以最灵敏的特点和共性，把人各种复杂变化的内心世界表现出来。如高兴、悲哀、痛苦、畏惧、愤怒、失望、忧虑、烦恼、疑惑、不满、得意等思想感情都可以由面部表情充分地反映出来。“喜怒哀乐形于色”就是这个意思，这个“色”就是由面部表情和眼神来决定的。大文豪雨果说：“脸上的神气总是心灵的反映。”经常看演讲的人都有这样的体会，当我们坐在大厅里观看演讲者演讲时，在他上场的

那一瞬间，首先看到的是他的整体形象：潇洒的风度、高雅的气质、大方的步态、得体的打扮等。我们一一对比审视之后，在心中勾勒出演讲者的形象，但时间一长，大家的眼睛就会聚集到演讲者的一个部位——脸部。这并不是说演讲者有一张漂亮迷人的脸蛋，而是因为脸部是感情的“晴雨表”，听众可以从上面读懂演讲者的情感世界。美国著名的教育家戴尔·卡耐基在说到罗斯福总统演讲时，说他全身好像一架表现感情的机器，他满脸都是动人的感情，这使他的演讲更有力、更勇敢、更活跃。有些演讲者不善于运用自己的面部表情，不管内容如何转折变化，不管感情如何波澜起伏，始终都是一种表情，仿佛思想感情的变化同面部表情毫无关系。这不仅会给听众一种呆滞、麻木的感觉，而且有损于思想感情的表达。

演讲者应善于通过自己的面部表情，把自己的内心情感最灵敏、最鲜明、最恰当地显示出来；应善于通过自己的面部表情，对听众施加心理影响，构筑起与听众交流思想感情的桥梁。

面部表情贵在自然，自然才显得真挚动人，做作的表情则充满虚假之感。另外，表情还应该丰富、生动，随着演讲内容和演讲者的情绪发展而变化，既顺乎自然，又能够和演讲内容合拍。同时应注意，表情拘谨木讷，会影响演讲的感染力和鼓动力；神情慌张难以传达出演讲内容和演讲者的内心情感，也会影响听众的情绪；而故作姿态的感情表露会使听众感到虚假或滑稽，降低对演讲者的信任感，从而影响演讲效果。

演讲者要直面听众。听众最先看到的是演讲者的脸，继而通过演讲者的表情来确认演讲内容是否真实。故作镇静、毫无表情是不行的，独自嬉笑又容易引起观众的反感。整个演讲过程中应面带轻松、自然、柔和的微笑，因为这种微笑会紧紧抓住观众的心。

眼不能移

“我讲话的时候，我的眼睛看哪里合适？”不难发现，这个问题，还真难住了不少人。要回答这个问题，非常简单：“看你的听众。”因为演讲者与听众之间无论物理距离多近，但是心与心之间可能是万里之遥，要想架起二者之间看不见的桥梁，除了演讲的思想就是眼神了。

俗话说“眼睛是心灵的窗户”，内心世界的各种活动都能通过眼睛表现出来，因此，表情的中心是眼睛，它能将你和观众的视线连接在一起。倘若眼睛向下盯着演讲桌，或看着天花板，或不停地看提示稿，这些只能将你和观众隔离开来。而且，如果你不看观众，也不知道他们对演讲做何反应。视线要洒向所有观众。特别要注意照顾到那些坐得比较远的观众。总是看着在场的领导或主办者的话，你就会失去其他的听众，因为谁也不愿意听忽视自己的人的演讲。我们的眼神要不断地随着讲话的内容而转移，所以演讲者最好脱稿，因为只有这样才能稳定你的听众，而照着稿子念只会失去听众。眼神要盯着听你说话的对象，万万不可目中无人，也不能一直盯着一个人或某一处。

这里必须指出的是，演讲忌讳“手眼同步”。所谓同步，就是像体育课上老师说的“手脚同步”。比如，“看，后面来了一个人”，这时演讲人的手指指向了背后，他的眼睛也转向了后面。其实，无论演讲者说什么，或者手指指着哪里，眼睛一直要在听众的脸上。所以要记住“演讲者的眼睛属于听众”这句话。现在很多人演讲，都要辅之PPT，这里需要提醒的是，演讲者的眼睛不可转向屏幕，即使是自己手指指向那里，自己的眼睛也属于听众，因为“眼神是心灵的窗户”，听众都趴在“窗户”上看着你呢。

有一个小问题值得在这里一提——演讲需要流泪吗？很多时候看到演讲者由于讲到动情处无法控制自己的情绪，眼泪哗哗直流，着实感人，看上去流泪似乎会强化演讲的效果。

那演讲到底是否需要流泪呢?

直截了当地说,这个问题不应该问我,而是要问演讲者自己。感人的演讲会感动听众,也会感动自己。人们常说的“你连自己都打动不了,还能打动谁”,正是这个意思。重要的是,演讲者流泪一定要是感情的自然流露。情到深处泪自流,这是符合思想表达的,但是如果是为了流泪而流泪,甚至夸张地流泪,那就不必要了。切记不要做作,不要为了打动别人而装腔作势。要不要流泪,是演讲内容的需要,而不是表演的需要。流泪,是感情的自然流露,而非演讲者装出来的。有时演讲者自己声情并茂、声泪俱下,的确会感染大家,但是也得把控住自己,不要失控,更不能泣不成声,影响语言的表达,否则只会适得其反。

手不能藏

演讲需要坐有坐相,站有站姿,也需要恰到好处的手势。但这样的手势必须是发自内心的、自然的、恰到好处的。身姿手势一定是情感的自然流露和表现。

一个人的手势,就好比他的牙刷,应该是专属于他个人使用的东西。并且,诚如人们特点各异,每个人的手势也应该各不相同。不应该把两个特点各异的人训练成手势完全相同的人。

不要重复使用一种手势,否则会使人产生枯燥单调的感觉;不要用肘部做短而急的动作;由肩部发出的动作在讲台上看来要好得多;手势不要结束得太快,要适时。

演讲的礼仪

礼当先

什么叫礼仪呢？我们翻开《现代汉语词典》，发现“礼”有很多种解释，但最直接明快的解释就是“礼节”“敬重”的意思，而“仪”可简单地理解成“仪式”。于是“礼仪”便可理解为“礼节”和“仪式”。礼仪、礼节、礼貌的内涵丰富多样，但它们有自身的规律性，其基本的礼仪原则：一是敬人的原则；二是自律的原则，就是在交往过程中要克己、慎重、积极主动、自觉自愿、礼貌待人、表里如一、自我对照、自我反省、自我要求、自我检点、自我约束，不能妄自尊大、口是心非；三是适度的原则，适度得体，掌握分寸；四是真诚的原则，诚心诚意，以诚待人，言行一致。

无论参加何种形式的演讲，礼节都是必不可少的。

演讲时对于礼仪的要求是不卑不亢、雍容大方、彬彬有礼、不失身份。演讲者傲慢的态度、轻佻的作风、随便的举止都会引起听众的极度反感。演讲者从站起来到走向讲台面对听众站立的十几秒钟里，给广大听众留下的印象也是非常重要的，应当引起足够重视。

在主持人介绍后，演讲者应向主持人颔首微笑致意，然后稳健地走到讲台前，自然地面对听众站好，向听众行举手礼、注目礼或微微鞠一躬，而后以亲切的目光环视听众，以示招呼，并借以镇场。

具体来讲，走上讲台时，上身要直立，不弯腰、不腆肚，步伐快慢有序。目视前方，余光看路。头要正，不偏不摇，双手自然摆动。走上讲台后要慢步自然转弯，面向听众站好，正面扫视全场，仿佛与听众进行目光交流，然后以诚恳、恭敬的态度向听众敬礼，稍稍稳定一下之后，再开始演讲。这里需要指出的是，在演讲比赛现场，有的选手是迈着模特步或是选美式的姿势登台，这是大可不必的。我看到有选手上场时过于正式，正步走到中央，然后转身敬礼，其实这也是不必要的。

上台后，站位不但要考虑演讲时活动是否方便，更要考虑听众观察演讲者是否方便。同时，还要讲究站立的姿势。站姿得当，会显得稳重干练、昂扬向上，给人以美感。目光要洒到全场，落到每位听众的脸上，使每一位听众都觉得被照顾到。演讲完毕，要向听众敬礼，向主持人致意。如果听到掌声，应再次表示谢意，然后回原座位。演讲中应注意：

1. 手及头部动作不要太多、太碎。

2. 走路不可一步三晃，忸怩作态。

3. 切忌弯腰驼背或双手撑着讲台、双手插入衣兜内，否则都会显得松垮、懒散。也不可将手背在后面，以免给人傲慢的感觉。

4. 对于不能脱稿的演讲者，眼睛不能总看讲稿，照本宣科地念稿子。

5. 演讲时要头部端庄，举止自然大方，仪态要符合站、坐、行的礼仪。

6. 演讲中对听众的称呼有泛称和类称两种。泛称是具有较大的广泛性、能普遍使用的称呼，如“同志们”“同胞们”“朋友们”等；类称是指具体适用于某一类别的称呼，如“领导们”“同学们”“战友们”等。使用泛称还是类称应灵活变通。

7. 注意克服不美的演讲语言。不美的演讲语言包括：

（1）无意义的杂音、鼻音，清理嗓子的声音；

（2）语调矫揉造作；

（3）过多的方言、外来语；

（4）不堪入耳的粗语；

（5）习惯赘语，如“就是说”“反正”等；

（6）习惯性地重复口头语，如“这个这个”“那个那个”等。

重仪表

演讲不需要化浓妆，甚至不用化妆。严格意义上说，穿着打扮也并不苛求。但是从礼的角度讲，需要注重仪容仪表。

关于仪容仪表，有八个字大家请记住：整洁、自然、协调、得体。但请注意，打扮不光是为了好看，而是为了尊重别人。

说到仪容仪表，大家都很容易想起周总理当年在南开中学上学时在桌子边留下的一行字：面必净，发必理，衣必整，纽必结。“面必净，衣必整。”“面”大家很容易理解，我们都要洗脸，我们面部不能够有灰尘，不能够让乱七八糟的东西弄到我们的脸上。为什么？我们要尊重别人。就如同，节日来了，我们要走街串巷，走亲访友。我们去见这些亲戚朋友之前自然要打扮一番。

演讲要面对听众，事先化一个淡妆，把头发整理整齐，这是很有必要的。现在我们大多数人没有不净的，但是有个别地区是盲区，哪些地方呢？大家都很容易想到，比如眼角、嘴角、耳后、耳孔，还有我们的头发。

清洁卫生是仪容美的关键，是礼仪的基本要求。 不管长相多好，服饰多华贵，若满脸污垢，浑身异味，那必然破坏一个人的美感。因此，每个人都应该养成良好的卫生习惯，经常洗头洗澡，勤梳理、勤更衣。不要在台上“打扫个人卫生”。 比如剔牙齿、掏鼻孔、挖耳屎、修指甲、搓泥垢等，否则，不仅不雅观，也不尊重他人。近距离与人谈话时应保持一定距离，声音不可太大，不要对人口沫四溅。口部最重要的是要力求无异味。要想保持一个良好的个人形象，饭后及时漱口、刷牙，尽量避免在演讲前进食有异味的食物如葱、蒜、韭菜、海鲜等。一旦发现自己有口腔异味，应及时使用漱口水或喷剂清除。

衣服要整洁、整齐，还要经常整理，这叫“三整”。整洁干净是对自己的讲究，更是对别人的尊重。关于仪容仪表有一句话，叫远看头，近看脚，不远不近就看腰。据心理学家研究，女人看男人往往第一眼看的是男人的皮鞋，足以见得，演讲者走上讲台保持皮鞋的干净和光亮是何等的重要。

穿衣。穿衣讲究这么几个词：大方、得体、庄重。正式场合，演讲者不宜穿T恤，最好是带领子的衬衫或西装。如果是夏天在会场就会出现这样的情况，有的人穿得太暴露。这样很不得体，太暴露了实际上也是不尊重听众。

西装被我们叫作正装，穿西装是很有讲究的。出席正式场合，如宴会、正式会见、招待会、婚丧礼必须穿深色西服，衬衫要求穿白色衬衫，领带要求搭配有规则花纹或图案的领带，颜色对比不宜太强烈。

半正式场合。午宴、一般性访问、高级会议和白天举行的较隆重活动，可以穿深色西服，穿素净、文雅、与西服颜色协调的衬衫，搭配有规则花纹的或是素雅的单色领带。

女式的西式服装样式、花色繁多。不仅如此，即使许多男式服装女士也可以穿，如夹克衫、牛仔装等。按传统要求，在正式的交际场合，女士一般应穿礼服。但现在多数西方国家对女士的穿着要求并不十分严格，在一般的交际场合女士可穿各式各样的裙子，正式一点的场合，特别是登台演讲则建议穿西服、套裙。

女士化妆要得体。不可过艳，不可过浓，淡妆即可，让人不易察觉最好。男人头发长度应该是前不遮眉，后不压领，侧不盖耳。个别艺术家另当别论。女士登台或演讲场合需要注意的是，不宜披散长发。

纽扣必须扣起来。无论男女，平常的服装封领扣可以不扣，但是第二个扣子绝对不可以打开。我们在吃饭的时候看到有的人，为了舒适轻松把领带打开，纽扣解开，甚至把腰带也解开，有的干脆把两只皮鞋"咚"地也给扔了，在公共场合给人印象很不好。我们的男同志，还有一个需要注意的就是拉链。如果衣服上有拉链，登台时切记拉好拉链。

日常生活中，我们自认为这些是小节，实际上它是礼仪，是对他人的尊重。这种生活上的细节、小节，在演讲者登台时其实并不小。

演讲的应用

演讲是一个人一生中应用较为广泛、较为实际的社会活动。即使说人人都离不了演讲，也不算夸张。本章中重点介绍了几种演讲在实际生活中的运用。

领导讲话

领导讲话是领导者进行领导活动、行使领导职能的一种重要方式。唐太宗李世民说过：言语者，君子之枢机，谈何容易。领导者只有塑造出自己个性鲜明的讲话特色，才能增强感召力、凝聚力和吸引力。

要做到“三看”

不管职位高低，领导要发号施令，就必须通过开会、交流、谈心等方式。要传递思想，履行职责都少不了大大小小的讲话。如果希望做到讲话他人爱听，首先要做到“三看”，即看时间、看主题、看对象。

看时间

十几年前在温州一个 800 多人的会场，我的报告还没开始，突然有人喊出一句话：“你的报告什么时候结束？”当即引起哄堂大笑。看时间是一个领导讲话必须考虑的问题。

我们现在很多领导做报告不看时间，不考虑别人的感受。2004 年我到西部某省参加一个很重要的大会，上午 11 点 40 分了，还有一位重要领导没讲话。大家知道，按惯例最后讲话的都是大领导。12 点 20 分了，主持人提醒大家“让我们用热烈的掌声欢迎某某领导讲话”，掌声响了起来，但稀稀拉拉的，因为这个领导居然还带着厚厚的讲稿上台准备演讲。同志们想一想，没有时间观念的讲话，能受人欢迎吗？所以领导讲话懂得“看时间”很重要。给你的演讲时间有多长？这是首先就要确定的问题。领导讲话不能没有计划，不能没有时间概念，不能只按照自己已经准备好的讲稿来讲，而是要做到时刻考虑时间，做到心中有数，该长则长，该短则短。

艾森豪威尔 1948 年到 1950 年担任哥伦比亚大学的校长，在一次宴会上，前面已经有好几个人作了精彩的演讲，轮到他上去时，大家早已等着吃饭了，怎么办？艾森豪威尔上台只说了一句话：“无论我讲多少话，编成书，都少不了标点符号，那么今天我就做这标点符号中的句号吧！”说完就走下台，台下立即掌声雷动。为什么会有如此好的效果？因为他深知此时此刻所有的听众最需要和最关注的是什么，他更清楚他的演讲只有有限的时间。

1927 年 7 月，北伐战争开始之际，时任中共中央宣传部部长的瞿秋白应国民革命军总司令部主任邓演达之邀，为北伐军政工人员作报告。主持人介绍道：“请著名理论家和宣传家、曾三次见到列宁的瞿秋白先生作‘关于如何做好北伐战争的宣传报道’的报告，大家欢迎！”瞿秋白上台讲道：“宣传工作关键是一个‘要’字，鲁智深三拳打死镇关西，拳拳打在要害。”讲毕下台。全场沉静了数秒钟，继而爆发出经久不息的掌声——27 字的报告，足可抵一篇洋洋洒洒的数万字论文。所以说，报告不在长短，关键在于精彩不精彩。

1936 年 10 月 19 日，上海各界人士举行公祭鲁迅先生的大会。著名新闻记者、政治家、社会活动家邹韬奋先生在大会上发表了十分简短却极有分量的演讲：“今天天色不早，我愿用一句话来纪念先生：许多人是不战而屈，鲁迅先生是战而不屈。”演讲仅 34 个字，篇幅短小而含义深刻，有着强烈的表达效果。其中最震撼人心的就是“战”字。这个“战”字，牵出了一个强烈而鲜明的对比。许多无耻的文人是“不战”，不仅“不战”，还要奴颜婢膝；而先生却是铁骨铮铮，横眉冷对，“战而不屈”。一句“战而不屈”，多么准确地勾勒出鲁迅先生的战斗风骨，饱含着人们对鲁迅先生无限的敬仰和赞誉之情。

有一次，纽约某林氏宗亲会邀请幽默大师林语堂演讲，希望他宣扬一下林氏祖先的光荣事迹。这种演讲吃力不讨好，因为不说些夸赞祖先的话，同宗会失望；若是太过吹嘘，又有失文人风范。当时，他不慌不忙地上台说：“我们姓林的始祖，据说是商朝的比干丞相，这在《封神榜》里提到过；英勇的有《水浒传》里的林冲；旅行家有《镜花缘》里的林之洋；才女有《红楼梦》里的林黛玉。另外还有美国大总统林肯，独自驾飞机越大西洋的林白，可以说人才辈出。”林语堂这一段演讲简短而幽默，令台下的宗亲雀跃万分，禁不住鼓掌叫好。

喜剧电影大师卓别林在被授予1971年度奥斯卡荣誉奖时，面对台下众多热情的观众，眼含泪水，十分动情，却只讲了一句话：“此刻，言语好似多么多余，那么无力。”这只有一句话的演讲，却博得了人们长久而热烈的掌声与欢呼声。

所以领导讲话的关键不在长短，而在于是否精彩。只要有思想、有内容，就会广受欢迎。时间虽短，也能令人难以忘怀。

看主题

领导讲话不能漫无边际，有的时候领导讲话，讲抗洪救灾最后却搞成了景区发展、双拥模范或者是乡村振兴，这就跑题了。领导讲话一定要注意主题的集中，围绕主题做文章。怎么围绕主题做文章呢？

首先要弄懂、弄清、弄透会议主题。比如此次会议主题是抗击新型冠状病毒的，你的讲话稿主题就必须围绕抗击新型冠状病毒，不能顾左右而言他。我们继续围绕会议主题深挖，这次会议围绕抗击新型冠状病毒，主要想强调病毒传播的严重性和重视病毒的必要性，那么一定要说明病毒的危害、当前所采取的防护措施、目前存在的不足之处以及群众不重视病毒的危害和后果。如果不是综合性的会议，尽量不要在一次主题非常突出的会议上再讲与主题无关的话。一般来说，我们在会议上都会提出下一步规划，也就是部署工作任务。那么继续以抗击新型冠状病毒为例，按照前面分析的主题，我们在部署下一步任务的时候，要重点强调如何防止病毒传播、如何提高群众对此问题的重视度。比如社区网格员入村入户、群众党员站岗值守、村大喇叭不定时宣传播放疫情情况等，这就是效果好又接地气的对策。

其次要做到主题如旗。主题如旗包括两层意思。一是旗帜是前进方向，必须正确。方向正确，则走向胜利；方向错误，则走向失败。主题正确是人民之福，主题错误是人民之祸。一个不正确的主题，损害党和政府的形象。在网络时代，一些地方官员因讲话不当甚至一句话说错而落马的事情不能说“层出不穷”，也至少是“屡见不鲜”了。所以，领导准备讲话稿时，千万要把主题正确看作是“天大的事情”，稍有不慎便会“一文误终身”“一失足成千古恨”。二是旗帜是本质特色，必须鲜明。我们的国旗是五星红旗，世界上所有的国旗都“各有特色”——这个特色就是区别于其他旗帜的本质特征。讲话亦如此，虽然“年年岁岁讲相似”，但是“岁岁年年话不同”；虽然“上上下下都在讲”，但是“上上下下话不同”。

看对象

演讲是用口语面对面地说理，不能像书面语那样动辄几万字乃至几十万字，也不能像书面语那样采用论证严密、附加成分多的长单句和分句多的长复句。如果句子太长，严密倒是严密，但听众不容易将每一部分连起来理解、掌握句子的整体意思。领导讲话一定要结合实际去讲，注意用接地气的语言，忌讳讲套话、空话，甚至是假话。

不看对象的讲话，即便是实实在在又极具煽情的演说，也是徒劳。就像你要发表演讲，内容是给单位职工发奖金，而听众却不是你单位的职工，他们会感兴趣吗？

作专题报告，更要考虑听众的组成。面对普通听众，演讲者的语言就要通俗易懂，深入浅出，朴实中肯。纵是大家、高端人士其实也很喜欢“吃土菜”，他们也不一定就偏爱“之乎者也”和一大堆枯燥无趣的空洞理论。从某种意义上说，演讲者如同建造师，美妙的语言就像桥梁，演讲人要通过精心的设计、运用神奇的语言架起与听众可以产生共鸣的心灵桥梁。

对象的组成方式有什么？

第一是面。所谓面，就是指对象的广泛性，即工、农、兵、学、商行行俱全。

这时，领导讲话就要有侧重，不能只讲某一个领域、某一个系统，让某一部分人有兴致。如果领导是当过兵的，不能总讲自己当兵时的热血青春，因为不是所有人都当过兵，没当兵的人可能就没兴致了；如果领导下放的时候在农村干过，也不能只讲农村生活怎样艰辛，因为有的听众并不了解农村，可能就不感兴趣了；如果领导只讲大学生活怎样灿烂，有的人没上过大学也理解不了。所以在这样的报告中想要做到结合实际，就要看对象，研究对象到底是什么样的。只有当听众都了解所说的内容的时候，你的讲话才有感染力。

第二是线。所谓线，就是指对象的专业性。比如，你今天演讲的对象是搞水利的，那这就是水利线。听众从上到下都是搞水利的，那么面对这样线性的对象该如何去讲？就要讲专、讲深、讲透。

第三是点。什么叫点？如领导来到某一个单位，只对着一个单位、一个群体来讲话，就属于一个点。这时，需要注重亲近，就是你要给人以亲切之感。所以作为一个领导干部，在每一场讲话之前，要对该单位的对象进行系统的调研、全方位的了解，周密思考之后才能有的放矢，有话可说。

有一次，我到一所中学做《成长，成人，成才》的演讲，主办方告诉我，听演讲的都是学生干部。但是来到现场我傻眼了，满满的会场里有很多成人，一问才知道校长觉得这个主题不错，把全校老师也发动来了。更出乎意料的是，后来我才知道会场里居然还有一个班的家长，因为上次学校开家长会，会场坐不下，有一个班家长没参会，今天会场坐得下，便把他们请来了。这场演讲我该怎么讲？我抓住孩子成长这个中轴线，找出与家长老师都容易产生共鸣的事例展开说。比如，我说一个孩子早恋了，厌学了，叛逆了，他父亲的处理方法，他老师的态度，尤其是孩子自己认识到问题后独特的处理方式，深深吸引了所有关心这件事情的听众。在选用案例和观点时，演讲者必须考虑到现场的所有人。演讲人其实就像是一个厨师。对厨师来说，最重要的一点，就是必须了解他的食客：来的都是什么人？他们要吃什么样的菜？上海客人，厨师知道菜里要放糖，重庆来的他会放上花椒。我们当老师的经常说“备课”，其实这“备课”备的是“生”，是要了解学生的情况，受众的范围。

讲话内容要新

有人打趣道，有些领导作报告，特别喜欢“三点式”。讲话经常讲三点，诸如，第一，要提高认识；第二，要强化措施；第三，要狠抓落实。每逢讲话便是“重要性、必要性、紧迫性”“责任感、使命感、危机感”。乍一听，感觉很有条理，很有美感，也很有理论水平。细细品味一下，逢会就讲，真的不美。讲得次数多了，讲的人多了，就不新鲜了，就落入了俗套，不再受听众的欢迎。领导讲话在内容上要注意不讲套话、不讲长话、不讲官话，那就要创新。讲话内容的创新，可以从下面几个方面下功夫。

新在思路

我们常说，思路决定出路。去一个地方，脑海中就应该有一个线路图，这种思路就相当于导航。打开导航你会发现常常有很多条线路可供选择。选哪条？最省时的，还是最近的？演讲则需要选择最新的，毕竟“嚼别人嚼过的馍没味道”。

领导讲话不走老路才能富有新意。前面一位讲过了“要加强领导、周密部署；要开拓创新、锐意进取”。你再讲同样的内容和差不多的话，怎么能受到听众的欢迎呢？少讲套话，说出有创意的话才能引起人们的兴趣。

一个新任职的领导就职演说，只讲了 5 分钟，他说了“三个一”：一颗心、一双手、一只碗。很多年过去了，人们都还记得。

“一颗心。”我从省城来到这里，很多人可能在猜测我是来镀金的，是“飞鸽”牌。今天当着组织的面，面对我亲爱的同事们，我要说的是我来了，我把心也带来了。在这里和大家一心一意干工作，心无旁骛，和大家一起把工作干好。我知道单位矛盾很多、问题也不少，但是只要心到之处一定会化解矛盾，一定

会给我们单位的发展带来春风。“一双手。”同志们，今年我44岁，也还算年轻。我想告诉你们，我不仅有一颗没有生锈的头脑，我还有一双勤劳的手。领导干部贵在以身作则，要求你们做到的，我也一定努力做到。领导干部自己不能做到的事情叫你们去做，我是很有愧的。我这双手不仅有力，还很勤劳。“一只碗。”接到组织叫我到这个地方来担任“一把手”的时候，我眼前首先浮现出的是一只碗。同志们，我带这只碗来不是混饭吃的，而是我深深地明白，当“一把手”贵在一碗水端平，能不能做好工作，取决于领导自己能不能做到清正、廉洁，能不能做到公正、公开、公平。“三个一”，同志们，从今天起就看我的行动吧。

新在事例

要生动，就举例。身边的、最近的、鲜活的、适量的事例足以让讲话生动起来，这是讲话生动的秘诀。我多次留心观察，台下听众埋头记的都是观点，仰头听的都是事例。如果说观点是文稿的筋骨，那么事例材料就是文稿的血肉。“有骨有肉”是我们对文稿的褒奖。

毛泽东同志曾在中央通知起草稿上加上这么一段话：“这种汇报应当有形象的材料，有批评，有议论，有主张。不要枯燥无味、千篇一律。”“内容好，写得有骨有肉，生动活泼，不妨长一点，否则宜短，几千字也可以。”该怎么做呢？一是要注重平时的积累，准备丰富的素材。二是选择事例材料，要选取典型材料。兵不在多而在精，材料不在多而在典型。三是选材需要有特色。比方说湖北省委主要领导在全省林业改革发展会上的讲话，讲到湖北林业的地位，用了这样一些“特色材料”：湖北地处长江中游，要从减少水土流失、防控洪涝灾害、保护人民生命财产安全的高度认识湖北林业的重要地位；湖北是南水北调的主要水源地，要从确保丹江口水库水量和水质、确保首都等地区用水安全的高度认识湖北林业的重要地位；湖北素有“华中绿肺”之称，要从建设中部绿色屏障的高度认识湖北林业的重要地位；湖北是“千湖之省”，要从保护湿地、调节气候的高度来认识湖北林业的重要地位；湖北有地球上北纬

31 度唯一的一片原始森林神农架，要从保护地球生物种群的高度认识湖北林业的重要地位。

这样的材料唯湖北独有，这样的意义唯湖北能讲，这样的讲话就叫作特色鲜明。

新在用语

讲话稿是要让人听的。如果讲得枯燥无味，味同嚼蜡，听众实在听不下去了，当然要说小话、打瞌睡甚至离场。所以，想要人愿意听，也要在语言生动性等多方面下功夫。要学会运用多种手法，包括比喻、借代、排比、对仗、拟人、拟物、夸张、反问、设问等修辞手法和议论、抒情、描写、说明等表现手法。要学会运用多种语言，包括领导语言、学者语言、历史语言、诗词语言、外国语言、外地语言、歌词语言、网络语言、群众语言等。网络上曾经热捧的大学校长“根叔”的演讲——华中科技大学校长李培根 16 分钟讲话赢得 30 次掌声，很大原因在于他把 4 年来的国家大事、学校大事、身边人物用网络热词“串起来”了，这些“生猛海鲜”似的新潮语言当然让当代大学生“食欲大开”“击掌叫绝”。毛泽东同志在讲话和文章中特别娴熟地运用成语典故、寓言故事。据统计，《毛泽东选集》第一至四卷所用各类典故达千条之多。著名的《为人民服务》《纪念白求恩》《愚公移山》，更是语言运用之经典，即使读过多少年了，我们至今还能深刻地记得第一篇文章引用的一句古文，即中国古代有个文学家叫作司马迁的话：“人固有一死，或重于泰山，或轻于鸿毛。”深刻地记得第二篇最后的一组排比，即五种人“一个高尚的人，一个纯粹的人，一个有道德的人，一个脱离了低级趣味的人，一个有益于人民的人”。深刻地记得第三篇“愚公移山，智叟笑话，挖山不止，感动上帝”这个寓言。能让一代人记住一辈子，这就是毛主席同志文稿语言的神奇魅力。

会议发言

可能你不是重要领导，也不是某次会议的主角，但是在社会工作中总会遇到在大小场合发言的机会，或者是论坛，或者是研讨，抑或是交流，或者仅仅是代表个人或单位在会议上发言。出色的发言，无论是对个人，还是对整场会议来说，都具有非常重要的意义。

大会发言有多种情况，有的是领导讲话，有的是作为先进代表在会上做交流发言，也还有一些临时的指派，如在特定的环境中发表演讲等。虽然大会发言形式多样，但其要求总体还是比较一致的。

会议发言有“铺 + 观 + 问 + 论 + 总”的通用公式。

1. 铺：铺垫。当你在会议开始时发言，要学会礼貌铺垫。比如：“大家好，我是某某部门的某某。我刚刚听了大家的发言，很受鼓舞。尤其是听了某某提到的某某的观点，感触颇深。接下来我就来说说我的看法。”

2. 观：观点。做好铺垫后，你要直接表达你的观点，让听众能清楚地接收到。比如：“我觉得做好某某某有三个关键……”会议上，有人之所以会发言时间过长就是因为他们表达不清楚自己的观点，最后给人留下不好的印象。

3. 问：你为什么这么说？观点讲完之后，一般来说，要论证观点。有些人说话跑题的关键原因是缺少“问”字。在论证之前，加上：“我为什么这么说？”相当于主动提问。问的作用是：与观众互动，吸引大家的注意力；帮助我们锁定观点，不容易跑题；起着承上启下的过渡作用，引出了后面的“论”字。

4. 论：论据。论证自己为什么讲这个观点，让自己说话有理有据。

5. 总：总结。把观点重复一次，与开头呼应，加深印象。

想要会议发言取得好的效果，还需要注意以下几点：

一是研究听众。听众是什么身份？他们是什么样的文化层次？什么样的特定群体？规模有多大？这些因素都需要考虑，从而有的放矢地做准备，让自己的演讲更受听众的欢迎。

二是条理清晰。我们演讲的大多数场合下，不是每个人都做笔记，所以大会发言要条理清晰，重点突出，便于听众理解和记忆。

三是内容简洁。发言内容不能冗杂，演讲主旨最好用主题词来体现，每个主题词以 2~4 个字为佳，且主题词的语言力求朗朗上口。

四是突出主题。无论是领导讲话还是一般性发言，都应在有限的时间里，围绕自己所要表达的内容，尽可能用简洁的语言把所要表达的思想表达清楚，切记不能脱离主题。

五是有代表性。会议发言者代表的不仅仅是自己，还要代表一个单位、一个系统或一个岗位。对本行业、本岗位的特点、特征要讲深讲透。比如：作为教师行业的代表，就需要体现教师行业的独特性；经济方面的代表，就要体现经济方面的特质；作为一个运动员代表，就要把运动员团结拼搏的精神风尚讲好。

六是及时进行反馈。了解听众的感受、发言的效果等，从而在此基础上进行总结反思，以便在下一次发言中有所进步，取得更好的效果。

七是注重细节。注意选用资料的准确性和时效性；不要在发言中做出过多的承诺和预测；不可打断他人的发言；不能不懂装懂，信口胡诌；被反驳，不能为了维护面子而气急败坏；语气平和，控制音量；不能无中生有，吹毛求疵；不能长篇大论，滔滔不绝。

事迹报告

社会生活中，很多单位或组织经常会举办一些先进事迹报告会，邀请身边的典型人物做事迹报告。事迹报告也是一门关于演讲的学问：演讲时间有

多长？面对什么样的听众？应该怎样去面对听众？如何让事迹报告出彩？这些都是事迹报告的学问所在。

报告的组织

从组织方角度来看，要考虑参加报告的人数、时间和规模。

报告会的时间包括两个要素。一是总时长，二是个人报告的时间。一般来讲，时间总量控制在一个半小时左右最为合适。事迹报告会的人数一般以5~6人为宜。如果人数太多，听报告的时间就会过长。听事迹报告会并不像看一部电影，时间过长，听众就会困倦；听众坐不住，报告的效果就会大打折扣。同样，如果时间太少也很难在短时间内让每个人充分地发表自己的意见，所以一般人均发言时间为15分钟左右。整场报告，加上主持人串讲、点评，放在一起在1个半小时左右最佳，一定不要超过2小时。当然，各个单位要根据单位的实际工作情况，灵活安排时间。

个人报告的时间，不需要平均用力，“有话则长，无话不讲”。有事迹比较典型、出彩的内容较多的，讲述时间多则20分钟。如果事迹较为单一或者是某个单一方面的典型，又还必须上台去宣讲的，可以控制在10分钟以内。

事迹报告会一般由某一个牵头单位负责。最好把这些先进事迹报告的备选对象召集到一起，告诉他们宣讲报告的内容、要求、意义。当他们了解了这些内容以后，再对他们的报告主题提出明确的要求。如有人讲孝老爱亲，有人讲见义勇为，有人讲诚信守法等，要做好分工，避免在同一场的报告会中出现事迹撞车的现象，所以负责单位要对他们进行精心的组织、分配，同时要进行有效的培训，帮助他们摆事实、选典型、讲道理。

事迹报告的准备

会串糖葫芦

做先进事迹报告就像是“串糖葫芦”。糖葫芦是由一根竹签、若干山楂和冰糖所组成，这根糖葫芦就是每个报告人需要把握的三要素。

第一，一根竹签。

这根竹签是报告人的报告主题。他可以去讲自己，也可以讲别人。但是报告人所选取的案例、所要表达的思想、所呈现的场景必须紧紧地围绕主题来进行。主题必须明确，主线必须清晰，内容必须围绕重点。

比如讲爱岗敬业的先进典型，那么这根杆子就是爱岗敬业。无论宣讲人如何表达他的优秀，都要紧紧围绕爱岗敬业去说，与爱岗敬业无关的则尽量少说，甚至不说。如果要表达某某见义勇为，那么就明确这根竹签是见义勇为。宣讲人可以讲他十几年前就曾经见义勇为，十几年以后依然可以路遇不平一声吼，年纪虽长却依旧刚正不阿。至于他的其他先进事迹，比如孝老爱亲、爱岗敬业、热心公益等可以少讲或省略不讲。

第二，若干山楂。

一根糖葫芦，其大小、质量取决于山楂的选取，这里说的山楂就是一个个典型案例。

如果先进人物事迹很多，那么不妨多串几个；如果事情很少，就少串一点。我们选择山楂，要考虑的是山楂是否饱满，色泽是否鲜艳，外观是否好看。所以，在选取先进事迹的时候，应该选取典型、生动、感人且有特色的案例。挑选典型的事迹，要十分细致严谨，切忌盲目随意。

比如全国劳动模范、全国道德模范徐辉——讲述他的爱岗敬业品质时，就要围绕主线爱岗敬业，选取与此相关的典型事迹。徐辉的事迹非常多，他出现在公众中的形象常常是一件工作服、一个燃气包。报告人能否在其中挖出籽粒饱满的山楂呢？当然可以。

几年前徐辉的高中同学发起了毕业30周年纪念活动。高中毕业后，徐辉由于工作繁忙，很难有与老同学会面的机会，因此，他对老同学、老朋友无比怀念，对这次聚会活动更是充满了期待。他专门为这次聚会买了一套合身而昂贵的西服，配上一条自己非常满意的领带，并且在一周前就早早地为下一周可能出现的意外事件做好了准备。

30周年聚会那天是周六，高中同学从四面八方来到合肥。徐辉穿上西服、打上领带、照着镜子，他仿佛能想象到同学重聚的欢声笑语。正回忆着30年前嬉笑、打闹的难忘情景，徐辉的手机却突然响了。

他本以为是同学打来催促他早点去的，但是拿起来一看，却是一个陌生的电话，他愣住了。原来是一个60多岁的老太太打来的，说她家里有一股煤气味："劳模啊，你能不能来帮我看看？"徐辉当时心里咯噔一下，我要去见我的同学了，怎么办呢？哎呀，同学聚会10点钟再去，现在还早，那我就去帮忙看看吧，也许到那儿看一下就好了。毕竟搞了几十年的煤气维修，业务很熟悉，应该很快就能处理好。所以他骑上自行车，赶到老人那儿去了。

其实那一天的徐辉完全可以安排气修班的同事去一下。但是他想到这天是星期六，哪家不要休息呢？气修班的小张刚结婚不久，小李家二宝也才刚出生，还是自己去吧。

他骑着自行车，半个小时后赶到那里，总算找到了老人。哎呀！进去以后才发现问题比自己想象的要严峻得多。到底哪里漏气？徐辉从头至尾进行查找，但是一直没有线索。空气中的燃气味从哪儿来的？徐辉顾不上脱掉西服，就把燃气包中的工作服找出来，穿在身上，楼上楼下四处寻找，还真遇到了疑难杂症了！这一晃就快11点了，他的同学在催他过去，他的手机铃声丁零零不停地响，自己非常着急，但是又没有办法。

11点，总算把老人的这件事情解决了。徐辉穿好西服准备再去见同学，却没想到在换衣服的时候，又一个电话响了起来。徐辉真的纠结，我不能再去了，万一又遇到这样难缠的事情，说不定今天同学聚会就泡汤了。徐辉抄起手机给同事们打电话。第一个没接，第二个出差在外，还要打第三个吗？不打了，算了，还是自己去吧。衣服索性也不换了，把西服挂在自行车上，骑车就往报修的地点赶去。

来到这里的时候和刚才一样，也是楼上楼下跑了好几次。这时候他的手机都被打爆了，几十个未接电话。30 年前的高中同学一个接一个地打电话，但是徐辉也很无奈，现在根本无法脱身，而且燃气无小事，万一出现事故怎么办？所以他一直在维修，等到事情干好已经凌晨 1 点 40 了。哎呀，已经这么晚了，同学们该怎么办？徐辉赶紧把最后的事情解决好，就骑着自行车往酒店赶。

当他来到合肥大蜀山下的酒店时，只有买单的同学还在那里等徐辉。同学说："知道徐辉要来，我们总得留一个人吧。"徐辉看到那个场景，心里很不好受。30 年没见上面的同学告诉他："徐辉啊，全班同学对你都有意见。我知道，你没有办法，走不掉。但是同学们不这么认为，认为你徐辉现在是全国劳模了，不得了了，同学感情都不要了。"

徐辉什么话都没说，泪水流下来。他何尝不想念同学呢？何尝不想早点见到他们呢？买单的同学说："你看你脸上还有那么多灰都没有擦掉。"也许是泪水，也许是汗水，徐辉擦了一把，整个脸立马就花了。徐辉这时候对着同学说："谁让我是劳模呢？我这劳模是靠干的，不是虚的啊。同学们，下一次再有聚会，我无论如何要参加。对不起了。"说完对不起，他早已潸然泪下。

我把这个故事在这里讲出来，感人至深。这不是什么惊天动地的事件，这就是一个劳模爱岗敬业的小案例。但这就是一个"山楂"。它没有惊天动地的伟业，但是娓娓道来却深情款款，展现出普通人不平凡的形象。

所以我们事迹报告一定要找到好"山楂"。至于几个"山楂"，根据每个人的实际情况来确定。如果有 15 分钟，那么可以选 3 到 5 个“山楂”，即 3 到 5 个典型的案例，或 3 到 5 个出彩的事件。而这些事件同样也不需要平均用力。其中，长的 5 到 6 分钟，短的 1 到 2 分钟。就是说几个故事之间也还可以有详略不同，但是故事的内容都要围绕一个主题，就好比每一个“山楂”都是围绕那个杆子一样。

所以在讲这些故事的时候，大家要知道怎么去讲。在选择故事的时候，也就是确定“山楂”的时候，要详略得当，把握好重点和次重点，把最出彩的、最动人的、最能够引起人们共鸣的故事淋漓尽致地表现出来，这样效果就会更好。

做一次事迹报告，选取“山楂”很重要。怎样来选取“山楂”呢？这就要从纷繁复杂的生活中、从林林总总的事件中找出与主题最紧密，最符合要求，最有时代特征，最触动人心的那颗“山楂”。一定要围绕自己最感动的事情。自己都打动不了，还能打动谁？

再举一个孝老爱亲的案例。

山东省有一个叫陈瑞琼（化名）的 46 岁下岗女工，她是一个再平凡不过的女工。她的丈夫突然患了帕金森综合征，走路不稳，连端碗都双手发抖，只能失业在家。面对这种情况，这个家怎么办？幸好，令他们欣慰的是唯一的女儿考上了大专，在广州的一所医学学校学护士，将来能留在广州也是他们最大的心愿。

但是几年前的一天，他们的梦破碎了。女儿在医院实习时突然被查出尿毒症。一个患了尿毒症的孩子对家庭来讲就是灭顶之灾，怎么办？透析，透析，一次次的透析，把家里仅有的一点点维持生活的经济来源都断送了，这样也不是个办法啊，必须想办法给她换肾。医院一次次告急，如果再不换肾，这样下去她的生命维持不了几年，一家人蒙了。哪有肾源呢？有肾源也没有那笔手术的钱啊。就在这个时候，有医院的医生告诉他们，可以考虑近亲换肾，如果家里有人能够把肾换给她，你们能节省不少的费用。

陈瑞琼回到家和丈夫商量怎么办。丈夫报名："我去，我反正是有病在身的人，我这肾要着也没用，我去。"陈瑞琼想想也是。怎么办呢？自己是家里的顶梁柱，虽然自己失业，在外总还能够打点零工、挣点零花钱。但很遗憾，丈夫血型不匹配，唯一的希望就落在自己的身上。去还是不去？去吧，万一落下后遗症，这个家就完了。如果不去，女儿眼看着一天不如一天，再这样耗下去，我活着还有什么意义呢？

去吧。

喜讯传来，自己的血型和女儿匹配。但是医院告诉他，你脂肪过高，需要减肥。怎么减？医生告诉她，坚持跑步，哪一天你的体重降下来了，符合标准了，血液的各项指标合格了，哪一天就可以换肾。在长达一年半的时间，陈瑞琼风雨无阻，严寒酷暑，坚持每天跑步 10 千米，陈瑞琼的身体体重下降，指标慢慢接近正常。

为了调理自己的身体，医生建议她喝中药。陈瑞琼每天喝着四大海碗苦苦的、涩味难闻的中药。到后来，陈瑞琼站在门口，看到桌子上那只碗就想吐。但是为了孩子，再苦的药也得喝，一定要坚持下去。再到医院检查，所有指标完全合格，陈瑞琼连忙通知在广州的女儿回来，医院确定 4 月 25 日给她们正式进行肾移植。

女儿回来了，但这时候陈瑞琼一家又陷入混乱之中。

因为换肾需要 6 万元，这个家别说 6 万，连 1 万也拿不出来啊。在这一两年的时间里，孩子治病已经花完了家里所有的积蓄，还倒欠了很多外债。但这 6 万块钱拼死命也要把它借来！陈瑞琼向亲戚、同学、朋友四面八方地呼号，最后还少 14680 块钱。没办法，陈瑞琼下死命令给娘家人：你们必须在 4 月 23 日晚上把所有的钱给我筹集齐。因为 24 号把钱交掉，25 号开始就能够移植了。

23日晚上11时许，陈瑞琼骑着电动车从娘家带着14680块钱回来了，沉重的包袱也是满心的欢喜。6万块钱终于凑够了。

但是在离家只有30米的地方，路灯下突然窜出一个黑影，一个30来岁的小伙子窜到跟前，手拿一把水果刀说“把钱交给我”。陈瑞琼一看劫匪当时就垮了，双手把包死死地捂在自己的肾部，拼命地喊着救命。这个歹徒是个吸毒、有前科的人员，当时二话没说，一刀捅下来，划出7寸长的口子，鲜血崩流。陈瑞琼跪在地上哀求：“你不要把我的钱拿走，我的钱是我救女儿命的钱，你一定不能……”但是穷凶极恶的歹徒用刀在陈瑞琼身上连砍了24刀。陈瑞琼倒在了血泊之中，这个时候周围听到喊声的群众赶来了，歹徒在慌乱中逃跑了，陈瑞琼被送进了医院紧急抢救。两天时间过去了，陈瑞琼还在昏迷之中。25号早晨8点钟，那是跟医院约好了进手术室的时间，她的女儿已经做好了一切准备。然而女儿还不知道她的妈妈正躺在另一间危重病房急救呢。

令人惊讶的是，在早上8点的时候，已经危在旦夕的陈瑞琼居然睁开了眼，在场的所有人都愣住了，然后一片欢呼。没想到陈瑞琼只说了一句话：“我的肾还能用吗？”她最关心的不是自己的生命、不是自己的身体，而是自己这一年多来为女儿拼命努力后终于符合条件的肾还能用吗？陈瑞琼哪里知道由于失血过多，她的两个肾全部报废了。陈瑞琼喊完这句话，又一次昏死过去，又进入了紧急的抢救之中。那边女儿在病房期待着妈妈的出现，这边医院的人都等着她早日醒来。下午4点钟，陈瑞琼又一次醒来了。“我的钱还在吗？”14680块钱，一分没少，但是全部被鲜血染红了。陈瑞琼为了防止自己的肾被歹徒砍到，一直把包死死地捂在自己的肾部。对她来讲，那不是钱，而是女儿的命。多么了不起的女性、了不起的母爱啊，陈瑞琼向我们诠释了一个孝老爱亲的生动案例。

这些实实在在的真实事例，就是一个个“山楂”。在事迹报告会上讲一两个这样的事情，听众就能听得下去。

第三，冰糖。

糖葫芦如果只有棍子、山楂，孩子们会喜欢吗？当然不喜欢。为什么？因为没有糖。如果没有冰糖，糖葫芦不会那样诱人，更不可能看上去熠熠生辉，因为冰糖让它增添了亮色，冰糖给它带来了无限的诱惑力、吸引力。

在事迹报告中，“冰糖”到底是什么？又表现在哪里？

实际上，冰糖在糖葫芦中起着连接的作用，所以我们在设计报告时，需要注意每一个故事、每一个事例的前后都不能缺少铺垫和过渡，它们起着承上启下的重要作用。在报告中，“冰糖”就是一些富有哲理的、发人深省的、令人感动的语言。

一个事件讲完以后要进行一些小结、概括、提示、升华。

2020 年 7 月 22 日，庐江县消防救援大队政治教导员陈陆在抗洪抢险中，多次乘坐橡皮艇往返搜救被困群众而不幸英勇牺牲了。这时恰当的感慨就是“冰糖”。

这是一种什么样的力量，让他多次乘坐橡皮艇往返搜救被困群众，在急风暴雨中奋力前行？这是一种什么样的精神，能让一名 36 岁青年在面对死亡和危险时那样坚定与坚韧？这又是一种什么样的品质，铸造了这样铁骨铮铮的警魂，让一个新时代的战士如此无畏？

演讲者表达的感想，其实就是演讲中情理交融的结晶，它对揭示和深化演讲主题，无疑起到了十分重要的作用。

钱理群在演讲中，曾对四川大学蒙文通教授绝妙的考试课进行了评论：

这样的课太绝了，绝就绝在他的不拘一格和随心所欲，显示了教师的真性情。因此，他给予学生的，就不只是知识，更是生命的浸染、熏陶。在这样的课堂里，充满了活力的生命气息。师生之间，学生之间，相互交流，进行思维的沟通和撞击，最后达到了彼此生命和思想的融合与升华。这样的生命化教育的背后是一种生命承担意识。

钱理群教授有感于蒙文通别出心裁的考试课，他用精当的评论，揭示了这种充满真性情和自由度的课堂教学所体现出的生命承担意识，真可谓情理交融，发人深省。

在央视主持人大赛第十期邹韵《天下“粮”心——走进袁隆平援非杂交水稻团队》的演讲稿中，邹韵在谈到袁隆平院士培育的杂交水稻时感慨道：

其实我们在座的每一个人可能都曾经吃过袁隆平院士的米，这些水稻不光让我们牢牢地把饭碗端在了自己的手里，更让中国从一个世界粮食救援的接受者到国际粮食安全的保卫者，这是一群人的努力，是几代人的坚持，更是一个国家的担当。在未来会有越来越多非洲的孩子吃上袁隆平爷爷的米，我想我们要感谢这个全球化的时代，更要感恩那些面朝土地心怀世界的播种者们。

通过“冰糖”的渲染，将一段故事再次升华，有效地引起了现场观众的共鸣。这就是“冰糖”的奇妙作用。

事迹选取有“四忌”

一忌面面俱到。

做一次事迹报告就应该把模范人物、先进人物的事迹，淋漓尽致地表现出来。比如讲抗疫英雄，我们应该讲他在抗疫过程中的突出事迹，这时候肯定也会不同程度地涉及与抗疫无关的生活、工作、社会、交际等各个方面的事情。但是我们不能面面俱到地去表现一个模范人物，否则就会出现举例不得当、重点不突出的问题。一场学雷锋做好事的事迹报告，报告人可能做了十件、二十件甚至更多事例，但也只能选取与主题，尤其是本次事迹报告主题最为接近的案例，不可以方方面面、事无巨细地罗列。

如表现一个劳动模范工作敬业，我们可以从他的工作、生活或人际交往中来挖掘典型的案例，但不可以把他几十年如一日在工作、生活的各个方面全面反映出来，否则也会出现重点不突出的问题。表现一个人反腐倡廉、清正廉洁的，完全可以抓住几个最关键的，与廉政建设关系最为紧密的事例，而不需要全方位地展示和表现。因为面面俱到的最终结果往往是每件事都不突出典型，泛泛而谈会让人感觉不深不透、不痛不痒。这样一来表现力自然就不够了。

二忌高大上美。

报告人讲话要通俗易懂，要用听众熟悉、能理解的语言，把要讲述的内容浅显明白地表达出来。切忌一开场就来几句优美的排比句或是抒情散文式的语言。那种漫无边际、海阔天空的讲话，尽管言辞激昂、滔滔不绝，却无法真正抓住听众。越朴实的语言越能打动人，先进人物的“高大上美”不是靠优美的语言塑造的，也不是靠报告者的口若悬河来渲染的。宣讲者要学会在沙里淘金，从平凡的事迹中发现了不起的光辉。不能夸张粉饰，不能用过分溢美之词，更不能不切实际地杜撰和东拼西凑。

三忌无限拔高。

无限拔高，是指为了表现一个模范人物、英雄人物的品质、精神、行为，我们在挖掘他们的优点、闪光点时无限拔高，忽视了他们是人，而不是神。他们有工作的无限动力，也会有生活情感的需求。所以我们在做这类先进事迹报告时，要本着实事求是的客观态度，要让听众感到他是活生生的、有血有肉的人。他们的事迹很了不起，但并不是别人学不到的。只有这样，先进事迹才能够立体地、全面地呈现在听众面前，才能让他们的精神走进群众的心田。

四忌自吹自擂。

做事迹报告一般是安排别人去宣讲自己，也有的是宣讲自己本人。在自己宣讲的时候要把握住火候，不能给人一种王婆卖瓜——自卖自夸的感受。在讲案例时，在实事求是的基础上，要学会自谦低调，学会展示出个人的心理

矛盾，不要一味地说我就是这么想的，就是这么做的，这样会给人留下自夸傲慢的印象。

在表现自己的同时，要处理好个人和他人，个人和集体、现实、社会环境之间的关系。因为是自己在作报告，如果处理不好，把大家一起完成的事情说成了是自己一个人完成的，就会有人心里感到不太舒服。模范的先进事迹不仅仅是个人的能力、个人的功劳，更与当今的社会现实、社会安定、社会和谐、同志友情等多方面关系紧密相连，所以在作报告时也要处理好这些方面的关系。

在语言方面要自然，有时还需要自嘲。比如讲在做某件事的时候，自己也为难过，犹豫过，害怕过，甚至也有过退缩。自嘲是一种幽默的说话方式，利用自嘲，不仅可以调节气氛、化解尴尬，还可以彰显自己谦虚的品质，制造一点语言中的小趣味。

一次，《南方人物周刊》对“童话大王”郑渊洁进行采访。当记者问他“为什么选择写童话”时，他说：“我是懦夫，不敢像刘胡兰那样为改变世界献身，就通过写童话来逃避现实。”当记者问他“为什么创办《童话大王》月刊”时，他回答道：“我心胸特别狭窄，已经狭窄到不能容忍和别的作家在同一报刊上同床共枕。”当记者向他表示“你一个人将《童话大王》月刊写了20年，不可思议”时，他淡然一笑：“这是懒惰的表现。写一本月刊写了20年都不思易帜，懒得不可救药。”记者最后一个问题是：“如果让你给自己写墓志铭，你会怎么写？”他回答得更绝：“一个著作等身的文盲葬于此。”面对记者的提问，郑渊洁没有按照常规方式进行回答，而是来了一番自嘲，说自己是“懦夫”“心胸特别狭窄”“懒得不可救药”“一个著作等身的文盲”，言语之间，将他投身童话事业的决心，以及面对荣誉及成绩的淡泊和谦虚表达得淋漓尽致，令人在忍俊不禁之余，油然而生敬意。

我们来看几篇演讲稿。

学习沈浩，贵在行动

尊敬的各位领导，亲爱的同事们：

走上今天的演讲台，我有很多话要讲，因为我和沈浩曾在一个处室共事了三年，之后断断续续联系过很多次，对他应该说有所了解。我认为沈浩身上至少有三个闪光点值得我学习，也值得我们在今后的工作和生活中去实践。

第一是大爱。记得有一年，我同他一起去利辛县一个村子核查水灾损失，当我们看见一位步履蹒跚的大姐因病致贫、家徒四壁的时候，他特意默默地走在我们后面，掏出口袋中所有的钱送给那位大姐治病。直到今天这一幕还深深地印在我的脑海中。我想，沈浩的爱应不仅仅包含在他跪送90多岁高龄母亲回老家的泪水中，也更多地表现在他送给那位大娘的拐杖中，以及“这娃儿的奶粉我全包了”的话语中。当我们面对穷苦，不仅仅只是怀着一份同情心唏嘘不已，而是要学一学沈浩。在工作中，为来访的同志，奉上一张笑脸，送上一杯热茶，说上一句暖心话。对于担当民生工程大任的财政人，这份源自心底的大爱，是不是可以转化为更多“扶危济困”的及时雨和雪中炭？

第二是质朴。当人们都在说“老实的人会吃亏，干事认真的人像傻子，不会享受的人是孬子”的时候，在小岗的6年，沈浩，他用手捧水泥运砂浆，为的是作秀吗？他雨中赤脚奔走，是因为他没有胶靴吗？他自己掏钱请大包干带头人外出考察，单纯是旅游吗？答案是否定的，他为的是让小岗村民走上平整的道路，为的是让屋漏的村民尽快脱离险境，为的是统一全村思想，开阔眼界，建设更美好的小岗。他的质朴和务实赢得了小岗村民最朴素的褒奖——红手印的挽留。回想起来，大学毕业后，我也曾在乡镇财政所工作过6年，也曾在40多摄氏度的烈日下到田间收农业特产税，也曾在零下十几摄氏度的低温下用冻僵的手抄写公文，而今我坐在舒适的办公大楼里，在处理一件又一件的公务中，我还记得多少以前征税路途上的颠簸，还记得多少基层工作的艰辛，我能做到像沈浩那样朴实地对待“国事民心”吗？推己及人，我坚信：

在我们的工作中，只有坚持与普通群众实现心与心的沟通与共振，坚持充分地换位思考，我们才能更好地了解他们的真实需求，才能把握和坚持“主动理财和科学理财”行为取向，也才能实现财政工作与政府工作的共赢目标。

第三是坚韧。人生不如意十之八九，有的人会在困境前止步，会被失败所打倒，但有的人则具备坚强的意志、坚持的韧性。在小岗的日子里，沈浩也曾被人打过、被人骂过，他也曾因不被理解而委屈过，也曾想打退堂鼓，心里在亲情和乡亲之间矛盾过，但最终他还是选择坚持，留了下来，带领全体村民修路架桥、耐心做村民思想工作建敬老院、顶住压力流转土地抓招商引资，正是他锲而不舍的韧劲和为民谋幸福的执着，才让小岗村那句流传已久的“一朝跨过温饱线，二十年没进富裕门”的话成为历史。回顾十余年的政府采购改革之路，不也正是这样的一份坚韧在支撑着从事政府采购的老兵、新兵们不断克服困难、消除阻碍、创造业绩吗？从对政府采购认知的空白，到采购人的不理解，再到政府采购规模的不断扩大、财政资金的大量节省，从手工纸质的采购执行再到全新的电子化政府采购工作载体的建立，如今“阳光、高效、共赢”“公开、公平、公正”的政府采购形象已然深入人心。我相信：只要我们敢于坚持、百折不屈，只要我们克己奉公、勤勉尽责，再多的困难，我们也能克服；再多的不理解，我们也能忍受。沈浩身上的这份坚韧也会伴随我们去创造更大、更多、更新的业绩和不平凡。

大爱赋予了我们“强国富民”的重任，质朴导引着我们沉下身子履职尽责，坚韧更可以让我们增添战胜困难、化解矛盾的勇气和方法。信念转化为行动，政策付诸实践，而今我们不仅要做主动理财、科学理财的财政新人；要做服务跨越发展、实现安徽崛起的带头人和实干家；我们更要从小处做起，以沈浩为榜样，争做一名爱岗尽责、公而忘私的优秀财政干部。

张富清先进事迹报告

张富清老人是湖北省来凤县一名普通离休干部。95岁高龄的他平日里看着和其他老人没什么不同，其实他是一名功勋卓著的战斗英雄。张富清曾在解放战争中立下赫赫战功，可70年来，他将荣誉深深封存心底。直到2018年全国退役军人信息采集时，他的英雄往事才重现在人们面前。

1948年，24岁的张富清光荣入伍，成为西北野战军的一名战士。在枪林弹雨中，他争当突击队员冲在前，消灭敌人的火力点，端掉敌人一个又一个碉堡。在永丰战役中，他与战友协作上城墙，消灭了碉堡里的敌人，为大部队进攻扫清了障碍，为整场战役的胜利做出了突出贡献。为表彰张富清的战功，纵队首长王震亲自为他戴上军功章，西北野战军司令员彭德怀握着张富清的手说："你在永丰战役中表现突出，立了一大功！"

张富清随部队一路进军，千里征战，攻坚克难。战斗中，他的头皮曾被弹片掀开。有人问："你为什么不怕死？"他坦然回答："有了坚定的信仰就不怕死。"信仰的力量激发了英勇的壮举，砥砺了朴实的初心，让他经历血与火的考验，一次次战斗到最后直至取得胜利。

中华人民共和国成立后，张富清响应国家号召，从部队转业到地方。他没有选择留在大城市或者回到陕西老家，而是怀着投身社会主义建设的热情，从武汉一路西进，来到地处偏远、人才匮乏的湖北省来凤县。

张富清将曾经的赫赫战功深藏心底，甚至很少向自己的儿女们提及。从转业地方到离休，30年间，无论岗位如何变换，张富清从不跟党和组织讲条件，提要求，默默无闻地甘做社会主义建设的螺丝钉。他说："想到并肩作战而英勇牺牲的战友，而我还活着，吃得好，住得好，我已经知足了，我哪里还有资格显摆呐？"

对自己，张富清选择甘守清贫；对家人，他选择不谋私利。做精减职工工作，先动员妻子"下岗"；有招工指标，对儿子搞"信息封锁"……一次次"忘我"的选择，坚守廉洁奉公，不搞特殊的原则，彰显出一位老共产党员的品格风范。

离休后，张富清不忘关心党和国家大事，每天都坚持读书看报，身体允许时便会参加党员主题活动。88 岁那年，张富清因病被截去左腿。手术后，大家都以为耄耋之年的他再也站不起来了。可张富清说：“我要发扬突击队员的精神，我要站起来。”他撑着行走支架在家里一遍遍地练习走路，最开始因为走不稳经常摔倒，受伤流血时有发生。最终，老英雄张富清又一次打了胜仗，现在他不仅可以自由走动，甚至可以下楼买菜。他不向命运低头、不服输、不怕难的精神，再次向人们彰显了战斗英雄的本色。

2018 年年底，张富清的儿子将父亲珍藏了一辈子的“宝贝”，交给了退役军人信息采集工作人员：3 枚奖章，1 张特等功报功书，1 本记录着军一等功 1 次、师一等功 1 次、师二等功 1 次、团一等功 1 次、“战斗英雄”称号 2 次的立功证书……这些被张富清深藏的代表着革命荣光的红色记忆，终于得以展示在世人面前。

有着 71 年党龄的张富清始终胸怀对人民的赤子之心，始终保有对党的无限忠诚：95 年人生，他没有忘记过去，没有忘记走过的路，更没有忘记出发的初心。

在新中国成立 70 周年前夕，习近平主席向张富清颁授“共和国勋章”。老英雄张富清坚守初心，不改本色的感人事迹，也将激励着我们在实现中国梦的道路上不断前行。

年终述职

年底或年初，几乎人人都要迎来写工作总结的忙碌时期，无论所在单位大小，无论工作性质如何，总结过去的得失，是单位的重要工作。普通员工需要写个人工作总结，各个部门领导除了总结部门工作外，还要准备好一份年终述职报告。那么，如何才能写出一篇客观、真实，既不过度宣扬自己的功劳，又不掩饰工作中不足的述职报告呢?

年终述职就是在单位领导或全体同事面前进行一次“成果展示”。对此，有的人马马虎虎敷衍了事，但其实这可不能小视。因为在一个单位尤其是机关事业单位中，大家虽然在一起合作，但工作内容、工作范围和工作职责也都不尽相同。即使同在一个单位上班，也难免存在“隔行如隔山”的状况。我们要在有限的时间内让单位里的人知道自己这一年来做了什么，取得了哪些成绩，单位领导和同事往往就是通过述职报告了解你的能力和工作态度。所以对待年终述职，述职者要有参加一次演讲比赛的态度，全方位认真准备，方能取得良好的效果。如果条件允许，应该充分准备，能脱稿最好脱稿，数字和图表则可以现场用 PPT 展示。

一般来讲，此类演讲要注意四个方面:

1. 真切实在。因为听众都是对自己比较了解的同事，所以用词一定要朴实，有一说一，不可闪烁其词。尽量用数字、数据说话，阐述事实，不要过多地修饰，声音要平和真切，表情要大方自然，切记不可油腔滑调。讲话应干脆利索，不拖泥带水。开场也不需要过多自谦，讲述要亲切自然，真诚实在。涉及同事之间工作交叉的，要学会处理好与一起工作的同事的关系，谦虚真诚，不可尽揽功劳于一身，而忽视他人成绩。

2. 详略得当。一年之中做过的事情很多，很难一一列出，这就要注意详略得当，突出重点，展示亮点。抓住自己所负责的主要工作，讲深讲细讲透，万不可面面俱到、平均用力。要注重层次和条理，每件事让人听得明白，才能得到同事的认可和赞许。

3. 力求创新。很多同事可能事情做得都差不多，所以总结时要尽量避免雷同，少说或不说套话，选取典型事例，表述注重创意，开头和结尾都要力争与众不同。

4. 要有深度。不要停留在记流水账上，谈业绩要客观实际，也要对工作中存在的问题加以理性分析。应认真总结一年来的成功经验，这是非常宝贵的内容，需要深思熟虑地加以总结、提炼和升华。如果需要，还可找出下一年度需要改进的问题，同时也可做适度的自我评价。

述职一定要处理好四种关系：一、集体与领导的关系，讲清楚作为主要负责人自己就像一个班长，而巨大的力量则来源于整个集体；二、领导与群众的关系，让同事感受到是大家的理解和支持给了自己自信和力量；三、成绩与问题的关系，说成绩是为了体现自己的业绩、能力，找问题是展现自己真诚的态度；四、全面与重点，宏观与微观的关系，让大家了解自己在办事和处理问题时的睿智和本领。

竞聘演讲

竞聘演讲，是指竞聘者为赢得某一职务而在特定的时间和场合，面对相应的领导和听众，就本人所具备的竞聘条件、竞争优势，对竞聘职务的认识以及竞聘成功之后的工作计划和实施方案等内容所发表的演说。从竞聘演讲的概念可以看出，相比其他类型演讲，竞聘演讲的特点非常明显，归纳起来一共有如下四点：

1. 目标的明确性

这是竞聘演讲区别于其他演讲的主要不同之处。一方面，演讲者一登台就要明确地说出自己所要竞聘的职务，比如，厂长、经理、校长等。另一方面，演讲者所选用的一切材料和使用的一切方法都是为了一个目标——让评委、听众投上自己一票，以使自己竞聘成功。而其他类型的演讲则不同，命题演讲也好，即兴演讲也罢，它们虽然也有一定的目的性，但其目标却较为模糊和笼统。

2. 内容的竞争性

一般情况下，在进行竞聘演讲时，演讲者要向评委和听众说明三件事情：一是叙述个人对竞聘职务的认识；二是讲清楚自己的竞聘优势以及这种优势足以完成相应职务的工作；三是回答倘若竞聘成功，自己该如何做好这项工作。在此过程中，如果竞聘者比较谦虚，对自己的长处没有完全展示，那就很难战胜对手。因此，演讲者必须“八仙过海，各显其能”，不但强调自身所具备的条件、宣讲自己的工作构想，还要尽最大可能彰显出“人无我有，人有我强，人强我新”的胜人一筹的优势来。甚至有时，还要把本来属于劣势的地方换一个角度讲成优势。所以，竞聘演讲的竞争性非常强。

3. 思路的程序性

思路，指的是演讲者的思维轨迹；程序，指的是演讲中先讲什么，后讲什么的顺序。请注意，竞聘演讲不像一般演讲那么自由，它除了题目和称呼之外，其他内容必须遵循一定的程式。其中，竞聘条件和未来工作构想等几部分内容是必不可少的。同时，也不能因为自己的主观爱好而任意打乱次序。

4. 措施的条理性

一般来讲，未来工作构想及相应措施是竞聘演讲的主要内容。所以，演讲者在讲具体措施时，一定要做到条理清晰、主次分明，不能脚踩西瓜皮——滑到哪里是哪里，让人一头雾水。那怎样做才能把措施讲得头头是道呢？笔者认为，可以采用时序法。比如，“首先、其次、最后”“第一点、第二点、第三点”等。另外，在段落之间，还要用过渡语来承上启下。比如，自我介绍完毕，可以这么说：“我之所以来竞聘，是因为我具备以下条件……”讲完条件之后，可以再来一句过渡语：“以上所讲的是我的应聘条件，那么，假如我真的当了某某某某，会采取什么措施呢？下面接着谈谈我的初步设想……”这样不仅条理清晰、逻辑清楚，而且还使演讲前后呼应、上下贯通。

注意事项：

1. 了解竞聘职位

要对参与竞争的岗位职务的基本情况有所了解，包括职能、职权、工作范围、业务技能、周边关系、权利义务等，还应知道职位的特点。这样方能提出自己的打算或设想，做到知己知彼、有的放矢。

2. 要有创新意识

要有自己独到的见解，这点非常重要。因为竞争对象不止一个人，别人也在思考自己的演讲词，如果你的演讲词同别人的差不多，甚至不如别人的，那就难以脱颖而出，所以竞聘的演讲词一定要有新意。

3. 文风朴实

要使用大众化的朴实语言，不说大话空话，不说错话，不说外行话，不要有错别字。要使你的竞争演讲词，既有新的内容，又有好的语言表达，力争得到评委和听众的赞扬。

我们先来看一段竞聘某单位副处长的演讲词：

尊敬的各位领导：

今天，我已经是第二次参与竞争上岗了，在座的各位都是我的领导，也都是我的朋友。前次竞聘虽未能如愿，我没有埋怨，没有消沉。今天我非常高兴地再次来到大家的面前，我有信心接受大家的检验，也有勇气接受大家的挑选！

我要汇报四个方面的问题。

第一个方面是关于我的简历。

1996 年毕业在某某某校后留校任教。来某某某某工作已经十五个年头，真是一晃，白了少年头！我先后在多个岗位的经历让我深知，自己的知识水平需要不断提高。所以，几年来，我抓紧学习不放松，先后取得了硕士和博士学位。

第二个方面，我的业绩。我在某某某某工作了十年，一直在管理岗位。这个岗位的特殊性，决定了如果有什么业绩的话，那就是服务。体现在服务的质量、服务的能力、服务的水平（举一个例子，可以讲一下自己在岗位上干出的成绩）。

第三个方面，我的优势，我对自己认真地做了一下评估。

比如能真诚做人，能吃苦耐劳，能团结共事，这就是我的优势，其实这也是大家的优势，也是我向在座的大家学习的结果。另外我还有自身的其他优势，自认为我还有较强的文字功底、多岗位锻炼的经历、比较好的知识结构。当然我也会有很多缺点，希望大家一如既往关心我、支持我！

第四个方面，我的打算。

如果能给我这次机会，担任处室部门的副职，我一定坚持做到：强化一个意识、遵守两项制度、把握三个原则。

各位领导，我十分清楚，一个人职务提升了，并不意味着能力、水平也自然水涨船高。一个人职务变了，意味着任务增加了，责任更大了。

要强化一个意识，那就是锻炼自己，不断提高自己的能力和水平，把强化服务意识、责任意识作为自己工作的永恒主题。

遵守两项制度，就是坚持民主集中制，坚持行政首长负责制。

坚持民主集中制，就是发扬民主。处理好与其他副职的关系，处理好分管工作与全处工作的关系。

坚持行政首长负责制，就是全力支持处长工作。沟通协调，承上启下。

把握三个原则，那就是：到位不越位，补台不拆台，解难不推难。

我有理由相信，我会给领导当好参谋，出好主意，多谋划，多汇报，多揽事，少揽权。不搞越级汇报，不搞见风就是雨。

各位领导，这是我的打算，也是我的郑重承诺！无论在什么岗位，我都应该做好工作，干好事情，这是我的信念，也是我的本分！参与竞争，会有成功，也会有失败。我将做到一颗红心，两种准备。

谢谢大家！

我们不难发现，组织者一般都会要求参加演讲的人，在演说中注重突出三个要素：竞职目标、自身优势、履职打算；有的还要作简要的自我介绍，说出自己的经历等。无论怎样要求，在演讲过程中我们要掌握基本的要领。我们再来看一则竞聘县教育局副局长的演讲。

尊敬的各位评委、朋友们：

去年春节是我最难过的日子，因为众所周知的绩效工资问题，有人在网上发帖子攻击我，为此我流了很多泪。无中生有的指责谩骂，几乎让我崩溃。

认识我的人，都知道我是个很阳光、很有朝气的人，可以这么说，如果现在我不当这个校长，应该是一个很不错的音乐老师。因为在我参加工作才三年的1998年，我就获得了市“教坛新星”称号，2003年通过破格评审，提前两年晋升为小学高级教师。

现在的我面对的是4000多人的校园。搞好这样一所名校，虽然说我干得不错，但我也有重压！记得在2006年刚当校长的时候，有人曾对我说：“你当音乐老师是唱着过一辈子！现在当了校长要在笑声中成长啊！”

朋友们，当校长不能没有笑声，不能没有歌声，甚至不能没有怨气和牢骚，但我更多的是要直面人生、敢于担当！群众有怨气，说明我工作有没做好的地方，需要我有更多的思考、更多的历练，需要我以宽阔的胸怀去面对。也正是在这酸甜苦辣中，我成长了、成熟了！

上帝很公平，给我们每个人都是三天：昨天、今天和明天。但也把我们分成了三类：攀登者、半途而废者和放弃者。我当然应该选择前者，不断地攀登。

我的目标是教育局的教育教学业务工作。

我是先进教育理念的实践者。最近看到《法治日报》的一篇报道，在德国，小孩上幼儿园，他们会参观警察局，学习如何报警；参观消防局，学习灭火和躲避火灾；去坐有轨电车，学会记住回家的路线；跟老师去超市买东西，学习选货和付钱……三年后，他们具备初步的生存能力。而我们同年龄的孩子在干什么？学英语，准备高考；学舞蹈，准备上艺校；学计算，准备参加比赛拿大奖。教育为本，这个“本”到底是什么？想到这些，我的心情就很沉重。素质教育，我们任重道远啊！

多年来我组织了一系列的创造性活动，带领老师开发校本“课程超市”，带领团队研发校本教材，带领学生举办艺术节、生命教育节。在教育实践中，履行我的职责，推进新的育人理念是我的目标。

走进学生的心灵是我一生的追求。2008年，学校精心组织了迎元旦艺术节，学校简直成了快乐的海洋，两个六年级的女孩突然跑过来，很正式、很认真同时又略带羞涩地对我说：“校长，谢谢您！”说完就跑开了。刹那间我愣住了，但随即心里涌上了一股深深的感动，多么容易满足的孩子啊！每每说到这样一件小事我居然都会有一种想流泪的感觉，我想这就是一个教育者的追求吧！

我是教育的“拓荒牛”，敢于碰硬，果敢、坚定、不灰心。说话办事快人快语，不拐弯抹角、不拖泥带水是我的个性。对老师我要求首问负责，限时办结，追究责任；对工作我雷厉风行，干脆麻利，自信坚定。工作中我遇到很多问题，我会多渠道、多视角，想方设法全部解决。不因困难找借口，不因矛盾绕道走，不因复杂不作为。该我管的我会细致入微，不该我做的我会放手发挥领导班子每一个成员的作用，做到人尽其才，各得其所。

说心里话，我情系某某某某、爱在某某某某、舍不得某某某某。某某某某有我的辛酸，更有我的快乐；有我的坎坷，更有我的成长。从劳模到全国先进，从先进个人到集体荣誉，每一块奖牌都令我感动，每一项荣誉都凝聚力量，每一个细节都让我回味无穷。

今天我参与了就想获得胜利，但我也清楚参与并不意味着一定就能胜利。

如果我能走上新的岗位，我要用“责任、团队、创新”三个词为教育服务。

首先我必须对局党组和局主要领导负责，全力支持主要领导工作。作为助手，我会给主要领导当好参谋，出好主意，多谋划，多汇报。到位不越位，补台不拆台，解难不推难。我一定会把我的岗位当作奉献的平台、敬业的舞台，对学校负责，对教育负责。

如果我当选了，我一定会把局机关当作团队，把工作环境当成和谐家园，处理好与其他副职的关系，处理好分管工作与全局工作的关系。我绝不当“穿别人鞋走别人路，让别人既找不到鞋又找不到路”的人。钢琴只有每一个键都正常，才能奏出和美的乐章。我要对上级领导敬重，对同事和下级尊重，对有德有才者器重。民主管理、科学决策、以情感人、以理服人，我会着力争取更多的支持者和全体同人抱团干教育。

我深深地体会到，教育均衡说起来容易做起来难；“为了一切孩子，为了孩子一切”说得轻巧，做起来那要靠我们一辈子的心血！

在教育战线工作的十几年，也是我追求创新的十几年，走别人的路非常保险，但永远不会成为第一。当音乐老师时，我寻求创新，坚持向课堂 40 分钟要质量；当分管业务的副校长时，我坚定不移地推进教育教学改革；我当校长后更是不失时机地抓课题立项，抓创新课堂，抓教师队伍，抓名师培养。这次如果我当选了，我会坚持推进教育创新。我要多拜师，多学习。如果不读书，行万里路只是个邮递员。某某小学作为某某县领航学校，我必须敢于创新不走老路，某某县要在某某市打造“幸福某某”，教育不创新何来幸福？

我曾是一名音乐老师，我会和同学们在歌声中一起成长；如果我还是某某的校长，我会让某某小学 70 多个班级奏响时代的强音；如果领导们、评委们、朋友们支持，让我挑起这个副局长的担子，我会做教育这首歌五线谱上和谐欢快的音符！

从上面例子中，我们可以发现三个重要因素。

一是自我介绍。介绍自己的学历、经历、政治素质、业务能力等。要重点介绍自己的优势，简要介绍自己的不足之处。

为什么要参加竞聘？就是谈参加竞聘之目的。不外乎两点：一是更好地发挥自己的才能，二是带领团队更好地工作。一个人干好工作，不如带领一个团队都干好工作，这一点简单说几句就可以。

二是工作思路或措施。你所描绘的蓝图美不美就看你的演讲效果。今后打算怎么做，见仁见智，各有各的做法。应归纳成几点来讲，不要过于面面俱到。比如权、利、情、身、勤、廉等方面，就是要做到权为民所用、利为民所谋、情为民所系，身先士卒、勤政为民、廉政为民。

三是演讲结尾，即收官。好的结尾能加深评委对竞聘者的良好印象，从而有利于竞聘成功，正如俗话所说“编筐织篓，全在收口”。

结尾技巧一般有下面几种：一是表明自己对竞聘成败的态度，展现坦荡胸怀。“我”参加竞聘，希望在竞争中获得成功，但是，也绝不回避失败。不管结果如何，“我”都将诚诚恳恳做人，踏踏实实做事。二是表达信心，讲一些虚心的话，讲一些有信心的话。三是恳请大家支持，所讲内容不外乎请大家相信“我”、支持“我”，投“我”一票，“我”将不辜负大家对“我”的信任之类的话。四是向大家表示谢意，让评委或听众增加好感。

综上，我们不难看出，竞聘演讲目标性很明确，要求思路、层次非常清晰，语言表述简练，而且用语朴实自然。要注重详略得当，把握时间要求，关注开头、结尾。尽管不是一般的竞赛演讲，但也要尽可能地争取与众不同。

会议、活动主持

主持会议需要注意的问题

一是尽量避免过多的套话。主持人在主持过程中，不要使用套话，尽量用一些轻松的、活泼的、相对新颖的语言。所以主持词一般都很简洁。主持会议的人一般来讲语气比较平和、实在。担任主持的人一般都是有一定的身份、地位，或者有一定影响力的人。当然也不排除有些活动选取青春、靓丽的人来担任。

二是不能喧宾夺主。主持人在主持活动的过程中，一定要注意不能喧宾夺主。主持人的位置要找准，在一场活动中主持人就是桥梁，铺垫和补充别人说话的内容。就好比珍珠项链中间那根线，不一定需要那么华丽，但一定要结实耐用，主持开场和结束起到引领、告知或者是深化主题的作用就够了。

三是注意时间的把握。主持人白岩松在主持《新闻 1+1》的时候，每到 21：53 或者 21：54 的时候，都会看一眼旁边的计时器，根据剩余时间及时调整说话的内容。因为这是一档直播节目，如果在规定的时间内讲不完既定内容，广告、结尾的片花就会切进来，直播会被迫中断，这是直播节目不允许出现的情况。时间感是主持人必须掌握的一项本领，每一个优秀的主持人都应该把握好在活动中的每一个相关要素，这样才能顺利地进行每一次的主持工作，确保活动按照计划的时间进行。

不同会议的主持要点

规范性的会议

规范性的会议、重大活动和重要会议，主持要严谨、周密。

规范性的会议主持稿格式及内容：

（1）介绍与会人员

介绍顺序要按照级别和重要程度由高到低、由外到内。如果有上级领导或者外单位的来宾参加会议，还要有表示感谢和敬意的词语。有的会议法律上要求必须有过半数的组成人员出席，方可举行，如各级人民代表大会或者常务委员会会议。因此，人民代表大会或者常务委员会会议主持词的开头应说明以下内容：

①现有代表人数或常务委员会组成人员人数。

②出席本次会议的代表人数或常务委员会组成人员人数。

③因病因事请假的代表人数或常务委员会组成人员人数。

④是否符合法定人数。

⑤说明出席大会或会议的领导和有关部门的负责人及列席、旁听会议人员等。

（2）进入会议程序

介绍会议进行的各项程序并且按照会议程序进行各项议程。会议主持词的主体一般包括以下内容：

①宣布开会。

②介绍会议议程。会议的议程应逐项说明。

③逐项进行会议议程。

④需要表决的，必须逐项表决，写出提示用语，如“同意这个议程草案的请举手”“反对的请举手”“弃权的请举手”，或者“现在请按表决器”。

⑤表决情况，即同意、反对、弃权、未按表决器等要逐项宣布。

（3）会议简单总结

会议各项内容进行完毕以后，要对会议进行简单总结。

（4）结语宣布会议休会、闭会

一般活动性会议

一般活动性会议，如联欢会、婚礼等，主持风格相对活泼、轻松。主持人要把握好开场白、串词和结束语，此外要注意最好不带稿，要多用眼神和观众交流。

（1）开场白

主持人的开场白包括说明本次活动的意义、背景、活动流程和介绍嘉宾。

主持人的开场白一定要和活动的主题相契合。例如，你的主题是跨越，是征服，是挑战，展现的是雄心和霸气，那么开场白就要用气势磅礴的语言去鼓舞大家。再比如，你的主题是突出团队精神的，那么你开场白就要争取去触动人们心里柔软且温暖的回忆，可以说："走过往昔，奋斗的汗水刚刚拭去；回首旅途，胜利的笑容正在蔓延；携手今宵，高歌这一路荣耀感动；展望明朝，伙伴们，让我们携手同行。一曲歌唱出心中挚爱，一段舞跳出热血豪迈，一首诗谱写出果敢坚毅。一路有你，执着、梦想、追求、团结，我们共同燃心为香，巅峰跨越！梦想从不止步。"

（2）串词

中间串词要承上启下，根据现场的变化及时丰富主持词的内容，注意过渡衔接。要注意串词与主题及中心思想环环相扣，并在节目的名称和内容上发挥出语言特有的渲染之势。这样可以让节目更加生动，活动更加完美。

在串词的过程中，要学会就地取材。比如我在主持 2021 年安徽省演讲学会年会时，正要邀请演讲家蔡顺华先生上台来讲课，突然看见他的爱人尚女士也在会场，我于是说："请蔡老师来安徽一趟不容易，请到蔡老师夫人尚女士一道来就更不容易了。不过我们无比幸运的是，在你们看到蔡老师的同时，他的夫人今天也来到了我们年会的现场，让我们掌声欢迎尚女士、蔡先生！同志们，今天下午的精神大餐即将开席，我宣布：上菜（尚、蔡，谐音）！"

在主持的过程中，适度地使用这一类幽默的语言也有活跃气氛的好处。

（3）结束语

一场活动的结束必须有精彩动人的结束语才算画上完美的句号。主持人的结束语要与开场白遥相呼应，要有对活动的总结和展望，对参与者的感谢和祝福。同时要说一些可人温婉的话语，拉近参与者距离的同时也让大家对整个活动留下深深的回味。

此外，特别要注意时间的把控，如果整场活动已超过计划时间，结束部分的总结词需要精练再精练。

婚礼讲话

婚礼讲话一般有这么几种类型：第一是主婚人、证婚人；第二是新人的父母；第三是某些有影响的代表；第四就是新人自己讲话。这四种类型都被称为婚礼讲话。

婚礼讲话的特点有：第一，要有情感性和氛围性。因为参加这种场合男女老幼、各个阶层的人都有。面对这些人讲话，第一要考虑大众化，要多讲共性、少讲个性。第二，多讲贴近生活的事情，多讲不同年龄段、不同文化层次的人都爱听的话、都听得懂又愿意听的话。挖掘生活的细节，善于使用亲情化的语言。第三，婚礼讲话时间短。参加婚礼的人不会把听讲话当成任务，更多的人是来凑热闹，感受那种氛围，很多人是为了在这个场合见一些亲戚朋友。所以说话的时间一般应控制在 5 分钟左右。

相亲相爱永伴一生

——代表亲友在婚礼上的讲话

尊敬的各位嘉宾、亲爱的朋友们：

喝完喜酒你们去哪儿？

回家！

家是什么？家是人生的驿站，家是心灵的港湾，家是幸福的爱巢。其实，家就是穿在身上的一件棉袄，活动的时候不太方便，寒冷的冬天就会有丝丝的暖意。新郎新娘你们今天组建小家了，我们真诚地祝福你们永远幸福！

幸福不是房子有多大，而是屋子里的笑声有多甜。没吃饱饭的人只有一

个烦恼，吃饱了才发现会有无数的烦恼。解决这种烦恼的最好办法就是爱，爱给人信心给人力量。爱是家庭幸福的源泉。进门了请脱去烦恼，回家了带快乐回来！夫妻要相敬如宾，“宾”不是两点水的“冰”，婚姻不需要冰块；“宾”也不是打仗那个“兵”，爱情要远离战争。每个人都有五个手指。小拇指无论如何对任何人都是不能用的，这是培养“小人”的。要知道“君子报仇，十年不晚”，小人报仇是“从早到晚”。食指要慎用，不要有太多的指责和挑剔。生活中最美满的是大拇指，“你这菜烧得真好吃”“这件事干得很漂亮”。经常使用大拇指你会发现你们的生活无比幸福！

新郎新娘，我知道你们无比优秀。但是你们还年轻，年轻就意味着奋斗。看过汪洋大海上的巨轮吗？对它来说，不是豪华和壮观，而是方向。没有方向只能是“漂泊”，有了方向才能叫“航行”！一个人不想过低三下四的生活，就得有挺胸抬头的资本。奋斗了，可能每天都很难，但是只要努力，未来就会一天比一天容易。新郎和新娘，你们看到过落在树上的小鸟吗？它们从不担心树枝会断掉，因为它们坚信自己有一对坚硬的翅膀！

这年头，只要带“P”就很牛。GDP（国内生产总值），我们超越日本，世界第二，我们牛！VIP（贵宾）是什么？贵宾！今天最牛的贵宾是谁？新郎新娘的父母！没有父母就没有你们的今天。世界上不计成本，不讲条件，不要报酬的只有你的父母。孝顺父母是你们的责任。“孝”容易做到，“顺”却很难执行。爱自己的父母是你的品德，能爱对方的父母是你的境界。爱自己父母你是人，能爱对方的父母，你就不是人啦——是神！每个人都会老，父母比你们先老。小时候父母搀着你们；老的时候，你们搀着父母。

新郎新娘，再多的话也无法表达对你们的祝福，再华丽的语言在今天也是苍白无力的。像你们的父母一样——相亲相爱永伴一生，是你们一生的追求！

在女儿婚礼上的讲话

尊敬的各位嘉宾、亲友：

登了无数次的台，讲了很多次的话，今天终于轮到我来讲自己了！

有人问我，你对女婿满意吗？先说两句话：1. 女儿满意我就满意；2. 我86岁老母亲见到这孩子，说了一句话："像我们家的孩子。"

女婿某某很优秀，《某某》一书即将出版，主编就是我们某某。我要说的不只是这个，而是曾经在女婿某某小时候，他的妈妈住院，当时居无定所的孩子竟然能坚持煲汤送到妈妈的病房。某某在22岁之前，生长在一个无比优越的环境，竟然受宠不娇惯，没吃过苦却能自立自强。他五六岁就会做家务，现在能烧一手好菜；每次从南京回来不是直接回家而是到超市买米。我要夸的还不止这些。今年有一天你开我的车送我去车站，我说下次把我的车给你，你不要，我以为你是嫌我的车旧了，第二天，你却郑重其事地跟我说："我们现在刚工作，只能骑自行车坐公交上班，还没有到享受的时候，不能花你们的钱。"你从小就懂事，就不想给父母添麻烦，连父母给生活费都不好意思拿，这么懂事，这么善解人意，你有一流的品质，某某，我为你骄傲！

我觉得我的女儿了不起，在人生重要的事情上做出了正确的选择！一个人眼睛看到的地方叫视力，看不到的地方叫视野，叫眼光，我也要为女儿点赞！你为我们挑选了一个优秀的女婿，也为自己找到了最好的伴侣！

女儿真的很棒，虽然算不上多么出众，从小学到博士，读了21年的书，却一直没有放弃努力！

你的妈妈三次住院，家里来了那么多客人，你坚持自己买菜烧饭。有一次家里来了13个人，那要烧多少菜啊！记得晚上，你打扫完全部战场，来到我跟前："战斗结束了，请领导验收。"说真的，那一刹那我很感动，女儿长大了，女儿不容易，女儿也很优秀！我说："你是厨师中学历最高的，是博士中厨艺最好的！"

今年暑假，我人还好，“心”有点不好，准备到医院检查，你从南京赶回来要陪我一道，因为与医生约定的时间有变化，你没能赶上。我一到家，你那么认真地对我说：“我想好了，如果您身体有问题，我就不上学了。”我说：“不行，你必须把书读完。”你竟说：“书不读将来我还有机会，爸爸要是不在了，我读书还有什么用！”我的好女儿，我要感谢你！我为上苍给了我这么优秀的女儿而自豪！

女儿，你已经无比出色，我希望你走过去拥抱一下你的婆婆！亲切地叫一声“妈妈”，从今以后你就有两个妈妈在疼你，也有两个妈妈需要你照顾！你要像你的妈妈对待我的妈妈那样对待你的婆婆！一个人受人尊重不是有多少金钱，有多高的地位，而是你的品德和魅力！做我的女儿就必须是一个贤妻良媳！

女儿、女婿，今天来了这么多的亲戚嘉宾，每一个人都给你们带来了你一生足以幸福享受的祝福，我们要感谢大家！

但是作为父亲，还想对你们说，船停在码头最安全，但那不是造船人的目的，人待在家里最舒服，但那不是人生的追求。生活不可能都是鲜花和掌声，沟沟坎坎、跌跌撞撞、风风雨雨、酸甜苦辣、五味杂陈才是生活的真谛，女儿你个子不高，但血脉里流淌的优秀品质却不少；女婿你身材魁梧，拥有宽阔的胸怀既高又大。你们现在还一无所有，名下没有房产，也没有车子，出门还靠坐公交或骑共享单车。你们很艰苦，很懂事，很理解父母，我说过，我的钱不属于你们；但是我也说过，在你们遇到困难的时候，我们定当全力以赴，鼎力相助！

我认为你们虽然没有金钱，但你们无比富有。恩恩爱爱是最大的财富，和和美美是永远的幸福！幸福不是房子有多大，而是屋子里的笑声有多甜。

我们每个人都有梦，不能在被窝里做梦，要在梦想的路上拼搏！

谈判营销

最近我果断地退掉了一笔2006年买的保险。当年一个保险业务员在听完我讲课之后主动登台联系我，夸我的课讲得好，套近乎，以至于我在几乎不明白保险的意义的情况下就买了一份她为我设计的保险，每年5000元。之后很多年，我的车子保险也都委托她购买。但是什么原因让我下这么大的决心退保呢？原因很简单，这是一次不成功的营销。

一次，我开车不小心与别人发生剐蹭。因我急着办事，当时想，反正大家都是买了保险的，即使是全责也会由保险公司赔付，就主动承担了所有的责任。但是当对方把车修好拿着2800块钱发票给我时，我才想起这件事。我便打电话给那个保险业务员，想知道自己车险有没有包含"剐蹭险"。她告诉我，今年没有买"剐蹭险"，因而不能赔付，那我也就只能认了。但没想到这时她说了一句话，很不中听。她说："崔老师，当时我就劝你买剐蹭险，你舍不得那个钱，现在出事了，让我怎么办？"说实在的，我也不全是心疼这个钱，而是怪自己当时考虑不周全，但是她的话确实伤了我的心。至少当时我认为即使我没买有错在先，但也轮不着保险业务员来指责我。所以我当时很不愉快，说："那算了，这个钱我自己给。"保险业务员还没忘了补一句："所以以后保险要买全，你要考虑得更全面。"这又一次让我感到自责。正因如此，时隔一年之后，在我又接到了缴纳5000元的保费通知时，我决定终止这项保险。

营销的过程，往往也是谈判的过程。大家从中会发现一个问题：如果当时保险业务员这样说："崔老师，这也怪我，当时没给您讲清楚，您的剐蹭险当时没给买上。"如果她能主动地把责任揽在自己身上，就多了一份沟通和谅解，她自己也多了一次机会。如果保险业务员能够进一步说："我来给您查查，看您的剐蹭险到底有没有买？如果没有买，我们一起来想办法。"我会觉得保险

业务员很能站在我的立场，帮我想办法解决问题。但她劈头盖脸就指责、挑剔，甚至予以批评，这是让人难以接受的。

天下没有不好做的生意，只有不会做生意的人。我们要销售产品，要和人洽谈一项业务，谈判和营销的演讲技巧尤为重要。好的演讲技巧能够充分展示一个销售人员的个人魅力，同时也给自己的顾客带来愉悦的享受。那么在说话前应思考：怎么说？如何说？说什么？

第一，要站在别人的位置，换位思考。要在交流过程中让客户充分感受到你的专业以及诚意，那么他也会以同样的态度和你交流。只要客户给你亲近的机会，你就能发挥才能解决他想要解决的问题，从而达成最后的成交。

一个会营销的人，每一次销售产品，不单单只是销售，更会提升自己的声誉，还要让别人更加喜欢与他交朋友，找他买产品。就好像你买东西的时候，除了那款产品综合性价比高之外，也有可能是老板或者销售招人喜欢。比如你去买水果，热情的老板总是比较吸引你，即便他家的水果并不是最好的。一个不懂营销的人，无论卖出去多少产品，都只会想到自己是不是赚到了人家的钱，似乎一切只是为了做生意。

做销售，一定要找到对方的需求，并且创造需求，让需求变成帮助别人的工具，心怀利他之心，如此一来，营销也就不再艰难。

很多单位组织活动没有经费，需要企业赞助。企业为什么愿意和我合作？合作会获得什么样的效益？对一个企业来讲，经济效益是命脉，没有经济效益也很难有真正的社会效益。所以我们要站在对方的角度考虑问题，如果我们希望拉赞助的是一家酒厂，在活动中如何将活动与酒厂发展联系起来？比如可以给他冠名权，对他的企业品牌予以认可，让他的企业获得更高认知度，这样才有利于谈判的成功。所以，我们谈判之前要了解对方，要对企业的概况、发展以及效益等有个宏观的了解。假如联系的企业已处于破产的边缘，谈判当然很难成功。所以我们必须对单位、对企业的总体情况有个全面的、综合的评判，便于掌握情况。

第二，对参与谈判的人要有一个细致深入的了解。你联系了什么人？这个人在单位说话的分量怎么样？他有什么喜好？有什么专长？比如了解到对方喜爱书法，可以在谈判过程中尽可能地多交流对书法的理解和认识；如果对方是个体育爱好者，特别喜欢踢足球，就可以跟他多谈一些足球的事情。这些都会对谈判的成功有很大的帮助。因为共同点是人们沟通交流的基础。在相同的兴趣、爱好上人们的谈话就会非常轻松自如，而且谈兴也会大发，彼此之间的距离会更近，营销和谈判就更容易成功。

人与人之间的共同点是非常多的，只要细心、留心，总能找到共同点。

1. 察言观色寻找共同点。一个人的心理状态、精神追求、生活爱好等都或多或少地会在他们的表情、服饰、谈吐、举止等方面有所体现。只要多观察，就会发现自己与对方的共同点。

2. 以话题试探寻找共同点。比如老乡、同学、战友、同行、同样的爱好等都是双方拉近关系最好的纽带。

3. 善于通过其他渠道寻找共同点。比如通过听人介绍等方式发现共同点。

第三，对产品的性能特征、优势要了解。俗话说：价值不到，价格不报。很多人误以为“功能多、技术新、产品好”就是客户的基本需求。谈判的时候总是强调这几点，然而客户就是不买单。其原因是客户喜欢的也许不是产品本身，而是喜欢用了产品之后变得更好的自己，就是：“用了你的产品能带来什么好处？”所以一定要对销售或者谈判的产品充分熟悉，挖掘产品的卖点，塑造产品的价值，从而在谈判过程中有的放矢。

第四，要有明确的共同参与的方案和思路。自己要实现什么目标？对完成谈判目标的整个过程了然于胸，不能打无准备之仗。如需要多少钱、需要别人提供什么样的支持、遇到一些无法解决的问题如何处理等。

所以谈判营销是一门艺术，也是一门科学。需要用心用脑，也需要用智慧，同时还要有较高的情商。此外，我们还要学会用心倾听、积极思考，多跟有思想的人去交流，在实践中领会如何通过语言更巧妙地谈判和营销。

辩论赛和日常辩论

辩论赛

辩论赛的组织

你参加过辩论赛吗？看过辩论赛吗？

我们先了解一下有关辩论赛的情况。

确定辩论赛的主题、时间、规模。因为辩论赛是正反两方辩手同时参加辩论，所以要慎重考虑有多少队参加，合理计算好时间，安排好参赛队。一般应由双数队组成，便于两两组合，当然有时很难恰巧是双数，那再考虑有队伍轮空。一场辩论赛需要 40 分钟左右，半天时间一个赛场最多举行 4 场，按此计算确定可以参加比赛的总的代表队数。比赛需要给下级单位组织时间，还要给选手备赛时间。一般从下发通知到预赛以一个半月为宜。

明确需要辩论的辩题。在大主题确定以后，选定若干个辩论的题目。题目选择避免有明显的导向性或倾向性，要适合双方辩论。如，辩题：相处容易相爱难还是相爱容易相处难；企业成就优秀员工还是优秀员工成就企业。辩题一般根据组织者需要，预赛（小组赛）、半决赛、决赛各编一个赛题，这样观赏性更好。

了解辩论赛的流程。辩论赛每队多是由 4 人组成，一般称作一辩、二辩、三辩、四辩。具体流程和各自时间分配见下表：

辩论赛流程示意表

序号	程序	时间
1	正方一辩作开篇陈词	3 分钟
2	反方一辩作开篇陈词	3 分钟
3	正方二辩针对反方二辩或三辩提问	2 分钟
4	正方三辩针对反方二辩或三辩提问	2 分钟
5	反方二辩针对正方二辩或三辩提问	2 分钟
6	反方三辩针对正方二辩或三辩提问	2 分钟
7	正方一辩作攻辩小结	2 分钟
8	反方一辩作攻辩小结	2 分钟
9	自由辩论（反方先开始）	8 分钟（双方各 4 分钟）
10	反方四辩作总结陈词	4 分钟
11	正方四辩作总结陈词	4 分钟

制定比赛规则

组织者还要制定较为严谨和规范有效的比赛规则及有关注意事项。

一、比赛要求

1. 辩手应注意谈吐风雅，不可对他人进行人身攻击。

2. 辩手必须服从主持人的安排，尊重评委、观众、对方辩手以及大赛的评比结果。

3. 除不可抗拒因素外，参赛队伍迟到 5 分钟，将视为弃权。

4. 参赛队伍的亲友团应遵守大赛要求，文明加油、助威（只可鼓掌，不能呐喊助威，以免影响现场比赛）。

二、比赛流程

（一）主席致辞

介绍到场评委、嘉宾及比赛规则，介绍选手单位及正反方所持观点等，辩手作简单自我介绍。

（二）比赛阶段

1. 开篇立论

正方一辩发言（共3分钟，剩余30秒和时间结束时铃声提示）。

反方一辩发言（共3分钟，剩余30秒和时间结束时铃声提示）。

2. 攻辩

（1）正方二辩针对反方二辩或三辩提问。

（2）正方三辩针对反方二辩或三辩提问。

（3）反方二辩针对正方二辩或三辩提问。

（4）反方三辩针对正方二辩或三辩提问。

注意：每轮攻辩为2分钟，攻方每次提问不得超过15秒，每轮必须提出三个以上问题。辩方每次回答不得超过25秒。到规定时间，铃声提示，主席宣布终止发言，不得再提问或回答。重复提问、回避问题均要被适当扣分。此外，问者只能问，答者只能答。

3. 攻辩小结

正、反方一辩分别进行攻辩小结（各2分钟，剩余30秒和时间结束时铃声提示）。

4. 自由辩论

自由辩论（由正方开始），每方限时4分钟，双方总计8分钟。发言辩手落座为发言结束，即为另一方发言开始的计时标志，另一方辩手必须紧接着发言；若有间隙，累计计时照常进行。同一方辩手的发言次序不限。如果一方时间已经用完，另一方可以继续发言，也可向主席示意放弃发言。自由辩论提倡积极交锋，不能对重要问题回避交锋超过两次，对于对方已经明确回答的问题，不能纠缠不放。双方使用时间剩余30秒和时间结束时铃声提示。

5. 总结陈词

反方四辩总结陈词（共 4 分钟，剩余 30 秒和时间结束时铃声提示）。

正方四辩总结陈词（共 4 分钟，剩余 30 秒和时间结束时铃声提示）。

（三）赛后

1. 观众提问环节，该环节辩手表现不影响结果，同时评委打分。

2. 评委分析、点评赛况。

3. 主席宣布比赛结果。

三、比赛各环节规则

（一）盘问规则

1. 盘问辩手只允许提问独立的问题，不得对问题进行铺垫或对对方回答进行点评和解释。

2. 被盘问一方必须作答，不得回避，也不得反问。回答时间限制之内，提问一方无权打断。

（二）攻辩规则

1. 双方各派出二、三辩进行攻辩，攻辩过程中不得换人，其他队员不得进行补充。

2. 围绕立论展开，回避对方问题适当扣分。

3. 个人风度可以酌情加分。

（三）自由辩论规则

1. 自由辩论发言必须在两队之间交替进行，首先由正方一名队员发言，然后由反方一名队员发言，双方轮流，直到各自时间用完为止。时间未用完一方，有权继续提出问题。但时间率先用完一方，无权对另一方的提问作答。

2. 各队耗时累计计算，当一方发言完毕坐下后，即开始计算另一方用时。

3. 在总时间内，各队队员的发言次序、次数和用时不限。

（四）开篇立论和总结陈词环节脱稿，评委可酌情加分。

辩手可以在本方环节中展示事先准备的图表、出示所引用的书籍或报刊的摘要。

（五）比赛中，辩手不得离开座位，不得打扰对方或本方辩手发言。

四、评分标准

（一）团体部分

1. 审题

准确把握辩题内涵和外延，对所持立场能多层次、多角度理解，论点鲜明，对本方难点能有效处理和化解。

2. 展开

对辩题的理解和论述能在广度上展开，在深度上推进，整个辩论过程条理清晰，能给人以层层递推的美感。

3. 辩驳

提问抓住对方要害，问题简单明了；回答直面问题，有理有据。注意针对辩题正面交锋。

4. 配合

具有团队精神，队员间相互支持配合，论辩衔接流畅，方向统一，攻守兼备。自由辩论时发言错落有致，体现“流动的整体意识”。

5. 语言

普通话标准，语速抑扬顿挫，语言流畅，富于感染力。

6. 辩风

比赛中尊重对手，尊重主席、评委和观众，举止得体，显示出良好的道德修养。敢于创新，勇于表现，具有本队特有的风格，并贯穿全局。

7. 形象

着装整齐，仪表大方，体现出良好的风度和气质。

（二）个人部分

评委根据每位辩手在整场比赛中的表现打分，可参考：

1. 陈词流畅，说理透彻，用语得体；

2. 提问合适，回答中肯，反驳有力，反应机敏，幽默风趣；

3. 台风与辩风。

五、胜负判断

（一）比赛团体分以及个人得分当场由评委老师个人记录，离席评议时再统一计算。

（二）每场比赛的胜负判断，依据评委在比赛期间的团体总分分数，以及离席商议的结果而定。如果分数和投票胜负结果相吻合，则确认无误。如果分数和投票胜负结果不相吻合，则请评委老师再行商议，由评委老师讨论判定胜负关系。

（三）辩手个人得分只作为个人奖项的评审依据，不加入团队总分。

六、奖项设置

1. 取前若干名。

2. 最佳辩手：各单位可以根据实际需要设定（可重复，预赛、半决赛、决赛分设）。评比方法：每场比赛个人得分排名第一的辩手。

优秀组织奖：根据单位需要确定。评比方法：一般以是否组织预赛和是否有队或选手进入半决赛以上赛程为依据。

但也有组织者将该项评比综合考虑以下几点：

（1）参赛队伍所在的单位对比赛的投入程度；

（2）对赛务工作的支持情况；

（3）比赛过程中，观众的参与程度和现场纪律；

（4）对相关赛段承办工作的积极性等。

辩论赛的主持及评委

辩论赛的主持一般被称作“主席”，所选任的主席要能担负起全程比赛主持工作，除了能够履行正常的串场任务，还要能随机应变，及时处置场上出现的争议和矛盾。评委一般需要邀请在专业方面比较精通，知识面比较广泛，公正公平的专家担任。评委一般由3~9人组成。人多可以票决，也可以实际打分统计取平均分的办法进行。一般性比赛有3位专家担任评委即可，可以实行现场票决制。

辩手的选拔

一般各单位在推荐选拔选手时最好考虑有赛场经验，沉稳老练，知识面宽，心理素质好，年龄除特殊情况外，一般以中青年为主。需要考虑男女比例，最好不要性别一边倒。

社会生活中的辩论

社会生活中，我们看到的不都是辩论赛，而是生活和工作中的辩论。在人际交往中，每个人都会遇到与自己意见不一致的人，大至思想观念、为人处世之道，小至对某人、某事的看法和评论。

辩论，就是为了探求真理、坚持真理、维护真理而相互劝说。这些程度不同的差异都会外化成人与人之间的争执与论辩。从某种意义上讲，不同见解的争辩过程正是寻求真理的过程。

论辩的目的不是比口才，也不是看技巧，更为重要的是比思想、比观点，听众为裁判，明理是目的。如果仅仅把辩论看作是唇枪舌剑的较量，未免失之偏颇。辩论之难，不仅在于辩手要具有广博的知识、敏捷的才思、良好的嗓音条件和一定的语言表达能力，而且辩论和评判本来就是弹性的，更多靠评委的主观判断，因而辩论的技巧好比体操、跳水运动员的高难度技巧，没有绝活得不了高分。于是乎，古文诗词、名人名言、禅宗妙语、流行歌词、广告用语，乃至绕口令、歇后语，都可巧妙地穿插在现代辩论中。

论辩之道在何方？

明白日常论辩的目的

日常生活中，我们会经常遇到与自己的想法、意见相左的人，当你的言行遭人非议时，本能大概就是奋起辩驳。许多有伤和气的事情往往就在这时发生了。为了避免无益的辩论，此时，你需对如下问题进行冷静思考：

第一，如果你能最终获得争辩的胜利，它有什么意义？若没有什么积极意义，大可不必动用你的“唇枪舌剑”，一笑置之最妙。同样，你向别人发出“挑战”的时候，一定要选择有价值的、通过争论使自己和他人都能受到启发和教育的问题，不必在细节琐事上做文章。

第二，你辩论一番的欲望主要是基于理智还是出于感情，诸如虚荣心、表现欲望或面子？如果是感情原因，大可就此打住。同样，我们向人提出问题是否有感情的因素？如有，就同辩论的实质——探求真理背道而驰了。所以最好别去做把他人引入无谓争辩的事情。

第三，对方是充满敌意的吗？他对你有深刻的成见吗？如果是，那么在这种非理性的氛围中最好不要再火上浇油。同样，如果你是处于这样一种心境，绝对不要向对方提出论题，展开辩论，因为此时你提不出理性的论点，在辩论伊始，就注定了失败的命运。

论辩之后握手言和

经过一阵唇枪舌剑，胜负已成定局，这个时候要做好善后工作。在生活中，观点的对立极易产生人际的隔阂。因此，学习辩论语言既要学会辩论技巧，更要懂得如何“解剑息仇”，这是在辩论这种特殊交际场合下，社交者做到言谈有“礼”的最高境界。

第一，辩手在人格上永远是平等的。所以，当败下阵来的时候，应该以坦诚的态度来表达自己在这场争辩中所受的教益，扩大胸襟、开阔视野，这在心理上足以弥补因辩论失败所造成的遗憾。

第二，如果你在辩论中已经眼见对方哑口无言，败势已定，便应拿出“不杀降者”的气魄来，一是主动打住话题，结束对立场面；二是巧妙地为对方搭个台阶，让他在不失面子的前提下得以就坡下驴，胜负已定，自是彼此心照不宣，何不抓住重归和平的机会呢？

第三，如果你因辩论的需要已经把对方打得一败涂地，切不可为了一点点虚荣心而把洋洋得意的情绪挂在脸上。人在得意时，克制更是一种美德。争论结束后，给对方端一杯茶，笑言一句，淡然处之。人性都有柔弱的一面，易被击垮也易被扶起，你只要说一两句得体的话语，便可让对方重归愉快平静的情绪，何乐而不为呢？

把握论辩的方法

我们要掌握辩论的方法，因为不光在生活中会遇到与自己意见相左的人，更可以将其运用于论辩赛中。在论辩赛中，论辩命题一般可分为价值命题、事实命题和政策命题三种。

价值命题一般是讨论某件事是否较好，如“发展旅游业利大于弊”。这类命题要求辩手有很强的逻辑推理能力，对辩题的背景知识有通盘、深入的了解。事实命题是讨论某件事是否真实，如“儒家思想是亚洲‘四小龙’取得经济快速增长的主要推动因素”。这类命题注重举例实证，要求论辩者掌握大量材料。政策命题是讨论某事该不该做，如“亚太地区国家应该成立经济联盟”。它要求理论与实践的结合，既需要逻辑推理，又要有大量的材料佐证。论辩赛中政策命题较为常见。对论辩命题分类的意义在于，辩手可根据不同命题的特点和要点来确定思路、建立框架、组织材料，最终的目的是要形成自己的立场。在确定思路时最重要的一点是必须知己知彼。对一个辩题，围绕正、反两方立场，可以有多种理解。这时候不仅要找出自己论证辩题的各种思路，而且还要找出对方可能出现的各种思路，把双方可能的思路都逐一考虑，并找出应对之策。

第一，紧扣辩题不放松。

参与论辩要就事论事，要求在辩论中抓住辩题，不能离题万里大发议论，而要始终注意主攻方向。陈述观点不要太华丽，而一定要系统地说清楚；自由辩论则不能过多地纠缠在细枝末节上。举个例子来说。

辩题：人类是大自然的保护者（正方）/破坏者（反方）。

反二：我再一次请问对方辩友，人类要生存、要发展的基础是什么？

正四：我想再次告诉对方辩友，破坏是少数的。请问，马有白色的马，但是马一定要是白色的吗？

反三：对方答非所问，请正面回答，人的生存与发展是以什么为基础的？

在反方的追问下，由于正方一时没有合适的答案，所以搬出了白马非马论，但反方没有被牵住鼻子，以四个字“答非所问”马上把对方拉回来，在对自己有利的方向上毫不放松。

第二，揪住不放占上风。

从内容上说，原则性的问题必须揪住不放，最应注意的是不要令对方轻易脱身。在每一场比赛中都要设定令对方无法回答的“重炮”问题，把对手逼住不放。如何设定重炮呢？辩论双方总是既有理又没理，总有些问题，特别是具体事理或者是哲学原理，对方是不能或无法正面回答的，应该把这些问题理出来。要在对自己有利、自己事先准备过的问题上咬定对方不放松。准备的问题最好是一大一小，一具体一抽象，一全面一侧面，争取占上风。

第三，该转移时要转移。

自由辩论的目的在于说服听众。双方不可能互服，所以要让听众认可无非两点：一为完善己方理论，二为指出对方的谬误。这两点是单方行为，不需对方的认可。指错，指出即可；补洞，补足即罢。所以要提出完成一个战术目标之后的主动转移。

在论辩赛中不能忽略自由辩论这个环节，它的作用在于把己方理论阐释

清楚，把攻防路线全面铺开。所以在这个阶段，全队都要全神贯注地思考对方的理论，看清对方所走的路线与己方路线的交锋和不利，为自由辩论的战场方向做出指引。

主动转移并非难点，实为要点，只是很多新辩手没有意识到，缺乏经验罢了。这就好比没怎么打过架的人总是想着如何接一拳踢一脚，而武林高手却要谋划全面的攻防套路。

第四，试辩需要准备好。

如同其他比赛一样，论辩队要想在正式比赛中获胜，一定要在正式比赛前准备一次尝试性的比赛，以检验自己的赛前准备是否经得起实际的考验。为了达到检验的效果，试辩条件和气氛要尽量逼真些，为了给正式队员增加一些难度，正式队员可故意泄露些立论方面的要点，来吸引假设的对方做有针对性的进攻准备，用之在试辩中检验参赛一方的立论和战略战术是否能奏效。

试辩的另一个意图，是让参赛队员进入角色。论辩赛的最大特点就是辩题观点不一定与论辩者本人最初的观点相一致，就像某些演员本身的性格与剧中人的性格不一致一样，需要演员深入生活、深入实践，才能进入角色。论辩赛在比赛过程中不仅有理论上的正面交锋，还有辩论风度、情态等方面的表演，通过试辩往往能促使参赛队员不仅在理论上，而且在情感上也完全站在所持的辩题观念上，以便表现出理直气壮、慷慨激昂、义正词严而又通情达理地维护真理的情态。对于初赛者来说，试辩还可以先锻炼上场的胆量，培养临场的经验。

试辩一般宜在正式比赛前一两天举行，这类似于赛前的热身赛，能使参赛队员保持最佳竞技状态。试辩的程序应严格按照正式比赛的程序进行，不管正式比赛是否设有赛后听众提问，试辩赛一定要有观众提问。这个道理很简单，不管假设对方准备得如何充分，总比不上众多观众的眼亮耳明。参赛队员在试辩中完整地亮出主要观点和战略战术，假设对方可能没有一下子找到“破的”的方法，观众在赛后提问揭短则可弥补假设对方论战之不得力。

试辩结束后，参赛队员应与假设对方进行总结，对原先准备的辩词和论辩技巧做相应的调整、修正和补充，这样赛前所有的准备便完备了。

第五，确立两个基本原则。

一是弱化己方命题，强化对方命题。确立立场不仅应确立己方对辩题的理解，还须限定对方对辩题的理解，也就是必须明确指出对方应该论证的内容。

尽可能扩大己方立论范围，从而给己方留下较大的回旋余地。其主要方法有两种：一种是对辩题中的主要概念作限制性解释。如某年在南京大学队对台湾大学队“人类和平共处是一个可能实现的理想”的论辩中，正方南大队一辩开头就指出“人类和平共处是和战争相对而言的”，消除了战争，也就实现了人类和平共处。这样就把其他形式的暴力行为排除在外，为本方以后论述打下了较好基础。另一种方法是对辩题加条件。如 1986 年亚洲大专辩论会北京大学队对香港中文大学队的比赛中，辩题是“发展旅游业利大于弊”，北大队是反方。正方香港中文大学队举出许多例子论证许多国家由于具备某些条件，发展旅游业获得了成功，北大队则马上指出，正方的立场并不是“在一定条件下”发展旅游业利大于弊，所以香港中文大学队跑题了。这实际上是要正方证明“在任何情况下”发展旅游业都利大于弊，当然使正方无从论证，陷入被动。

二是尽量选择逻辑性强、不易受攻击的立场。

其主要方法是“高立论”。在任何一个细节上都和对方纠缠不休往往会丧失己方的优势，到最后仍是“一笔糊涂账”；不如干脆对一些显而易见的事实、众所周知的观点予以承认，接着立即指出：这些仅仅是问题中的一个方面，但我们应该讨论的是更重要的东西，把争论上升到更高层次，使对方精心准备的材料无从发挥，在己方熟悉的阵地上与其交锋，高屋建瓴，势如破竹。如在北京大学队和澳门东亚大学队的比赛中，辩题是“贸易保护主义可以抑制”，北大队是正方。具备一点经济学知识的人都知道，当今世界范围内贸易保护主义愈演愈烈，而新加坡更是饱尝贸易保护主义之苦。澳门东亚大学队开始就在“贸易保护主义是否严重”这一层次上纠缠，这样下去，北大队显然要占下风，而且很可能引起评委和观众的反感。所以北大队经过仔细斟酌，论辩伊始就明确说明：“当今世界范围内贸易保护主义确实相当严重，在这一点上我们非但不否认，而且还可以举出比你们多得多的例子。但是，我们应该讨论的是贸易保护主义是否可以抑制，而不是贸易保护主义是否存在或是否严重。”这样就避开了对方拥有大量材料的事实，把论辩中心提高到对己方有利的“可以抑制”层次上来，避其锋芒，争取主动。

确立立场时还应该注意的是：立意要新奇，要能够“言人所未言，见人所未见”。从新的角度来分析问题，给人以耳目一新之感，往往会起到很好的场面效果。同时，对手对此准备不足，也会措手不及，仓促应战。当然不能故作惊人之语，应当既在“意料之外”，又在“情理之中”。这就要求教练和队员们对辩题仔细揣摩和思索，努力使自己的立场既无懈可击、固若金汤，又新意迭出，令对方猝不及防，从而使自己立于不败之地。

“反客为主”的本义是客人反过来成为主人，比喻变被动为主动。在论辩赛中，被动是赛场上常见的劣势，也往往是败北的先兆。论辩中的反客为主，通俗地说，就是在论辩中变被动为主动。下面向大家介绍几种“反客为主”的技巧。

第一种：借力打力。武侠小说中有一招数，名叫借力打力，是说内力深厚的人可以借对方攻击之力反击对方。这种方法也可以运用到论辩中来。

第二种：移花接木。除去对方论据中存在缺陷的部分，换上于己方有利的观点或材料，往往可以收到四两拨千斤的奇效。我们把这一技法命名为移花接木。

第三种：顺水推舟。表面上认同对方观点，顺应对方的逻辑进行推导，并在推导中根据己方需要，设置某些符合情理的障碍，使对方观点在所增设的条件下不能成立，或得出与对方观点截然相反的结论。

第四种：正本清源。所谓正本清源，取其比喻义而言，就是指出对方论据与论题关联不紧或者背道而驰的地方，从根本上矫正对方论据的立足点，把它拉入己方“势力范围”，使其恰好为己方观点服务。较之正向推理的顺水推舟法，这种技法恰是反其思路而行之。

第五种：釜底抽薪。刁钻的选择性提问，是许多辩手惯用的进攻招式之一。通常这种提问是有预谋的，它能置人于两难境地，无论对方做哪种选择都于己不利。对付这种提问的一个具体方法是，从对方的选择性提问中抽出一个预设选项进行强有力的反诘，从根本上挫败对方的锐气，这种方法就是釜底抽薪。

即兴演讲

即兴演讲是指演讲者事先并没有做认真准备，随想随说、有感而发的演讲。在工作和生活中，除了正规场合的讲话，其他多数是即兴演讲。

哪些场合需要即兴演讲呢？在生活方面，运用最多的就是在宴会上，主人或主办者需要有开场白，相当于祝酒辞之类，但它又不同于正规场合的外交辞令。如小型座谈会，事先并没有刻意安排，只是会议需要，临时安排发言；一些稍正式场合，但又需要即兴式讲话，如婚礼、会见等。只要是事先不能够准备讲稿，需要即兴发言的都属此类。如婚礼祝词、欢迎致辞、丧事悼念、聚会演讲等。

即兴演讲的特点是有感而发、时境感强、篇幅短小。它要求演讲者紧扣主

题；抓住由头，迅速组合，言简意赅。可以说即兴演讲更实际、更实用，也更迫切需要去学习。

即兴演讲要注意哪些方面呢？综合地讲，有三个要点。

第一，要注意把控时间。即兴讲话，一般都很短，且又是非正式场合，讲多了人们会厌烦，甚至会有华而不实的感觉。如祝酒时，大家端着酒杯半天不进入主题，听一个人夸夸其谈，会有什么感觉？能短则短，节约时间。

第二，要注意紧扣主题。要紧紧围绕所表达的思想来讲，不可过于发散，因为是随性随机讲话，所以很容易发散，没了主题。即兴讲话最重要、最关键的内容，是整个表达的根本依据。讲话时每个层次、每个段落、每个句子、每个词都反映着不同的要点，但这些要点要统一于主题之下。因此，即兴讲话要寻找触点，注重临场发挥，及时提炼新颖而典型的主题。

第三，要注意条理清晰。有演讲稿，演讲时一般条理都十分清晰，但是在没演讲稿的情况下，尤其是即兴演讲就不一定能做到这一点。举一个现场点评的例子。一天中午，已经过了 12 点，台下听众都饥肠辘辘，都想早点结束，但是我的点评还是引起了听众的极大兴趣，因为我做到了有条有理、思路清晰。我是这样点评的：

亲爱的各位选手和朋友们：

现在我要点名表扬一个人。我在北京曾经遇到一个英国老太太，这个地道的“中国通”，对中国文化如痴如醉，她问了我一大堆的名词，比如什么叫“了不得”“不得了”“了得”和“得了”。现在我就可以告诉她，某某号选手就是“了不得”，如果再给他五年、三年，甚至一年，那就是“不得了”。今天参赛的所有选手只要不懈地努力，那明天还“了得”？不对，是“得了”！

我要指出两种现象：一是“配乐、配画”。某某号选手的开场白多好啊，我准备打最高分，可是袅袅的音乐一响，我扣下了 2 分，如果不是配乐，我要恭喜你获奖了！二是……

这种有条理的演讲就会给听众留下难忘的印象。

第四，要注意语言自然简练、生动平实。该说的说，不该说的少说，最好不说。

一次展示女工风采的演讲大赛中，结束时主持人突然要我上去做点评，怎么办呢？那天正好是2011年11月11日，非常巧的是决赛设了6个一等奖。因此我即兴点评：

今天是个特殊的日子，六个“1”，世纪光棍节，让我们很多人感到孤独寂寞冷啊！今天42位选手表现出色，一下子诞生了六个一等奖，真是让我们羡慕嫉妒爱啊！主办方搭建平台，赛台成了女工们展示风采的舞台，我们要祝贺大家！

今天我们是在读一首诗，42行，行行是泪水，句句是汗水，字字有诗情；今天我们是在唱一首歌，每一个声音都是跳动的音符，每一篇演讲词都是美妙的乐章，每一次行动都是奏响时代的强音，可歌可泣；我们是在欣赏一幅画，这不是《清明上河图》，是一幅《巾帼英雄谱》，每一笔都是那么苍劲，每一画都是那么令人震撼和惊叹。我们要向广大的默默奉献在不同岗位的女工们致以崇高的敬意！

比赛就意味着胜利和失败，现场打分、报分、排名就是公开，公平自在我们心中，公正是我们永恒的追求！

如何让即兴演讲更加出彩

第一，想方设法抓住人。尽快入题，单刀直入，以最快的时间抓住每一个听众。尽量不要说无用的话，那些客套话和别人经常引用的、规范的用语尽量不说。在电力部门的一次爱岗敬业演讲比赛现场，我在点评时这样说：“我想问大家一个问题，如果生活中没有电，我们将会怎么生活？”一句话，就把电力系统职工的兴趣调动起来了，但我并不会真正地去讲没有电的问题，而是话锋一转又接着说："生活中不可能没有电，要是没有电，电力企业怎么办？"很快就进入主题，要谈"岗"的问题了。

第二，会笼络人心。每次即兴演讲你都会发现，在场的人并不是都很专注，往往有一些人三心二意，漫不经心，似听非听。还有比赛现场，那些没能获得好名次的选手和他们的亲友团往往高兴不起来，如果这部分人提不起兴趣，你就丢掉了一部分听众，而获奖的人正沉浸在喜悦之中，他们往往又心不在焉，很无所谓。我有时会这样说："请听众朋友们给我一次掌声，我要把它送给今天比赛没能取得理想分数的选手们，我要告诉你们，只有暂时的失利，没有永远的失败。"

第三，力争有特色。很多人讲的话容易被人忘记，原因是没有特点，别人怎么可能记得住？要尽可能个性化、人性化，只有独特的、带有感情的讲话才可能吸引人的注意力，但切记不要谈论在场的人，而是要面对他们，同他们说话！说"笑话"一定要小心谨慎，因为它针对的往往是少数派或极端情况。

第四，把握好局势。无论有多少人在场，都要能稳得住。有人讲话，我不讲话；有人不专心，我也不讲话。要懂得控制整个局面。

如何做好即兴演讲

即兴演讲都是临场发挥，没有预先的蓝图，也没有时间充分考虑。在高度集中的思维中，千头万绪，思路纷至沓来，人的思维变得十分活跃，敏捷的才思和智慧得以充分发挥，灵感的火花也随时会闪现，充满了创造性的内容。即兴演讲者兴之所至，其精妙程度，在事后演讲者自己都会感到吃惊。但灵感不是从天空中掉下来的，也不是头脑里所固有的。从演讲的角度来看，那是演讲者在长期的社会实践中获得的经验和知识潜存在大脑里，由特定的演讲时境和对象的触发创造的杰作。可以说，即兴演讲的能力，实质上也是思维的能力。在思维演变到演讲的过程中，人的思维是先决的、本质的，表现在迅速确定演讲中心、组织演讲内容、形成思路，然后出口成章。至于演讲时的口齿是否清楚、普通话标准与否、语言流畅和词汇丰富程度，也是即兴演讲成功与否的重要因素。但是那些都是外部因素，与思维是形式与内容的关系，而提高即兴演讲的能力，关键是提高即兴思维能力。

第一，注意积累。吃第五个面包吃饱了，绝不是第一个、第二个没有用，而是需要我们做个有心人，不断学习，不断积累。只有学识渊博，才能在短暂的准备时间内从脑海中找到生动的例证和恰当的词语，为即兴演讲增添魅力。这就要求演讲者具备一定的知识储备，并能了解日常生活知识。

第二，勤于思考。这是指即兴演讲者对事物纵向的分析、认识能力。演讲者对内容要能宏观地把握，通过表象迅速深入事物本质中去认识，形成一条有深度的主线，围绕着它丰富资料，连贯成文，以免事例繁杂、游离主题。

第三，提升综合能力。即兴演讲要求演讲者在很短的时间里把符合主题的材料组合、凝聚在一起，这就要求演讲者应具备较强的综合能力，在演讲中有效地发挥出其知识的广度和思想的深度。演讲者在构思粗具轮廓后，应注意观察场所和听众，摄取那些与演讲主题相关的人物或景物，因地设喻，触景生情。

第四，提升应变能力。即兴演讲由于演讲前没有充分准备，在临场发挥时就容易出现意外，如怯场、忘词等现象。遇到这种情况，只有沉着冷静、巧妙应变，才能扭转被动局面，反败为胜。

即兴演讲要“四借”

即兴演讲要学会借力，主要表现在以下几个方面。

第一，借物。利用现场看到的物发表议论。比如：看到杯子，在谈到有关人的一生的时候，就可以说“金杯银杯不如老百姓的口碑”；看到色泽清香的绿茶也可借喻人生，“品茶，品味四季韵味，尝出人生精彩”；看到一本书可以借书来发表自己的看法，“人生就是一本书，有的人把文字躺在纸张上呈一个大写的人，就应该让这一个字站起来”。所以即兴演讲一般要恰如其分、恰到好处地使用眼前所能看到的各种物体，选择其有代表性的、寓意深刻且与主题较为接近的话题发表演讲。

第二，借景。利用眼前所见到的各种情景，比如说花海、森林、大河、小草等与当时讲话相吻合的情境，借此抒怀，谈自己的体会和感受。演讲人要能够使眼前见到的都是风景、说出来的都是话题、表达出来的都是思想。比如：看到黄浦江，可以用黄浦江来比喻自己的心情，表达风云际会，还可以利用黄浦江来表达自己对上海的向往；看到潺潺流水可以与自己的心境相比，也可以探讨人生和平静淡雅的生活。类似这样的例子比比皆是，这些风景都可以和演讲主题比较好地结合起来。

第三，借势。包括借自身的优势、现场的气势、人物产生的情势等。比如自身的优势在哪里？在一些特定的场合，需要最大限度地发挥自己的潜质和优势。比如：从事物理学研究的，可以结合自己对物理学的特有知识的掌握展示才华；学心理学的同志，一旦在与心理学交融的场景下，就能够借势发挥自己的专长，切入主题，抓住不放，尽情地发挥和表达。

第四，借名。包括人名、地名、专用名词等，都可以借题发挥。比如我在广东、贵州，一进会场，就出现了热烈欢迎著名演讲家崔跃松等标语。自己肯定不能说自己是著名的，但人家已经写到了喷绘的大屏幕上，自己有没有办法改变？我开场白第一句话就是：“同志们，你们会标出现问题了。”所有的人眼睛都在看会标：错在哪里？有什么不对？我说：“错了。崔老师只是一个草民，你们多加了一个‘者’。”这样的表述既化解了那种有的人觉得自不量力的称谓所带来的尴尬局面，也给自己找到了恰到好处的台阶，借题发挥，借名、解词都是比较好的即兴演讲的素材。

所以即兴演讲者在参加各类演讲时，要善于运用人名、地名、词组等，有机地将其与要演讲的内容紧密结合，就能够增强即兴演讲的实际效果，活跃氛围，也能够提高即兴演讲水平。当然，每个演讲者的实际情况不同，在借力的同时，告诫自己要留意现场的氛围，要紧扣即兴讲话的主题，发言要符合自己的身份。

应景口才

所谓应景口才，其实也是即兴演讲，它是指为了适应当前情况而即兴回答各类问题，诸如应对媒体、现场提问、应急答问等。要回答好此类问题，我们就要具备丰富的知识、全面掌控现场的本领以及睿智的语言风格。这也权当是对即兴演讲的一个特有的补充吧。

在社会生活中，我们还会经常遇到其他应急答问的情况，也需要我们掌握火候、从容应对。

有一次我和大学生交流，有人问我："我认为命运不公，崔老师您怎么看？"这个问题真不好回答。若迎合提问者，就会陷入复杂的问答之中；逆着讲，又怕大学生认为我是在讲大道理。我略作沉思后这样回答："这个问题提得好！我也有同感。我一生下来，就发现自己的父亲不是省长，也不是董事长，是个农民，我真想自己哪怕是能生在一个县长的家庭也好啊！"掌声瞬间热烈地响了起来。我又说："这就是命，谁也改变不了。正如我们打牌，抓哪一张，由不得我们，这是命啊！"学生热情更高了，我接着说："出哪张牌呢？牌攥在我的手里，我不是想出哪张就出哪张吗？这是命运。命运就在我们的手中，我们每个人的命是改变不了的，但是命运完全可以改变！"一下子掌声雷动。

还有一次，有个大学生提出一个热点问题："有人说，大学期间，如果不逃学、不谈恋爱，等于没上大学，您怎么看？"

我告诉这位大学生："如果老师的课上得好，应该上；上得不好，也得上。因为这是礼节。大学时代真是读书的好时节，我们已经再也没有这个机会了，真是羡慕嫉妒恨哪！”

恋爱问题，是热点，也是大学生的兴奋点，我该怎么回答？我决定先讲一个故事。

儿子早恋了，父亲决定和他谈谈。

父亲直言不讳地问儿子：“孩子，告诉爸爸，那个入你法眼的女孩子叫什么？”

孩子因意外而显得非常吃惊，只是怔了片刻，随即垂着头轻声告诉了父亲。他不敢抬头直视父亲，他等着父亲大发雷霆。

没想到父亲却说：“还是到此为止吧，听爸爸的话。”

他见父亲态度温和，胆子渐渐大了起来。他为自己辩解道：“爸爸，是她主动的。况且，她的条件的确不错呀！”

他觉得更像是在为他们的那份感情辩护，心底有一股豪气油然升腾。

父亲轻轻摇头道：“孩子，你还太小。”

“太小？爸爸，我已经 19 岁了，是一个男子汉了。而你，当年只有 17 岁，不就和妈妈好上了？”他自认为抓住了父亲的话柄，情绪越发激动起来。

可是，他听见父亲依然和蔼地说了这样一番话：“你说得没错。可是，你知道吗？我 17 岁的时候已经在葡萄酒作坊当酿酒师傅了，每个月能拿 2000 里拉。我是说，我当时已经能够自食其力，有一定的经济实力为爱情买单。你呢？一个里拉都挣不到，你凭什么心安理得地钟爱自己心仪的女孩？”

父亲又语重心长地安慰他：“孩子，你想想看，一个男人如果没有经济基础，不能为他的爱人提供必要的物质保证，如果你是女子，你会怎么看待这样的男人？儿子，我告诉你，我一直都认为，一个男人如果没有一份赚钱的工作，不能自食其力，哪怕他 40 岁甚至 50 岁，都不配谈恋爱，谈了，就是早恋；相反，只要他有立业挣钱养家的本事，15 岁恋爱也不算早恋！”

父亲的一番话，可谓语出惊人，是这个孩子闻所未闻的逻辑，但又是那么合情合理，无懈可击。一语惊醒梦中人！经过思想斗争，他做出了从女孩身边安静地离开，从这段虚幻缥缈的无根之爱中抽身而退的决定，尽管为此他承受了半年的痛苦。

他牢记着父亲的嘱咐，知道自己涉足感情还为时过早，于是专注于学业，最终一举考上伊斯坦布尔科技大学——土耳其最好的国立大学，并在这里牢固地奠定了日后事业的基础。

他就是奥尔罕·帕慕克，2006年诺贝尔文学奖获得者。

荣获巨奖之后，奥尔罕·帕慕克曾在重要场合多次提到这件鲜为人知的早年趣事，坦言自己感激父亲当年“温柔地扼杀了一种愚蠢而羞赧的情绪”，让自己避免了蹉跎年华。

我讲完故事后，对这位大学生语重心长地说：“该不该谈恋爱，问一问自己的肩膀，如果你觉得已经长大，能担负起这个责任，你就大胆往前走！”可以想象，学生对我的回答非常满意。可见应景式答问很实用，它体现的是智慧，是生活的积累，是知识的积淀。

语言表达是未来社会不可缺少的基本技能，你未必是一个窗口发言人，也不需要是辩论家或演讲大师，但你得会表达，会流利地说出你心中所想，你得知道表达技巧，说话得有逻辑性。同样的事情，为什么有的人说就有人去听，有的人说就没人来听？会说话的人往往会与人沟通，会沟通就容易解决问题。

当然，在现实生活中，我们的语言运用十分广泛。一个现实社会中的人，几乎无法避免地要使用语言。与人沟通、交流，我们是不是知道有个“三原则”：学会倾听、不反驳不辩解、争取共赢？辩论谈判同样需要语言技巧，我们又该如何把握？这些都是需要我们共同思考的问题。

演讲与面试

许多人都知道演讲，但面试呢？很多没有经历过面试的人可能不清楚，面试其实也与演讲息息相关。

面试咋又和演讲扯到了一块儿？您看看，面试像不像命了题的即兴演讲呢？

YANJIANG

近年来公务员、企事业单位进人，几乎逢进必考，考必面试。

常常接到一些培训机构的邀请，叫我去给他们的学员讲授面试技巧。闲暇之余，又总有一些亲戚朋友四处打听找上门来，为那些笔试入围的考生做短期辅导。我见了很多家长，交了很多朋友，也悟出了很多值得交流的东西。

对于大部分面试者来说，他们缺少的是经验，有的甚至不知道基本的面试流程。有的家长以为面试就是看看长相，打打招呼，联络联络人际关系。还有很多从事公考辅导的社会机构也不遗余力地对外宣传所谓的“包过”。实际上哪有什么“包过”呢？

所谓面试，就是参加面试的人在规定时间内回答若干个带有指向性的问题，主考官根据答题人回答问题的情况做出现场评判，并以量化形式予以考核的一种形式。

有的人复制套路。这些考生不惜血本受过“正规”的各类面试辅导机构的“包过”洗礼，知道基本的面试路径，但是往往教条死板地应对面试，僵化的思维难以改变，答任何题目都是套路式作答，缺乏答题深度。这些考生恰恰是因为有过所谓的专业培训，反而一时无法接受新的思路。这些人很勤奋很认真，但是往往得不到高分，原因就是刻板有余，创新不足。

有的人不敢说话。和人一见面战战兢兢，一说话脸就红，一副窘态，这都是因为登台机会太少，平时表达不足，问一句回一句，从不主动提出问题。讲授结束时我问有没有需要问的了，他总是说：“我回家想想吧。”

有的人话又太多。这些人多是曾经当过学生干部，或在外做过营销，他们的基本功很好，思维敏捷，看问题深邃，语言表达流畅，但是言多必失，有时该讲的讲，不该讲的也讲，不着边际，导致考官厌烦，适得其反。这些人如果能够得到适当的引导和启迪，应该能够取得更好的成绩。

面试有绝招吗？绝招又在哪里呢？那就是学会演讲，锻炼口才。

因为口口相传，每年我都推辞不了要指导一些面试选手，成绩结果都很好，甚至有些考生出乎意料得到高分。我不是主考官，我也不在现场，为什么面试者都能以高分过关呢？这其实一点都不玄妙，因为我知道面试就是即兴演讲。面试者知道了即兴演讲“六要素”，掌握了很好的演讲技巧，怎么能不取得高分呢？当然也会有暂时失利的，但是他们在以后的面试中往往也有大的进步。有朋友开玩笑说，我家的“小阁楼”是“风水宝地”，来的人都捷报频传，找到了自己理想的工作。

在指导面试的实践中，我越来越紧迫地感受到自己有这个义务和责任，用最简单的方式、最有效的办法把最精华的内容告诉这些学子，让他们找到捷径，少走弯路。

所以很有必要和读者谈谈演讲与面试。

面试的目的

很多初次参加面试的朋友不清楚面试的目的是什么。其实面试就是即兴演讲，面试最重要的是看考生的反应、机敏程度、思维方式，看考生的人生观、价值观。面试中，考官们通过考生的表现，了解面试者的基本素质、综合素养、大脑反应、总体印象。尽管长得靓丽、帅气，会给人留下不错的第一印象，但在面试中外貌起的作用并不是很大。面试也不是看你有什么来头，有什么雄厚的背景。面试，靠的是自身的实力。

在公务员录用考试中，面试的目的是从职位需要出发，实现对考生素质的有效测评，选拔出德才兼备的高素质人才。公考面试在题目设置上往往也是基于今后的实际工作需要，主要考查以下四个方面。

第一，考查我们适应未来工作的基本素养。不同工作领域和具体任职的岗位，对人的要求不尽相同，但是对一个人的基本政治素养、道德修养、知识学养要求是相近的。通过面试看面试者答题的情况可见一斑。

面试的内容，大到是否理解掌握法律法规、制度规定，小到对于时事热点事件是否有正确的评论。比如，对于社会上发生的新闻事件如何站在政府角度分析问题等。

第二，考查我们是否拥有正确的三观。政府部门经常需要举办各种活动，比如业务能力培训活动、警民互动活动、新闻发布会等，在各种宣传活动中体现出正确积极的三观也是考官在面试考场中重点考查的。

第三，考查我们是否具备相应的情商。政府部门工作需要跟不同部门、兄弟单位合作，也经常跟老百姓打交道，这需要我们具备与人打交道的能力，更需要我们具备体察别人心情、理解别人处境、有帮别人解决难题的情商。

第四，考查我们是否具备政府工作实务能力。

面试的礼仪

面试要给人清新、自然、得体、协调的好印象。

在公务员面试中，考生通过语言表达来体现自身的素质，以此作为考官评分的重要依据。良好的语言表达能力能使考生获得高分，这一点毋庸置疑，但同时也不可忽视非语言表达方式。非语言表达在面试中占相当大的比重，它将直接影响到考官对考生的整体印象。非语言表达通常是伴随着语言表达出现的，是对语言表达信息量的重要补充。非语言表达能增强语言表达的说服力和感染力，从而给考官留下深刻的印象。非语言表达在面试中主要是指仪表和肢体语言。非语言表达能够对语言表达起到强调和渲染的作用，从而增加沟通的生动性和直观性。重视了非语言表达的细节，就能够更好地体现出一个考生的精神面貌和内在素质，提高考生面试成功的概率。非语言表达方式应从平时的训练抓起，从细节抓起，规范训练，养成习惯，这样考生才能在面试中发挥得游刃有余。

那么，在面试的过程中，考生应当注意哪些非语言表达的细节呢?

第一，注重仪表。

面试不是来看颜值的，但长得好看总不会令人讨厌。这种外表给人的第一印象，与考官最后打分往往有着很重要的关联。这就要求参加面试的考生要注重仪容仪表。

公务员、事业单位等政府部门人员一般衣着、仪表都以简单、朴素、庄重为主，当然，也不排除有个性特点，但是，参加面试的考生最好以安全系数较大的衣着为主，可以获得大多数考官的认同。现在参加考试的大多是年轻的考生，所以主要以年轻人的特点为主。

男考生，整体以简洁、大方、庄重为主，春夏可以着深色西裤、深色皮鞋、浅色衬衫，短发。在应试时则应注重以下几点：注重头发修整，前不遮眉，后不压领，侧不遮耳；正式面试时，以长裤并熨烫笔挺为宜；衬衫以白色比较好；选择颜色明亮的领带；西装和皮鞋的颜色以庄重为原则，面试时最好不要穿戴过分，不穿怪异颜色的服装；戴眼镜的考生，镜框的佩戴最好能使人感觉慎重、调和。一般说来，着装打扮应求端庄大方，干净整洁。

女考生，着装种类比较多，总体上以淳朴大方、简洁青春为主。春夏可以穿裙子，比如裙子配T恤衫、衬衫，但裙子不能太短，最好盖过膝盖。颜色也尽量以纯色、简单为主。秋冬季节，如在北方，天气比较寒冷，尽量不要穿得臃肿不堪，最好不要穿羽绒服，可以穿保暖内衣，加毛衣外套。女孩子喜欢戴些饰品，但不要多，不要炫，以免分散考官的注意力。有的女孩子夏天会穿吊带衣服来面试，不合适，毕竟面试的场合还是比较严肃的。

第二，注重言谈举止。

面试，考的是内在的涵养。所谓涵养，是知识与阅历升华的产物。涵养是比较难用语言和客观事物来表示的，它更多的是给人的综合印象，也就是我们常说的“气质”，这点比较难在短期内有较明显的提高，但可以从举止、言语、自信心上加以重视。

面试者从进入面试现场，其实就进入了考官们的视线。从进门起，你就已经给人第一印象了。气质表现在哪里？表现在干净、利索。走路弓腰驼背、零碎的步子、松散的体态、摇头晃脑左顾右盼的神情，都会为气质减分。走进来时要做到仪态端庄、步履自然、昂首挺胸、略带微笑致意。来到考官面前落落大方、轻松愉悦、淡定自如。一切都本着自然，给人感觉舒服为宗旨。

在考官讲话时，考生应认真聆听，并配以适当的表情、手势、点头和必要的回应等，这样会使考官感到你对他很尊重，对他讲的话很感兴趣，能够营造一种和谐、融洽、友好的气氛，有助于加深考官对考生的良好印象。与考官保持适当的眼神接触，也可以适当地朝他微笑或点头，表示你对考官的尊敬。一些考官也会对你微笑，这不仅能缓解现场紧张的气氛，也可以增加考生自身的信心。但切忌一直目不转睛地直视着考官，这样会使考官觉得不自在。同时，不要只与主考官作眼神交流，应当兼顾其他考官。

在考场上，坐要有坐姿，站要有站姿。坐或站都要挺直腰杆，坐如钟，站如松，避免一副懒洋洋的姿态。切忌双手交叉抱在胸前或者紧握拳头，那些动作传达的是防御和紧张的信息。坐时双手放在大腿上（有桌子的胳膊肘要搭在桌子上），半握拳；站时双手贴在两条大腿的外侧，半握拳。考生的肢体语言应当向考官传递出一种自信、有素养的信息。在面试中适当地使用手势能营造良好的气氛和情境，使抽象的内容具体化，从而增强语言的表达效果。手势动作幅度不宜过大，次数不宜过多，不宜重复，否则就是紧张或做作的表现。每一个手势，都力求自然、简单、精练、清楚、明了，要落落大方，切忌呆板、僵硬，甚至做作。还应当注意的是，手势要和声音、姿态、表情等密切配合进行，只有协调的动作才是自然和谐的动作。

第三，注重礼节。

面试整个过程时间短，可以看出礼节的细节也不多，主要有以下几个关键的地方。一是进出考场。进考场时，一般要开门、关门，动作、声音要轻（门是关着的，进来前一定要用指关节轻叩，待有人应答才进门）。进来后手中如果有物品（最好不要带），如包、伞等，最好放在门旁边，不要放在自己椅子上或旁边的地上。出考场时一般考官分数都打好了，不会更改，但也要注意举止。二是与主考官对话。用很短的时间解决了关门、放东西，然后走到桌子旁，站好给考官鞠个躬，同时说句“各位考官好”，然后站直，面带微笑目视主考官（一般考生面试的桌子正对面坐的就是主考官）。这时候主考官会对你说“请坐”，你说声“谢谢”，即可坐下。坐下后，你马上会看到面试的卷子。此时，约99%的考生会争取时间，马上偷看考题。严格来说，也不算偷看，因为这时候也可以看，但最好不要看，因为你坐下后，主考官会用几十秒的时间简要介绍一下考试的纪律和规定，特别是时间上的。所以坐下后，要端坐，双手自然叠放在桌子上，还是目视主考官，让别人看出你很注意在听他说话，当然，也要认真听，因为有些时间上的规定，主考官理解得可能不同，不要因为没有听和听错了，把整个面试给搞砸了。所以，这几十秒的时间不要急于阅卷，人不可能一心二用，其实这点时间，也考虑不了什么问题，还会给考官留下不好的印象：不尊重考官，没有礼貌，不诚实。在答题时，张口便知思维反应，说话的时候忌讳口头禅。知识能为你加分，显露一些个人的才华。干净利索的语言风格、流利畅快的表述神情，都会给人以有能力的好印象。

面试的流程

封闭

一般需要提前10~30分钟到达指定地点报到，工作人员在核对考生身份证件和面试通知书等相关证件之后，考生就要上缴通信工具，抽签确定分组和进场顺序。有的地区是先抽分组签，再抽顺序签，有的地区是一次抽取确定分组和顺序，如：二（1），表示第二组第一个进场。

考生抽签完毕后进入候考区等待考试，考试未结束不许随便离开，有考场工作人员监督，上卫生间需要工作人员陪同。如排在下午考试，午饭也由工作人员送到候考室，以防止已经考试完毕的考生将情况透露给未考试的考生。

进场

按照顺序，轮到某考生入场时，引导员将到候考室宣布："请某某某号考生入场。"考生随同引导员到达考场门口，一般考场门是敞开的，考生可以直接进入，不必敲门。如门是关着的，考生需要敲门并获得考场内考官允许后方可进入。引导员不会直接叫考生名字，否则算严重违反考试纪律。

入座

入座（离座时也一样）时动作要轻盈和缓。从容不迫，不要慌张，不要双腿一软，径直跌坐在位子上。其次，保持得体的坐姿，不仅要符合体态美的礼节，而且要与你的表情、语言协调一致，也要与面试情景相符。入座之后，面试就正式开始了。

答题

面试区内一般安排 11 个人，7 个考官，最中间的 1 个是主考官；1 个记分员，1 个计时员，还有 2 个监督员。考生一般是坐在主考官的正对面，保证双方可以对视。你的座位上会有一张卷子，即你的面试题，一支笔，一张白纸。记住不要在卷子上做任何标记（因为后面的考生还要用你的试题）。你可以在白纸上做草稿。有的地方没有纸质卷子，面试题由考官问，每问一题，你回答一题。

待你坐定后，主考官将向你宣读面试规则，然后让你抽取面试题目。当然，也有不需要抽取的情况。从目前的情况看，一般报考相同职位的考生的面试题目都是一样的。

面试一般是 3~4 题，考官在一般情况下也不会追问，不管你是否答对。面试时间一般为 15~20 分钟，考生答题时间不宜过长，否则答不完考官也会宣布时间到；考生答题时间也不宜太短，否则会回答得不够全面。

考生回答完所有题目后，主考官一般要问考生是否还有其他补充，考生根据时间和自己回答的情况可以补充，也可以不补充。

另外，有的招考单位要求考生在面试时不得向考官介绍自己的姓名、工作单位等相关信息，任何涉及个人情况的信息都不得泄露，以确保面试公正，否则取消面试资格，这一点面试者要心中有数，严格按要求进行。

离场

考生回答完所有题目后，主考官一般要问考生是否还有其他补充，如无特殊情况，考生此时一般回答无补充。主考官宣布请考生退场，到候分室等候分数。记分员核算分数后，考生在候分室得到分数通知即可离开考场。也有个别地区是等待当场分数公布后考生再离开，这种情况适用于招考人数比较少的情况。另外，部分中央国家机关单位的公务员面试分数不当场公布。

考官将各自对该考生的评分表交给计分员，核算分数。核算完毕，交给监督员审核。计分员核算完分数，监督员和主考官签字后交给工作人员到候分室对考生宣布。考生得到分数后会被要求尽快离开候分室，不得逗留和随意走动。

面试的类型

结构化面试

结构化面试是根据特定职位的胜任特征要求，遵循固定的程序，采用专门的题库、评价标准和评价方法，通过考官小组与应考者面对面的言语交流等方式，评价应考者是否符合招聘岗位要求的人才测评方法。结构化面试是面试类型当中基础的面试形式，又叫作标准化面试。

结构化面试的考场布置为考生独坐一席，对面有五到九位考官不等，左右两旁为考务人员，分别为监督员、计时员和记分员。考试当中有固定的作答题目且每位考生作答时间限制相同。一般结构化面试都会有 1~5 道题，时间在 10~25 分钟，需要面试者注意答题时间，合理分配好回答每道题的时间。

结构化面试的题目有很多种类型，比如时政类、事务应急类、社会关系类、看图说明类等。不管是何种类型的题目，都要求面试者在规定的时间内很快入题，必须在 40 秒之内答题，否则再好的回答，都会因为长时间把考官晾在一边而影响分数。面试者答题时必须紧扣主题，可以“形”散，但“神”不散。答题要注意有条理，不能东一句西一句。还要注意不能仅仅把提出的问题当问答来回答，而是要考虑谋篇布局，包括如何开场、正文讲什么、结束语说什么。此外，还要力求新颖，不能用老一套，否则只能得到基本分。

比如有一道这样的题目：

你是小区负责人，小区里有老人玩牌到深夜，有人把问题反映给你，请问你该怎么办？

要简单地回答这一问题，只要说“老人玩牌不对，我去制止他”就结束了，但要得高分就难了。有创意、会答题的面试者会考虑周全，站高看远，令人赞叹。比如有面试者这样答题："看（听）到这个题目，我陷入了沉思，中国已进入了老龄化时代……"在有条理地说出"会派人了解情况""和老人沟通交流""给反映问题者回复处理情况"之后，还没忘再补一句"我们会想方设法完善小区功能，为老年人提供更好更多的活动场所""把这件事当作自己工作的失误，给全小区做好各项服务工作"。可想而知，类似的答题会给人留下很深的印象。

半结构化面试

半结构化面试是介于非结构化面试和结构化面试之间的面试。包括两种方式：一种是主试者提前准备重要问题，但不要求按照固定次序提问，且可讨论在面试过程中出现需进一步调查的问题；另一种是主试者依据事先规划的一系列问题来对被试者提问，根据不同的工作类型设计不同的问题表格。它是在结构化面试基础之上进行的改变，此类考试类型要求考生的交流感、应变能力极强。关于结构化和半结构化面试之间的联系和区别，可用下表说明：

何谓结构化面试？	面试过程（程序）结构化	在面试的起始阶段、核心阶段、收尾阶段，面试官要做些什么、注意些什么、要达到什么目的，事前都会相应策划。
	面试试题的结构化	在面试过程中，面试官要考查应聘者哪些方面的素质，围绕这些考查角度主要提哪些问题，在什么时候提出，怎样提，在面试前都会做好准备。
	面试结果评判的结构化	包括从哪些角度来评判应聘者的面试表现，等级如何区分，甚至如何打分等，在面试前都会有相应规定，并在众面试官间统一尺度。

结构化其实就是一个框，在框里的部分越多，就越趋近于结构化面试；在框里的部分越少，就越趋近于非结构化面试。

半结构化面试结合了结构化和非结构化面试两者的优点，有效避免了单一方法上的不足。总的说来，这种面试的方法有很多优势，具有双向沟通性，面试官可以获得比材料中更为丰富、完整和深入的信息，并且面试可以做到内容的结构性和灵活性的结合。所以，半结构化面试越来越得到广泛使用。

大体上来说，结构化面试有点类似于传统意义上的考试，主要考查你有没有答到考官需要的重点上，有点踩点得分的意味在里面；而半结构化面试则更类似于我们所说的开放题，需要考生源于题目但又不仅限于题目。

无领导小组讨论

小组成员为6到12人不等，在一个规定的背景之下，围绕给定的问题相互讨论。在讨论过程当中，考生之间的地位是平等的，所以不会事先指定哪一位是领导。在相互讨论发言的过程当中，考官是沉默的评判者，通过大家的表现来考查考生的领导能力、人际交往能力、组织协调、语言表达等各方面的能力。

具体流程如下：

等待分组环节	考试前会将考生随机打乱并编号，根据考生总数按照6~10人不等分组，面试以整组面试的形式进行。大家一齐进入考场，考场座位上会有题目已经准备好，同一组的题目相同。
准备环节	进入考场就座后，桌子上已经摆放好本次无领导小组讨论的题目以及议题，规定时间自行准备，可动笔。
个人陈述环节	按照顺序每个人依次发表自己的看法。
自由讨论环节	根据题目材料与个人陈述环节的分歧和意见进行自由讨论。
总结陈词环节	根据前两个环节讨论的结果，由小组成员共同推举一位成员，让其作为代表，发言总结整组讨论结果。

无领导小组讨论中，面试者可以扮演许多角色，例如领导者、破冰者、总结者等。无领导小组讨论有一个很重要的原则：“整组测评，个人打分。”

无领导小组作为分组群体，很多时候整个讨论需要大家一起来完成，例如一个很重要的评分依据就是小组有没有一个统一的汇报结论。

所以虽然考官会根据每个人的具体表现、具体情况来具体打分，但打分是有一个起始点的，如果整组表现优异、气氛融洽，且结论完整，大家踊跃积极发言，那么整组的整体分数都会相对较高。反之，除了个别特别优秀的，大家分数都会相应的比较低。所以在无领导小组讨论中，不仅仅是你与其他考生的竞争，更是你们这组与其他组的竞争。

无领导小组讨论是一种火药味很浓的面试方式，大家面对面 PK（对决），在一张“圆桌”上一较高下！但同时它又是非常好玩的、具有趣味性的面试方式，在讨论的过程中，一举一动都会影响你最后的分数，大家既是一个整体，又分别为了自己的分数使出浑身解数，这种方式，可谓妙极！

无领导小组的选拔方式之所以会越来越多地被采用，是因为这种方式更能发现精英人才。人人都有陈述自己观点的机会，但又不是平均用力，机会均等又不会让出类拔萃者被埋没。

在无领导小组讨论中，一般会有 5~12 人围坐在一起，每人都有 1~3 分钟陈述自己观点的机会，然后进行讨论和争辩。这就要求每一个参与面试的人，抓住机会，把自己与众不同的见解讲出来。不与前面的人重复或雷同还是很不容易的。在讨论、修正或争辩环节，面试者要注意表达的方式，尽可能地不要伤害到别人，否则会引火烧身。要学会对甲说：“您的观点很独特，但是如果……这样会更好。”还要对乙说：“我很钦佩您的智慧，这一点我真的没想到，我的意思是……”面试者要知道，面试不是辩论，也不是看谁会讲话，考官看的是谁的观点新颖独到，选的是人才，不仅仅是好的口才。面试者要不失时机地抓住发言的机会，但也要注意，在自己的观点还没形成、考虑还不够成熟的时候，不宜发言。不开口则已，开口就要一鸣惊人。没有分量的发言恰恰会把自己的缺点和不足暴露给考官。所以每一次、每一句发言都要恰到好处，有思想，有观点，有思路。

结构化小组面试

结构化小组面试结合了结构化面试和无领导小组讨论的特点，一般由三位考生同时进入考场内，在规定的时间内依次作答题目。结构化小组面试的特色在于开启了考生与考生之间相互点评和相互回应的作答方式。考生既要彬彬有礼地与考生交流，又要一针见血地指出对方的问题；同时，在别人指出自己问题的时候，还应情绪平和地回应对方问题，所以对考生把控情绪和随机应变的能力有较高的要求。

特定情况下的视频面试

因为某种特殊情况，不能进行现场面对面的面试，组织者或招录单位常常会采取视频面试的方式。面试者一定要按照招录方的要求做好各方面准备。最为重要的是确保视频效果。不能因为不是现场，参加面试者就抱着试试看的心理，必须从进入视频开始，保证穿着、发型、每一个肢体动作的严谨规范，不可随意和马虎。

视频面试除了要按现场面试一样准备，还有几点注意事项值得重视：

坐姿要端正，确保面部与屏幕角度合理，以最佳角度展示自己形象；

距离适中，不至于镜头太近或太远导致头部影像过大、过小；

确保周围安静，不至于有意外声音或事件发生，干扰面试；

确定手机质量不会出现黑屏、死机等问题（为确保万无一失，可以备有两部手机）。

手机或电脑要保持电源充足，尤其是手机要提前充足电，不能因为突然断电影响面试。

公务员面试的题型

在公务员（企事业单位）招考面试中，九大测评要素（综合分析能力、计划组织协调能力、应变能力、人际交往意识与技巧、言语理解与表达能力、求职动机与拟任职位匹配性、专业创新能力、自我情绪控制能力、举止礼仪）是核心。为了引导考生表现出在某一测评要素上能力的强弱，考试组织单位会依据测评要素设定具体的题目来要求考生作答。不同的题型，其内在的特质各不相同，所以在测评的能力要素方面会有所差异。因此，在公务员（企事业单位）招考面试中，面试单位会综合运用各种题型，来全面考查考生各方面的能力。从切实帮助考生学习的角度出发，总结答题方法的共性，可以概括出八类面试题型：时政热点类、突发应急类、社会矛盾类、组织管理类、人岗匹配类、哲理思辨类、专业知识类、特殊形式类。

时政热点类

时政热点类问题以时政热点作为命题素材，题目命制紧跟国家时事政策、社会发展趋势以及现阶段与我国人民生产生活紧密联系的事件。面试过程中，考官对考生作答进行评分时，不仅考查考生是否具备必要的知识储备，而且重点考查考生对时事政策的关注度以及逻辑思维能力，即透过时政现象看到社会问题本质，通过解决根源问题，淡化或消弭不良的社会影响，强化社会现象的积极意义，弘扬社会正能量。所以，对这些内容要有宏观的了解，该细的要细，该大的要大。

【模拟题】：请问你对当今国家鼓励百姓积极消费，拉动内需，推动经济发展的观念和传统的“勤俭持家”“艰苦朴素”的观念的理解。

解析：这道题目测试的要点有理论素养、政策水平、综合分析能力、实际运用能力。

找出关键词“消费”和“节俭”。

1. 首先要承认这两种观点并不矛盾，观点虽然不同，但是道理很一致。

2. 鼓励百姓积极消费是拉动内需的需要，国家要实现内部大循环，没有消费是不行的，这是一种宏观的理性消费，但并不是鼓励奢侈浪费。面试者可以结合自己生活实际，从经济学的角度来说明为何要积极消费，刺激经济增长。钱是用来花的，不是为了“储”的；但，消费不浪费的理念是对的，是必须坚持的。

3. 节约是传统美德，每个人都能从自己成长的环境中找到答案。无论是国家还是社会一直在提倡厉行节约。

4. 辩证地把二者关系讲清楚后，阐明既要理性消费又要反对浪费的观点。

答题要点和思路：

面试者遇到这种有两种观点需要阐述的问题时，首要先说明这两种观点的关系是矛盾的，还是一脉相承的，明确观点间的联系点。其次分别说明两种观点的内在含义；注意紧密结合自己的生活实际，列举案例，丰富内容。最后需要小结一下，说明你对这两种观点的态度和正确看法。这就是在考查你综合分析的能力。

如果能引用国家的政策“节约型社会”“节约型政府”，并将之巧妙运用，这对考官打分很有帮助，是个亮点：一是说明了你的实际运用能力强；二是说明了你的政策水平较高且理论素养好。

如果能这样答的话，可以得中等分。从多次打分的情况看，大部分考生虽然有准备，但社会经验不够丰富，平时少有机会表达，都不可能答得很好，这就要求考生平时要多关注时事，提高自己的政策了解水平。

【模拟题】：2021 年，中共中央办公厅、国务院办公厅印发了《关于进一步减轻义务教育阶段学生作业负担和校外培训负担的意见》（以下简称“双减”政策），提出要提升学校课后服务水平，满足学生多样化需求，要坚持从严治理，全面规范校外培训行为。对此，你怎么看？

答题要点和思路：

一、表明自己的态度。

教育是百年大计，对民族发展和伟大复兴至关重要，“双减”政策的提出针对当前教育领域的突出问题给予了有力指导，为当前教育体系的高质量发展提供了有益的参考方向。

二、分析政策背景、目的与意义。

1. 背景。我国现在的教育依然处于“应试教育”阶段，中考和高考的考试成绩决定了学生的学业前途。虽然自改革开放以来国家倡导学生全面发展，但素质教育作为更高层次的基础教育，往往被忽视了。不少家长热衷于“校内减负，校外增负”，孩子们学习压力极大，各种学科类补习机构在市场上层出不穷，形成了一条产业链，既挤占了孩子们的休息时间，又额外增加了家庭的教育支出，导致教育生态被破坏。

2. 目的与意义。

（1）意见提出要坚持从严治理，全面规范校外培训行为，对学科类培训机构经营资质、营业时间、资本化运作等各方面进行了严格限制，以彻底斩断资本干扰、垄断教育行业之手，解决中小学生课外负担太重、教育功利化严重的问题，规范教培行业的健康发展，极大缓解家长们的教育焦虑。

（2）意见提出要提升学校课后服务水平，满足学生多样化需求，要在革除课后补习弊端之外，为孩子们提供健康的课外学习方式。依托于公益性质的学校托管服务，旨在培养德智体美劳全面发展的社会主义建设者和接班人。学生根据自身特点进一步选择拓展学习方式和内容，学校进一步落实立德树人根本任务，有助于促进学生全面发展和健康成长。

（3）此次教育政策决策部署体现了党中央对深化教育改革的决心，体现了教育体制机制的进一步优化，有助于全面贯彻党的教育方针，办好人民满意的教育，有助于实现中华民族伟大复兴。

三、重点是谈落实。

1. 政府部门推进落实。各级党委政府、教育部门要加强学习，提高认识，教育局、市场监督管理局等各部门要通力合作，确保政策切实落地；各级党委政府必须严格地、不折不扣地落实执行，对可能出现的打擦边球、搞变通的行为进行监督，发现一起，坚决查处一起。

2. 家长合理应对。克服“不愿孩子输在起跑线上”的攀比心理，降低对校外培训的需求和依赖，让孩子有快乐的童年和自主学习的热情，降低“提分”等短期功利性愿望，注重孩子的素质教育和家庭的长远幸福。

3. 教培类企业寻找“新蓝海”。校外培训机构可以积极转型，投身素养培训、成人培训和技能培训等领域，拓展书法、美术教育产业，推出美育、益智、棋道等线下学习新产品，在政府相关部门监管下积极作为，配合营造更加天朗气清的教育生态环境。

这里需要补充的是，类似这样的面试题目，都需要结合自己的生活实际，列举案例，增强说服力。一定不能只谈空洞的理论，与实际结合得越好，分数就越高。

突发应急类

突发应急类指一些在工作、生活中突然发生的、意想不到的事情。

应急类的大约可以分为以下几种类型：

公共危机类。公共危机就是一个事件突然发生，并对大众正常的生活、工作以及生命财产构成威胁，如自然灾害、事故灾难、突发公共卫生事件、社会安全事件等。

工作协调类。工作协调是一门相当深奥的学问，协调是行政管理人员在其职责范围内或在领导的授权下，调整和改善组织之间、工作之间、人际之间的关系，促使各种活动趋向同步化与和谐化，以实现共同目标的过程。

尴尬事件处理。考题大多设置一些情景：一种是把考生放在理智和情感两难抉择的境地；还有一种是压力考题，把考生放在一种不利的境地，借以考查考生在压力环境下的心理素质和反应能力。

复杂场景处理。对于初入公务员队伍的朋友而言，业务往往不熟，但任务很重，在同一时间段内接到多个工作任务是完全正常的。考查的是人们通过任务转换同时处理多个任务的能力。

情景致辞讲话。个别地方出现过串词、编故事等演讲型试题，对这样的题目考生应具有针对性策略，虽然自由度比较大，但其实和第一种题型的解决方式差别不大。

回答此类题目一定要冷静，条理要清晰，先急后缓，先重要后次要。按照这个层次来，就不至于出现混乱。要讲得有条有理，先做什么、怎么做，让考官觉得有道理。对于不同事件的处理，其实都可以笼统地概括为四个步骤，即迅速反应、果断决策、高效执行和善后处理。

第一，迅速反应。要做到：1. 在第一时间向上级有关部门汇报事件情况。2. 科学分析突发事件的主要原因，从原因出发制订应对计划，从源头上制止事态蔓延。3. 全面了解突发事件的类型和特点，了解是否有成功的历史经验可以借鉴，并具体问题具体分析，制订针对性强的应对措施和计划。4. 帮助事件参与者和当事人提高对突发事件的认知能力，稳定情绪，防止失控情况发生。

第二，果断决策。必须以严肃认真的态度、雷厉风行的动作、积极稳妥的措施、扎实有效的工作，果断及时地加以处置。切忌优柔寡断、瞻前顾后，导致延误时机，造成重大损失。在决策阶段，应当遵循以下几项原则：1. 分清主

次，抓住主要矛盾，因情施策，因人制宜。在决策时，以人民的人身安全为首要依据，千方百计保证群众的生命和财产安全。2.必须及时疏导化解矛盾冲突。对于有可能存在隐患的问题，切忌放任不管，在控制住事态发展的情况下，要迅速果断地处理隐患问题，防止事态扩大。3. 领导干部应当亲临一线、靠前指挥。4. 要能保持克制忍让，以解决问题、控制情势发展为首要目标，不受其他因素的干扰。5. 始终保持良好心理承受力与心理素质，保持冷静，不能惊慌、急躁。

第三，高效执行。对执行情况的检测与及时纠正，是保证决策目标实现的基础，因此必须具备以下几点：1. 任务明确，责任到人，有明确的执行时间。这三项缺一不可，它们是保证执行者按照预定计划行动的基础。2. 在动态过程中进行控制。动态过程控制可以强化执行人员的责任心，提升执行能力，更重要的是及时纠偏，保证应急方案的准确实施。3. 适当的激励。在面对突发事件时，人们往往会情绪激动、惊慌失措，有时，在出现一定的人员财产损失之后，群众容易产生沮丧、绝望的情绪。因此，作为公务人员，应该首先站出来鼓舞大家积极面对困难，团结一致、共渡难关。

第四，善后处理。在突发事件的应急应变告一段落之后，应当及时做好善后事宜。1. 要敢于面对媒体，敢于在媒体监督下开展工作。提高突发事件的信息公开化、透明度，防止不切实际的误解。要让社会公众及时准确地了解事态的进展情况，引导公众的态度和行为。2. 安置好受到影响的人员及其家属。及时核拨应急物资和生活必需品。3. 保证基础设施的运行。如道路、通信的畅通及水电气等的供应。4. 维护社会治安。防范其他危害事件的发生。

【模拟题】：上班途中你急着要到办公室，路边遇见一个老人突然倒地，如果救老人可能上班迟到，还会冒着被诬陷的可能。请问你该怎么办？

解析：遇到这样的问题要思考：你怎么解决呢？老人倒地不起了，你首先想到的是什么？大概流程安排是什么样的？最后如何总结提升？

答题要点和思路：

救死扶伤或者见义勇为、扶危济困是我们当代青年理应承担的责任。所以我会立即来到老人跟前，用我所掌握的急救知识帮助老人。我会怎么做？老人躺在地上不能乱动。我知道要给老人做心肺复苏——按压。必要的情况下需要做人工呼吸。这些做完以后，至少在这危急时刻，能够助老人一臂之力。同时我还会安排周围的人打120，必要的情况下打110。对于这样一个紧急情况，怎么处理需要结合自身情况。首先我会不会心肺急救知识和技术；如没有，那我就立即打120、110，安排好整个过程。我相信通过我的一系列努力，在社会热心人士的帮助下，这位老人一定会平安康复。

【模拟题】：在办公室接到了一个电话，上级检查组半个小时要赶到你所在的乡镇。就在这时候六七个退休老人闯进办公室，他们来反映养老金的问题。同时领导也打来电话说他的讲话稿没带，让你尽快把讲话稿打印一份送到两千米以外的领导处。请问你该怎么办？

解析：这样的题目，听起来觉得有点离奇，但现实生活中却经常发生。因此在解答时避免说过多的套话，建议采用情境代入的方法，换位思考，把自己放在题目所给的情境当中，分清主要矛盾和次要矛盾，最好能形成一个改进方案，找到一个较为完美的应对之策，这样才能更加完整地答好这类题目。

答题要点和思路：

尊敬的各位考官，听到这个题目，我觉得我能够很坦然地面对。因为我在乡镇就是从事应急工作的。接了电话，我会立即通知被检查单位，来检查肯定有检查的内容，他是查国防的，还是查双拥的、查环保的、查土地的？他查哪个方面？什么部门？同时群众利益无小事，老百姓来反映情况，我们就代表着政府，我们就代表了党的形象，所以我会立即把老人引进屋里，微笑着叫他们先坐，我处理一个急事，然后来和他们交流。这时还有领导急着要讲话稿，20分钟要把稿子送到那里去，怎么办？

“尊敬的考官，我听到这个题目，差点笑出声来。遇到这样的事真不好解决，但是生活中这样的事情也还真的时常发生，如果我遇到了这样的事情，我首先会安抚老人，叫他们稍等片刻，我立即把电话打到接受检查的单位，叫他们做好应检的准备。这时候我会给老人倒杯水，或者是叫我办公室的其他同志给老人倒杯水，陪他们聊天，同时开始操作电脑，把领导的讲话稿打印出来。”

这个回答的关键点就在于你有条理，而并不要求讲得多么科学。这样答，考官会认为你这几件事情处理得有条不紊，你的分数就上去了。

社会矛盾类

人生活在社会中，总会遇到各种各样的矛盾。社会矛盾类的题目一般是有意识制造一些矛盾，然后让你来回答。典型的有人际关系方面的矛盾，如你在单位跟一个同事处不好关系，怎么看都不顺眼。但是你单位的领导却很赏识他，请问你该怎么办？还有社会发展过程中的矛盾，如推进环保与企业生产之间的矛盾等。你怎么回答？社会矛盾还远不止这些，遇到这一类题目要想办法缓冲矛盾，学会在面对矛盾中开阔我们的视野，学会在矛盾发展中找出解决问题的思路。

【模拟题】：你和一个同事在一起工作，配合不是很协调，甚至经常出现争论、抬杠的情况。自己感觉不舒服，总认为这个同事身上有很多缺点，但是他却很受领导器重。请问你该怎么办？

解析：此题测试的要点是处理复杂的人际关系，从中发现面试者的自身素质，并考查其认知、沟通与协调能力。

1. 自己和同事一起工作，可不可以改变？如果不能改变别人，就改变自己。

2. 人无完人，自己就没有缺点？需要从自己身上找问题。

3. 既然领导认可他，说明他一定有被认可的理由。

4. 努力地接近他，以诚恳的态度与对方相处。

5. 相信经过努力，一定会改善关系，和谐相处。

答题要点和思路：

每个人都处于纷繁复杂的社会环境中，很难都按照自己的意愿生活和工作。可以结合自身实际，举一个自己生活中遇到的类似的案例。比如："听到这个题目，我想到了我自己，刚参加工作的时候……"这种题目是生活经验题，一定要认真分析难以相处的原因，强调在一起工作和谐团结十分重要。如果不是原则性问题，就一定要改变自己。

【模拟题】：在完成某项工作时，你认为领导要求的方式不是最好的，自己还有更好的方法，你将怎么做？

解析：此题的测试要点是思维能力、人际沟通与协调能力、解决实际问题的能力。

答题要点和思路：

1. 原则上我会尊重和服从领导的工作安排，同时私下找机会以请教的口吻，婉转地表达自己的想法，看看领导是否能改变想法。

2. 如果领导没有采纳我的建议，我也同样会按照领导的要求认真地去完成这项工作。

3. 还有一种情况，如果领导的方式违背原则，应坚决反对；如果领导固执己见，应向上级领导反映。

这题主要是考查考生的人际沟通和协调能力、解决实际问题能力。当公务员，最需要具备的就是如何与人相处的能力。做事先做人，这就需要有较强的沟通和协调能力，在平时的工作中才会有较好的同事关系、领导关系。关系好了，办起事情来就顺了，所以考官很注重这点。答题时，措辞要委婉、低调，比如答题要点中的"私下找机会以请教的口吻，婉转地表达自己的想法，看看领导是否能改变想法"，其中的"私下""请教""婉转""看看"等关键词都能很好地反映出你是个谦虚、谨慎、沉稳的人。其次考查考生的思维、分析能力中的严密性、条理性、完整性。严密性、完整性就是尽量把问题的各种情况都列出来，大多数的题目都是要阐述两种相反条件下的观点，比如该题中，如果领导不同意该怎么办，同意该怎么办，种种情况都要考虑到。至于条理性，就是看答题时逻辑是否清楚，表达观点是否明确，观点是否逐一阐述，不重复，不混乱。

组织管理类

组织管理类问题直接考查考生解决问题的能力，包括统筹安排工作的能力，组织调配人、财、物的能力，协调利益主体间关系的能力等。命题人有时会根据考生报考职位的不同，设计不同情境的面试考题，通过考生作答时体现出的工作思路来考查考生是否具有组织活动的经验和能力。在越来越强调实际工作能力的公务员选拔考试中，组织管理题的重要性不言而喻。

一、题型特征

近年来组织管理类题目逐渐变得更加多样和灵活，尤其是设问方式有较大变化，传统的“请问你怎么组织”式的提问已经越来越少，取而代之的是：怎么执行？活动的重难点是什么？如何保证调查的真实性？怎么把这个活动落到实处？想三个活动主题。如何用最快捷有效的方法得到群众的建议？报告应该包括哪些内容？你会以什么样的方式获取资料？这些灵活的设问是希望考生的答案能减少套路化、模板化痕迹，增加对实际组织工作的想法与设计，这对考生提出了更高的要求。考生在回答时要避免将题目回答得过于宽泛、模板化，同时也要避免将题目回答得过于具体，显得毫无要点，尤其要注意活动计划在实施时的可行性与实效性。

二、常见活动形式

1. 调研。在调查活动中收集、整理、分析信息，保证调查结果的真实性、准确性、科学性、全面性和调查工作的高效性，掌握事物发展变化的规律和趋势，为预测和决策提供可靠的数据和资料，从而帮助决策者确立正确的发展战略。

2. 宣传。服务于特定议题讯息，保证宣传对象的针对性、宣传内容的广泛性、宣传形式的多样性和宣传效果的时效性，能够让受众积极参与并了解宣传主题，使宣传主题能够深入人心，获得良好的宣传效果。

3. 晚会。采取适宜形式，做好组织安排，达到活跃气氛、观众满意、增进团结的效果。

4. 培训。通过选取适宜的培训形式，有组织的知识传递、技能传递、标准传递、信息传递、信念传递、管理训诫等行为，做好沟通与协调工作，保证被培训者能够积极参与配合，获得增长知识、锻炼能力等培训效果。

5. 接待。提前联系掌握到访人员人数、性别、职级、饮食习惯、到访时间、内容安排等具体信息，做好沟通协调、培训服务等具体工作，达到增进联系，配合工作、树立单位良好形象的效果。

三、此类题型答题思路

答题思路主要是围绕它的考查要素来的。组织管理类试题主要考查考生计划、组织、协调、统筹等能力，即做事的能力。既然考查这些能力，那么在组织答题的时候就要围绕这几个方面入手。

首先分析这样做的好处（目的及意义），然后进行全面计划，再组织实施（要注意居中协调，处理突发情况等），最后得出结果，向领导汇报并总结反思，供后来人参考。一定要注意点出自己得到哪些提升：比如说解决了什么问题、自己从中学会了什么、今后要注意什么等。

总之，要在公务员面试中取得好的成绩，平时要加强思维的训练，多看点有关结构化面试的资料，以便在考场上能第一时间明白出题人的目的，清楚考官的考查重点。做一个有准备的人，会在现场给考官留下成熟、有能力的印象。

【模拟题】：今年是中国共产党建党100周年。某地团委决定举办“光辉岁月”活动，拍摄主题宣传片，你认为要把握的重点环节有哪些？

解析：此题属于组织管理类题目。结合题目来看，此题作答重点在于拍摄主题宣传片，所以要抓住重点从拍摄宣传片的角度思考和论述题目。另外，此题设问比较特殊，让我们论述拍摄宣传片要把握的重点环节，所以我们在作答时要注意回到题干设问进行论述，下面结合题干内容展开分析。

“今年是建党100周年。某地团委决定举办‘光辉岁月’活动，拍摄主题宣传片。”这句话是此题的背景。在建党100周年这个重要时刻举办“光辉岁月”活动，展现过去几十年共青团的光辉历程，这是此次活动的中心思想。从形式来看，拍摄宣传片侧重于展示和宣传，对此我们沿着宣传片拍摄的流程进行分析，先要准备充分，再展示成就，最后还要吸收意见，只有这样才能充分保障宣传片拍摄效果。

“你认为要把握的重点环节有哪些？”这句话是本题的设问。结合前面审题点分析，拍摄宣传片可以按照流程进行分析，分别从准备、展示、反馈三个角度进行论述，结合题目中“重点环节”这个设问形式，我们可以将这三个方面归结为重点环节，逐条展开论述，但是在论述内容中要充分结合青年工作内容，让主旨更加突出。此外，应根据设问方式充分解答，入题表态、分论点论述，还要和“重点环节”这个要求紧密结合。

故此题的作答思路可为：第一，入题表态，回答题目设问。第二，展开论述，分别从准备充分、展示多元、吸收意见三个角度进行论述。

答题要点和思路：

“光辉岁月”活动紧扣建党100周年主题，是团委工作的一件大事情，有利于展示青年工作成绩，展现团的工作者良好风貌，拍摄主题宣传片我认为应该把握以下几个重点环节。

第一，把握住准备环节。在准备阶段要重点做好人员组织和素材积累工作。一方面，要在团的系统内选拔有经验、有朝气的同事加入拍摄宣传片，拍摄过程中还可以邀请老团干把关。另一方面，要在全系统、全社会征集视频素材。可以查阅团的工作大事记，沿着建党100周年的关键节点梳理出共青团系统的大事情、成绩，让内容更加扎实。还可以面向社会征集团的活动历史图片素材，侧重于团的工作变化，群众对团的工作的认识等内容。

第二，把握住展示环节。在素材完备的基础上，还要做好展示，形式要积极向上。其一，要做好视频脚本，将收集到的团的系统的历史变化、重要节点、群众心声通过旁白形式进行展示，邀请团的知名青年代表做视频旁白。其二，做好视频整体架构，整体视频的结构按照时间轴的顺序进行，和党史的关键节点相匹配，突出党史和共青团史的充分融合，集中展示在党的领导下共青团的发展历程，尤其是团的改革、团的发展等重要事件要重点展示，这个过程中还要配备相应的历史照片。其三，找到团的最初一批工作者，走到他们家中录制他们的感受和思考，让他们站在历史的高度回顾团的发展史，深情告白建党100周年和共青团工作历程，同时也要对现在和未来青年工作者提出殷切期盼。

第三，把握住反馈环节。在视频初稿生成之后，我会将视频拷贝多份，分别传送、寄送给团的领导、老同志、群众代表等，听取他们的指导意见。还可以将该宣传片在本地团的系统媒体上播放，由工作人员现场收集群众反馈建议。最后，结合他们的意见对视频内容进行调整、补拍，进一步优化宣传片效果。

人岗匹配类

人岗匹配类问题是指考查考生报考公务员的动机，即为什么要报考公务员以及考生的职业价值观、职业兴趣、职业能力、性格特点等方面是否与公务员工作相匹配，是对个人与岗位匹配度的一种考查。

这里举一个实例，和大家进行交流。

【模拟题】：请介绍一下你自己。

解析：这道题目看起来好像只是做一个自我介绍，但是题目的本意并不在于简单了解考生的基本信息，而是通过考生的自我介绍来判断考生是否具备报考职位所需的基本素质，即考查考生是否与所报考的职位相匹配，与考生的专业是否匹配，考生的家庭背景是否有助于做好此项工作，考生是否具备一些优秀的品质。因此，考生可以采用自我介绍类的题目思路进行回答。

首先，需要简单地介绍家庭背景。从学习经历、组织活动等来组织答案。在回答这道题的时候，切忌语言空洞、贫乏、模糊。不仅要阐述自己的特点、长处和对于所报考职位的自身优势，还要尽量列举一些具体的事例或数据来佐证自己的观点。这样才能更有力地说服考官，证明自己。

面试不要就题答题，还应该注意在后面展望未来。比如可以表明自己要做一名优秀的公务员，有坚定的职业理想，或对公务员工作的态度与信心等，从而深化主题，加强考官对自己的良好印象。

答题的时候可以把自己分为三个方面：生活中的自己是什么样的，学习工作中的自己是什么样，未来的自己会是什么样的。

答题要点和思路：

介绍生活中的自己，关键点在于家庭、个人性格、专业特长等，要让人对你有个大致的了解。如：自己是哪一年出生的，出生在一个什么样的家庭，父母对自己有什么影响。

对于学习工作中的自己，可以介绍：自己在大学期间酷爱什么，对什么方面有兴趣，自己参加了什么专业的学习，在大学期间是怎样丰富自己专业知识的，参加过哪些社会实践活动，组织了哪些有特色、有影响的活动。通过对具体事例的列举叙述，表明自己扎实的基本功。另外，自己在学校得过什么样的锻炼，取得过什么样的奖项，自己还有哪些方面的优势，这些也一定要突出出来。对于学习中的自己，可以直接点明自己的学习能力，把自己的专业素养表现出来。对于工作中的自己，要用实际行动来表明自己具有团队精神，在人际交往、组织协调方面的能力高于一般人。

关于未来的自己，要表明自己的态度。如果自己走上新的岗位，将怀着什么样的热情投入工作中，发挥自己的特长，完善自己，努力完成工作，实现人生价值。

在回答自己简历类的问题时，记住，一定不要流水账式的——某年某月出生，某年某月上学，某年某月参加什么活动。用概括式的几句话让别人了解基本情况之后，最重要的是说出自己适应某个岗位的长处和优势。优势说清楚，缺点则不多说，说也要有艺术。

哲理思辨类

哲理思辨类问题是以智慧箴言、哲理故事、哲理诗句、生活哲理等为命题素材，侧重考查考生的世界观、人生观、价值观，考官依据考生的作答内容，评判考生是否符合公职人员的价值取向。

【模拟题】：骏马因为有了缰绳失去了奔驰，风筝因为脱了线就飞走了，陀螺因为用一条线抽着就不停地转，谈谈你对这三句话的理解，结合自身说说给你什么启示。

解析：事物需要相应的制约，缰绳与骏马、线与风筝、陀螺与线，正是这些制约才让它们在各自的轨道内有序运行。正如太阳和地球，螺母和螺钉等。

1. 对于公务员何尝不是如此，公务员是人民的公仆，权力是人民赋予的，“权为民所授”，就要接受人民的监督，这也是一种制约，权力只有在阳光下运行，才能真正地做到权为民所用。

2. 在实际工作和生活中，也曾出现一些权力运用不当的例子，可以列举身边干部腐败的案例，说明滥用权力，谋取私利，等待他的只有法律的制裁。

3. 作为一名即将踏上工作岗位的年轻人，如果我有幸成为一名公务员，一定会牢记手中的权力是人民赋予的，权力更意味着责任，意味着担当，善用权力，把人民的事情放在心中，真正做到为民谋福利。

答题要点和思路：

1. 解析二者的关系，如果认识不到、处理不好二者关系将会带来什么样的后果。

2. 自己生活、工作中还有什么让自己感悟的事情或案例。

3. 结合自己的认识和感悟来谈所报岗位的要求，把自己和岗位及题目中所列的例子紧密联系起来。

4. 告诫人们自己感悟最深的是什么，未来工作需要明白什么。

专业知识类

专业知识类问题，是对专业知识进行考查的面试题目。这类问题在一些需要专业知识的部门、岗位的面试中经常出现，如国家公务员考试中的金融、计算机，中国银行保险监督委员会、中国证券监督管理委员会，各省公务员考试中的法检系统等。再比如党史、国史以及社会现实等也属于知识类的内容。专业知识的具体内容可以自行搜集相关的专业知识，也可以向已经就业的工作人员进行询问，保证内容的真实性。

考生可以根据自己备考的领域认真备考。

【模拟题】：目前我市城区从事商业、批零贸易、餐饮业的个体、私营户已达 3000 家。市统计局财贸专业统计人员少且经费困难，你上任后，将采取哪种方法完成这 3000 家企业的调查统计工作？其理由是什么？

解析：要求考生拥有统计学的相关知识，专业性相对较强，但对于了解和掌握本专业的考生来说其实并不难。

答题要点和思路：

第一问：采取抽样调查的方法。

第二问：理由有如下四条。

（1）抽样调查与全面调查相比，既节省人力、物力、财力，又能提高资料的时效性。

（2）抽样调查需要的人员少，可以对调查人员进行较严格的训练，便于对调查工作具体指导监督，同样可以保证调查结果的准确性。

（3）抽样调查能够对无法用全面调查方法进行调查研究的事物进行调查，以取得总体数量特征。

（4）用抽样调查资料可以对全面调查资料进行验证和修正。

特殊形式类

随着公务员结构化面试的不断深化，除了以上几种基本题型外，还存在一些形式比较特殊的面试题，如材料题、漫画题、视频题。由于出题方式的不同，这些题目的审题方法也与上述题型有所区别，因此我们将这几类问题单独分列出来，称为特殊形式类问题。

材料题

材料题即在某一段背景性的材料后面附加一个或者几个问题的面试考查形式。材料题可以分为一材多题和一材一题（小材料题）。

一般来说，材料题中，都会包含对题目所关注话题的概况、案例、数据、措施等信息，因此，能够弥补考生所欠缺的给定材料的相关背景知识，这在某种程度上能够缓解考生的紧张压力。当然，尽管如此，考生在答题前务必审清材料，充分咀嚼材料中所提供的信息。同时，务必厘清题干之间的内在联系。在考官给考生材料之后，考生要排除干扰，以最快的速度阅读材料。一边专心阅读，一边思考它们之间的逻辑关系，注意筛选与归纳，按事理发

展顺序进行理解。考生应认真听清考官的问题，尤其要抓住“题眼”；回答问题一定要注意结合材料；针对材料主题，考生要了解一些社会热点，结合当代热点，回答问题；切忌完全依附材料，一定要有自己的思路，避免卡壳，努力答好题目。

漫画题

漫画题是一种以图画形式呈现的、比较特殊的题型。其一般表现为给出一幅漫画，要求考生为漫画拟定标题或针对漫画谈看法。漫画题大多数是以漫画的形式，反映当今社会的一些现象或者是某种寓言哲理。因此，漫画题测评的能力及要素与时政热点类、哲理思辨类问题类似。

【模拟题】：请谈谈对这幅漫画的看法。

解析：点题：描述漫画，提取信息；破题：透过现象看本质；展开：找原因提对策；升华：理论提升。

答题要点和思路：

点题：这幅漫画的中央是一次性卫生筷。背后的树木全部被砍伐，只留下树桩和无尽的荒漠。看得见几只小鸟孤独地盘旋在天空，没有栖息之地。

破题：漫画反映了由于人类短视而破坏生态环境所带来的严重后果。

展开：生态环境遭到了破坏的原因是什么？首先，整个社会缺乏环保意识。其次，部分人观念落后，为了追求短期利润，破坏生态。最后，缺乏相关的监督和处罚机制，对破坏生态环境的打击力度不够。

为了营造美好的生活环境，我们要采取以下措施：第一，强化环保宣传力度，让人们充分认识环保的重要性；第二，积极引导人们正确开发和利用森林资源；第三，建立健全相关规范，同时加大监督和处罚力度，通过全方位的措施来保护好我们的生态环境。

升华：我们不仅要建设物质文明、精神文明和政治文明，还要建设生态文明。作为一名公务员，我们不仅要充分领悟中央的精神，更要将环保意识落实到实际工作中去。只有这样，才能履行好一名公务员的职责，为人民创造一个美好的生活环境。

视频题

视频题，就是考试现场给考生播放一段1~2分钟的视频，考官根据视频内容提出1~2个问题，由考生作答，这是一种更加注重考查实际工作能力的题型。

这类题目抖音中可以看到很多，但是需要注意的是，我们在看视频的时候，需要思考视频的主题：这段视频它要表达什么思想？要解决什么问题？随着科技的发展和应用，类似这样的视频题可能会越来越多。

面试的时间安排

面试前

面试前的时间指的是考生从住所出发到正式到达指定的面试地点的时间。

出发

计算出发时间时，一定要保证提前半小时到达面试地点。考生对从住处到面试地点需要多长时间，要心中有数。如果不熟悉路或可能路上塞车，最好早一点出门。总之，一定不能迟到，最少是提前15分钟到达。

准时到达面试地点，具有非常重要的意义：第一，准时到达是人际交往中极为重要的礼节，按约定时间提前片刻或准时到达，不仅仅是个人的基本社交素养，更展现了你对公务员面试的重视以及重诺守信的做人准则。如果没有正当理由而迟到，那么面试结果将很难乐观，这里的正当理由绝不是诸如什么堵车了、病了等琐事，对于一个连自己的时间都管理不好的人是很难指望他在国家公务员岗位上尽职尽责的。第二，准时到达，会给公务员面试的组织、管理工作提供积极的合作态度。来早了，会给工作人员带来不方便；而晚到，更给面试的组织带来麻烦。第三，从应试者自身的角度来说，准时到达，可以给自己在进入面试考场前有一个休息整理、熟悉考场情况的时间，否则，当你气喘吁吁进入面试考场时，你只能给人留下一个鲁莽、草率、急躁、不稳重的印象；如果过早到达，会让你的信心、平静沉着的心境因为长时间的等待，一点点被消耗掉。

出发前的注意事项

一是在临出门前，检查一下自己的仪表。尤其要注意一些细节，如牙缝里是否还残留着食物的残渣等。整洁的仪表不仅能够在面试中的“仪表举止”一项中得到高分，而且会给面试考官一个好的印象，以利于信息交流时的情感沟通。

二是按照面试单位要求，检查一下必备的文件材料，如有需要带的报名表、简历等材料，也要记着带上，以备面试时需要使用。

三是带着放松的心情出发。对着镜子里的你，微笑一下，让你的心情充分舒展、放松，信心十足地踏上征程。

面试中应试者的竞争是全方位的，做好每一个细节的准备工作都非常重要，做好出发前的准备工作就完成了面试的第一步。

进入考场前

到达面试地点时，如果时间尚早，完全可以散散步，然后在面试开始15分钟前到指定的供面试者休息和准备的场所。在面试开始前的15分钟里，可以参照下面的方法做准备。

1. 找个位置坐下，稍做休息。待呼吸舒缓后，询问一下工作人员，是否需要签到，面试时间是否有改变，以及其他相关事项。

2. 再次整理一下仪容仪表。男士注意一下领带的松紧（如果系领带的话），松了，不符合着装礼仪；紧了，会造成呼吸不畅，心理紧张。女士可以稍微补一下妆，但切勿上浓妆。还需要检查鞋子是否需要擦一擦灰尘（记住擦鞋的纸巾一定要扔到该扔的地方），鞋带是否松了，头发是否凌乱，脸上是否有尘土。若略显疲倦，可以去洗手间洗一洗脸，但请擦干面庞之后再回到休息室。

3. 在心中演练一下面试中的自我介绍和可能出现的问题的解答，并且尽力想象实际面试中的气氛，以提高自己的兴奋水平。但如果这会让你感到紧张，最好就不要这样做了，你可以闭目静坐，调整呼吸，做一个放松训练。总之，要保证自己处于一定的兴奋水平，既不松懈，又不紧张。心理学研究表明，只有在中等刺激水平下，人的能力才能发挥最好。

4. 保持行为的文明礼貌。尽管还未进入面试考场，但请注意，坐姿要端正，言语要礼貌文雅。一个聪明的竞争者，知道在还没有进入考场前，面试其实就已经开始了。有这样一个例子，有一次在公务员面试的等待中，李小姐去洗手间补妆，在洗手间门口，她碰到另一位女士。李小姐彬彬有礼地点头向对方致意，并打开门，请对方先进，对方表示感谢后，李小姐又做了得体的回答。这本是一件小事，但当李小姐进入面试考场时，惊讶地发现在洗手间碰到的那位女士，正是面试考官中的一位。她平静地向考官们打了招呼，面试就开始了。面试的整个过程，她都感觉到了那位女士对她友好、亲切与注意的目光，这个目光让她感到很轻松，似乎高高在上的主考官与自己的距离近多了，在洗手间与那位女士只是短短地交流了几句话而已，但这种非角色的人际交往，起到了很大的情绪互动的作用，让李小姐获益匪浅。

5. 等待时，可以与其他面试者交谈。你们之间可以用积极的语言相互鼓励，切忌说一些诸如“我很紧张”之类的话，这会给你带来消极的心理暗示。总之，一定要保持积极的情绪状态。

6. 不要费尽心思地想从先面试完的人那里问出来什么。当有应试者从考场出来后，有些人一拥而上问个不停。其实你根本就问不出什么来，这样，只能造成自己的慌张和忙乱，并且给人留下不稳重的印象。

现在，轮到你上场了，你一定要信心十足地步入考场。

答题时间安排

总体时间科学分配

考生坐下后，主考官一般会说：“祝贺你顺利通过笔试，参加今天的面试，下面我宣读一下考场纪律和规定。在你面前有一张试卷，你有 15 分钟的时间答题，5 分钟时间思考（其实总共时间就是 15 分钟），思考时可以在旁边的草稿纸上写下答题要点。共有 3 题，可以不按顺序回答，但要说明题号，回答完要说‘回答完毕’。”面试其实时间都很充裕，很少有人用完 15 分钟的，除非很会讲而且讲得很好，不然说太多了，反而会引起考官的反感。技巧是，要对 3 题尽快做出反应，可以写下答题要点（千万不能写在考卷上，要写在草稿纸上），以待之后发挥。

每道题时间安排

面试一般是 3 道题，每题答题时间为 5 分钟。现在一般是两种考试方式：一种是主考官把所有的题目都告诉你，然后由你自己在这规定的时间内科学安排（有时也有这种情况，考官会提前把考题发给你，让你在前一名考生回答期间在场外另一个准备室准备，上场后直接回答）；另一种是主考官提一个问题，你答一个问题，每题 5 分钟，可以提前回答完毕，但不可超时（这种情况一般不会提前给题，主要是考现场反应和表现）。

不管是上面两种形式的哪一种，都要注意安排好时间（一般考桌上会准备一个表给你提示时间，但为保万一，最好自己带一个表，表盘字要大，开始思考答题时放在桌上，注意不要戴在手上，考试时总抬手看表是不自信的表现，放在桌上隔一会儿扫一眼就够了）。

最佳答题时间

时间做到科学分配。一般来讲，思考的时间越短，回答问题越快，效果越佳。试想，你在思考问题，考官在干吗？长时间的等待，考官会不耐烦，会产生一种你反应太慢的感觉，当然会对你的分数产生不好的影响。可以思考，但思考时间最好在 40 秒以内就要答题。如果 10 秒内回答一定更好；当然，如果没有快速反应的能力，中途结结巴巴，甚至长时间停顿，那还是思考差不多了再答为宜。

思考问题。考桌上会提供纸笔，思考时可以把回答要点写出，按主次列好，以备回答中提示自己。注意要分清主次、轻重、缓急。特别要写清一、二、三、四，这样会更加有条理，答题也是如此。

回答问题。要口齿清楚，思路清晰，条理分明。注意加强对时间的掌控，不要超时。另外，如果是多道题集中回答，则要注意扬长避短，对自己拿手的题可以多说一会儿，对自己拿不准的要少说一点，但答题时间不要差太多。注意说“回答完毕”。如果是一题一题地提问，那么每题回答完要说“回答完毕”，如果是集中回答，那么所有的回答结束后要说“回答完毕”。

考场余下时间

答题完毕后，如果还有时间，考官一般会问，是否需要补充，这很关键。其实考官注意听的是你前面回答的部分，即使你再补充，他不一定会再听进去，大部分这时候已经开始打分了。所以，考生最合适的做法是，在主考官说完后，快速认真浏览一遍题目，时间控制在半分钟之内，最好是15~20秒，然后很自信地对考官说，没有补充。

这里补充说明一下，如果是企业的面试，考官认为该结束时，往往会有以下这些暗示的话语：

1. 谢谢你对我们招聘工作的关心，我们一旦做出决定就会立即通知你。

2. 你的情况我们已经了解。你知道，在做出最后决定之前我们还要面试几位申请人。

3. 不管结果如何，我们会尽快通知你。

4. 对于这次面试，你还有什么问题吗？

5. 你的表现非常精彩，给我们留下了深刻的印象。

6. 我们会仔细考虑你的情况的，很高兴认识你。

考生听了诸如此类的话之后，应该主动站起来，面露微笑，和考官握手告别，并且向其表示感谢，然后有礼貌地退出面试室。

面试结束后，考官就会让你离开考场，记住，离开时，不要带走桌子上的任何东西，可以自然地说一句："谢谢考官！"

面试答题六要素

所谓答题实际就是参加即兴演讲，选手必须掌握以下六要素。

紧扣主题

题目主要有两种呈现方式，一个是读题，一个是听题。读题就是主考官一道题一道题读，也有可能一开始读完所有题；看题读题，就是题目印在一张纸上，让你看着题目来回答。无论是读还是看，回答都是一样的。

面试答题在听（看）清题目之后，第一要素就是扣题。无论怎么样，一定要把题目听清楚、搞准确、弄明白。如果题目没搞清楚怎么能谈得上紧扣主题呢？一旦跑题了，做什么样的回答都是徒劳的。方向要正确，如果方向不正确，跑得越快越有问题。

面对问题，要找准关键词，就是话语中关键的核心元素。举个简单的例子，星期天我给好友发短信，问："今天有空吗？到我家聊聊天，掼个蛋，喝杯酒。"请问，这三个活动哪个是关键？

有人说是聊天。假如这个朋友就是你，我们来分析一下。

第一种情况。上午10点你到我家来了，在沙发上坐着，一边喝茶一边聊天，谈天说地。从疫情讲到日本，从日本讲到美国，从美国讲到经济发展，从经济发展讲到孩子上学，讲到乡村的建设，时间一分一秒过去了，聊得很开心。到了下午2点，我说："咱们今天就聊这么多吧。"你说："那好，我回家了。"有没有觉得这里面似乎少了点什么？正常来说不应该吃个饭吗？

第二种情况。这天上午还有其他两个牌友过来了，我们从10点钟开始掼蛋，一直到下午2点结束了。我讲："结束了，今天不能再打了，太累了。"你和另外两个朋友一道回家了。你是不是觉得又缺少了点什么呢？

第三种情况。如果你来后聊了会儿天，快到中午了，"哎呀，菜都烧好了，我们就来喝两杯吧，一边喝一边聊"。然后我们就边喝酒、边吃菜、边聊天，谈天说地，到了下午2点结束回家了。你觉得今天有缺憾吗？

这三种可能，哪一种相对地不会被人埋怨呢？当然是第三种。所谓的打牌、聊天都只是次要任务。你看有的朋友说"到我家来聊聊"，如果聊聊就是聊聊，任务根本没有完成。叫人来聊，聊的目的是到他家吃顿饭。所以，这三个词里面最关键的就是"喝酒"，也就是吃顿饭，吃饭的同时完成了掼蛋、聊天，那是最好的。如果其他两个任务都没有完成就回家了，你也不会怪我。如果只是聊天聊到下午，你回家了一定会怪我："今天到他家聊了很久，最后连饭都没吃上。”

举这个例子希望能让大家明白如何找到核心词。我们在答题的时候，要围绕核心元素去回答，主题不能偏。紧扣主题是我们答好面试题目，获得高分最重要的基础。不管什么题目，要紧扣主题，要时时刻刻回应它。可以因主题发散开去，但一定要收回来，就是我们经常说的“形散而神不散”。

下面再拿一道公务员面试真题，深入地谈一谈如何扣题。

你是小区物业的负责人，小区里有老人娱乐玩牌，打扰居民休息，有群众举报，把问题反映到你这里。请问你该怎么办？

有的考生这样回答：

我觉得首先我会去和这些玩牌的老人进行沟通，了解一下具体的情况……嗯……（停顿）他们大概是在什么时间、什么地点进行这样的娱乐性活动。了解了具体的情况后，我就会与老人沟通，理解他们确实需要娱乐，但是我们也要考虑到周边人的一些想法。也就是说在自己娱乐的同时，尽量不去影响周围的人……（停顿，做鬼脸）表达希望老人能听取我的建议。然后我们会把得出的结果反馈给举报问题的人，告诉他这个事情我们正在解决，而且我们会持续性跟进这个问题的解决情况。

这个回答有几处不足。第一，没有开头和结尾。回答每一道题都要有完整的开头和结尾，回答时应该有规范的开场白：尊敬的考官，听到这个题目，我要……

第二，在回答这个问题的时候，关键的词和核心元素没把握好。什么叫核心元素？听题要听音，这道题中你是小区物业负责人。“有群众举报，把问题反映到你这里。请问你该怎么办？”你可能会结合你所在的小区思考：平常很少见到小区的物业负责人，见到个保安就已经不错了。所以这道题有个陷阱，绝大多数选手回答问题的时候忘记了自己是负责人，把自己当成了保安。作为小区负责人，“我会立即安排工作人员登门”，这个身份就明晰了。正确的答题思路不是亲自去，而是要立即安排工作人员登门。所以这就是这道题的核心元素，你如果按照这个思路答下去，分数不会低。所以回答任何题目的时候，一定要扣题，要明确自己的身份、自己的位置。办公室主任，跟办公室司机、办公室文秘，这些不同职务的职能是不一样的，办公室主任肯定要抓宏观的，办公室文秘肯定是要搞文字材料的，办公室司机肯定是负责开车的。责任要明确，这与你的身份、你的岗位、你所处的位置紧密相连。

第三，回答问题有硬伤。在回答过程中，两次出现较长时间的停顿。不仅有较长时间停顿，还做了一个鬼脸，似乎难以进行下去了。正式面试的时候不允许出现这种情况，既不能做鬼脸，也不能流露出任何为难的情绪来，应该是一如既往地侃侃而谈，把你的观点继续讲下去。

通过这道题，希望大家明白如何避开题目陷阱，把主题扣紧，把角色扮演好，严格按照要求去答题。

联系实际

联系实际指的是答题时选手要联系自己的生活、工作、学习实际，联系人、事，联系看见的、听到的，联系社会、家庭和事业。也就是说答题需要结合生活、结合实际，也需要接地气。

我们还以前面“物业负责人”这道题来说。

你的回答就可以把生活实际融进去。

尊敬的考官，听到这个题目我立即想到了我所在的小区。上周邻居家装修，中午1点多电钻就响了起来，严重扰民，必须解决。这是午休的时间，作为小区的负责人我深深地体会到，创造一个温馨、和谐的小区责任重大。当有人把情况反映到我这里，我会立即把它摆上我的议事日程。我会安排工作人员立即登门，对发生事情的时间、地点、参与人员、整个事件的过程做详细的了解，并要求他们了解情况后及时向我汇报。一般情况下，我相信让工作人员做老人的思想工作就可以解决。但是我们也要深刻认识到，现在很多小区的功能并不齐全，解决老人的休闲娱乐问题，是我们每个物业小区负责人的重要工作。所以这件事情可能短期内是解决了，从长远来说，我们还必须想方设法去解决老人长期的、永久性的娱乐场所的问题。这就要求我们要在小区里制订娱乐计划，规划他们活动的时间和地点，这才是负责人要干的事。按照我们小区的规定，来电必复，有问必答。我会安排工作人员用文字通知书告知反映问题的人。相信通过我们的努力，扰乱小区安定、和谐的问题会很快得到解决的。

这种答题思路就涉及了第二个点——联系实际。如上述回答中：“我立即想到了我所在的小区。上周邻居家装修……”有的题目不光能结合这个小区的问题，还可以结合自己的生活实际。

当然答题内容也不完全局限于城镇。为了结合实际，还可以思维更广一点。

如果生活在基层，可以这样结合：

我在乡镇工作了三年，农村现在人少，小区的安定也是一个问题。青壮年都到外地打工了，小区里缺少青壮年，经常会出现小偷小摸的事情。

所以在答题结束的时候可以讲：

其实小区里发生的事件不仅仅是扰民问题，还有安全问题。农村大多数青壮年到城里打工了，很多小区成了空巢，就给小偷带来了可乘之机。作为小区负责人，我们要做业主的贴心人。

联系实际一定要结合工作、结合现实。再比如，我在济南大学上大学，见到了什么，看到了什么，都可以结合起来。在企业工作了4年，企业是做什么的，只要能与那个题目相结合，你把它结合起来。这样做的目的，就是把答题思路拓宽了，所以要在结合和联系方面下点功夫。

再比如下面这个人际关系的例子。

你跟同事关系处不好，领导对这个同事又偏偏很赏识，请问你该怎么办？

尊敬的各位考官，听到这个题目，我立即想到了我自己最近的处境。单位有一个同事，我跟他相处起来确实感到很难，而且没想到的是，最近一段时间，领导大会、小会总是表扬他。为此我陷入了沉思。小的时候，当教师的父亲就曾经教导过我，一定要跟同学处理好关系……

这一结合起来，大家都会觉得很不错，听起来又出彩，又让人觉得很接地气。

得高分者往往就是接地气者。想接地气就要结合实际，就要联系生活、联系家人、联系工作、联系社会现实。

列举案例

人人都喜欢听故事，出彩的故事也会给面试添彩。为什么人们喜欢看电影呢？电影也是讲故事。电视剧为什么今天看了第一集，还想看第二集？因为在故事里，大家的思绪不知不觉跟着情节跑。所以考生要学会列举案例。在哪里找案例？在实际生活、过往经历中找案例。讲出故事，就能吸引人把故事听下去，考官没有理由不给你打高分。

诺贝尔文学奖获得者莫言，就是一位讲故事的高手。有个记者问他："莫老师，我就搞不明白，你家那么穷，怎么就想起来当作家的？"这问题问得很简单吧。为什么能当作家？那不肯定是努力嘛，从小到大一直都是不懈地追求嘛，年轻人只要努力，总会有实现目标的那一天。但这样讲，听起来感觉在讲大道理。莫言是这样讲的：

不还是家穷嘛，小的时候没饭吃，我们那个村上的人吃完了细粮吃粗粮，吃完了粗粮吃树叶，树叶吃完了咋办？啃树皮呗。我们村上的人个个牙齿都练得无比地锋利。村里有个电工，我从来就没看到他那包里装什么钳子，遇到铅笔粗细的电线往嘴巴一塞，咔嚓两节。

我们村上有个作家，一天，我和几个小伙伴到他家去，作家正在家吃饺子，哎哟那饺子是肥肉馅的，作家一口咬下去肥油“咂吧咂吧”直流。所以我想这当作家好，有饺子吃。这不就当上作家了吗？

莫言老师通过这种讲故事的表达，给大家留下了深刻的印象。

在面试中如果四道题，其中两道都能讲出有趣的故事，分数就能有很大提升。如果故事能结合自己的实际来讲，效果就更好了。

还是上面那道题，如果结合故事，可以这样说：

“上个星期，我的两个邻居发生争吵，原因很简单，一个邻居喜欢打麻将，而另一个邻居家的孩子今年高考，两家人就因为这件事情发生了争执。作为一个小区的物业负责人，遇到这样的情况，我应该拿出解决问题的方案，所以我该怎么办？”

通过举身边例子的方式开场，会让考官觉得自然、亲切。

你跟同事关系处不好，上级领导又偏偏很赏识他，请问你该怎么办？

尊敬的各位考官，看到这个题目（或者“听到这个题目”），我立即想到了发生在我自己身上的一件事情。上个月的一个星期天，我和我的同事闹了点不愉快。其实事情很简单，就是因为某一件小事情，观点不同，结果不欢而散。今天讲到这个题目，我立即就想到了这个情境，因此我意识到解决同事之间的问题是我最近一个时期需要摆上议事日程的事情。既然领导赏识他，说明他一定有优点，他一定有可学之处，而我和他处不好关系，我一定也有自己的不足。我要静下心来分析，我的缺点在哪里，是不是跟他沟通得不畅，是不是对他关心得不够，还是在能帮助他的时候没有伸出援助之手。找出原因以后，我会主动找他，向他承认自己存在的不足。当然，在我们两个关系处得融洽之后，我也要坦诚相见，帮助他改正缺点，同时也能改进自己的不足，我相信我们一定会成为好朋友。

领导赏识他，他一定有过人的本领啊，这个本领正是我需要掌握的，所以我要虚心一点向他学习——就按照这样的层次一步步来分析。

已经发生的事情，无论认同与否，你都无法否定其存在的合理性与某种程度的必然性，不认同只能说明我们对规律的把握还不够全面，对事实真相的发掘还不够，对事物内在机制的认识还有待深入。所以对一个一时不太好用理论去说明的事情，用事实来证明显得是多么的必要和明智。即便是用理论可以证明的问题，若用事实论据作为支撑，也可以使自己的观点显得更加严密而无懈可击。

所以，答题不要局限在哪一点，每道题都可以找到与之相近相匹配的好例子。

条理清晰

条理清晰是指答题时要有条有理，思路清晰。比如上面提到的案例，讲物业负责人、同事关系等，一定是一环扣一环，条理清晰地往下讲，按条理、按顺序、按层次，有高有低。不能一会儿东一会儿西，一句左一句右。就好比介绍一个人，先是介绍他梳了个二分头，戴着一副金丝眼镜，突然又说他脚上穿着一双锃亮的皮鞋，就显得很乱。想要做到条理清晰，格式上可以用三段论。

开头、中间、结尾。中间部分可以分出一、二、三、四，可以用序号（第一、第二、第三）或者承接词（首先、其次、最后）表示，这样自然就给人感觉很有条理。也可以按照事件中要回答内容的层次分别表述。内容有递进式、层叠式等。比如刚才讲的那道题：作为负责人，我会安排工作人员去登门，问题解决了，再回复举报人，最后收尾，这就是层次、条理。

面试者务必重视答题的层次和条理。

注重头尾

演讲开头有个黄金 20 秒，即在极短的时间内把听众抓住。不管什么样的面试题目，一定要一开始就抓住人。怎么抓？开头的方式有很多种。

设问式

尊敬的各位考官，不知道你们最近有没有看过一部电视连续剧《觉醒年代》。

这个设问一下子就把评委抓住了，他们头脑中也许就开始思考：我还没看过（或“我好像看过了”）。

此时，可以继续说：

《觉醒年代》的编剧龙平平说：陈延年牺牲的时候，电视屏幕上出现了一行字，你知道吗，这行字比别人的多了八个字。你是不是想知道是哪八个字？

考官是不是很想听下去？

反问式

大家都知道我们党的宗旨是“为人民服务”，请问这句话出自哪里？

承接式

还以“物业小区负责人”为例。

尊敬的各位考官，听到这个题目我想到了一个话题，中国步入老龄化时代了，解决老年人安度晚年的问题，是我们每一个物业公司必须面对的现实课题。

既是对主题的回应，也是对接下来需要回答问题的承接。

情境式

一开始就渲染一种氛围。最典型的是恩格斯在马克思墓前的讲话。演讲一开始他说：

3月14日下午2点45分，我们当代最伟大的思想家停止思想了。2分钟前我们出来到外边，2分钟之后我们又来到房间时发现思想家已经在安乐椅上睡着了。但他是永远地睡着了。

这种渲染氛围就特别抓人心，所以我们答题时也可以这样渲染氛围。

当然还有悬念式、故事式等，大家可以结合前面讲到的演讲的开头和结尾再做深入的思考和练习。

至于结尾也千万不可马虎。演讲如同写作文，强调“虎头豹尾”。

结尾的方式很多，比如概括式。概括式就是“综上所述，我的认识有一、二、三点”。或者是“总而言之”。又或者，“千言万语汇成一句话‘撸起袖子加油干’”，这些都是概括式的语言。

“虽然中国进入了老龄化时代，但请相信，只要我们每一个小区业主齐心协力，勠力同心，我们的小区一定会成为美好的家园。谢谢考官。”这种呼吁式结尾你感觉如何呢？

还有故事式，结尾的时候可以讲个故事：“我用一个小故事结束今天的这道题。”或者：“我用一首诗结束我的答题，我想到了艾青的那句话：‘为什么我的眼里常含泪水？因为我对这土地爱得深沉。’”有余音袅袅式：“明天在向我们招手，让我们微笑着迎接美好的明天”，也有慷慨激昂式：“幸福是奋斗出来的，青年们，努力吧！”

大家可以根据自己的需要来使用，更要在平时多留意、多积累、多思考。

把控时间

时间是个硬指标，面试者要高度重视对时间的合理安排。一般来说，面试的总时间，大多数面试者都用不完，有的甚至剩余很多。但是如果选手能结合实际，列举案例，时间又往往不够用。这就需要面试者尽量把时间支配好，不要因为无话说，匆匆收场，留下遗憾，也不要因为时间不够，出现有没答完的问题。面试者如果出现时间较紧的情况，学会说：“我知道时间不多了，但是再长的时间也无法表达我的感情……”或者“千言万语汇成一句话，撸起袖子加油干！”学会从容淡定地立即结束。

记住了“紧扣主题、联系实际、列举案例、条理清晰、注重头尾、把控时间”

六要素，一定会给自己的答题加分。

面试的表达技巧

出众的语言表达

每个面试者都要注意做到答题的精确、简练、流畅和生动。

一要精确。语言的精确包括两个方面：一是发音，就是说好普通话。普通话讲得不太好也没有多大关系，不要因此背上思想包袱，但是说话必须让别人听得懂，实在不行，速度慢些；切记不要出现错别字、成语颠倒、语法错误等。二是表达准确。不要说了半天，别人听不懂你在说什么。平时在生活中经常会有口头禅，如“嗯嗯”“这个”“那个”“也就是说”等，这些语句尽量不要出现。

二要简练。面试答题的时间都有限制。所以在表达时一定要记住：拣要点说，一般先阐述一下观点，然后稍微辅助说明一下，使其更容易让人听懂。

三要流畅。这点也很关键。在表达你的意思时，停顿时间最好不要太久，技巧是可以把语速放慢，利用这个时间来思考。一个考生在回答“如何处理复杂的人际关系”的话题时，开口就说“一个单打独斗的人是没有出息的，所以我看到这个题目，就想到了……”这种非常自然的表达，当然会引起考官的兴趣。表达完一个观点时，再稍微停顿一下。在考官提出问题后，答题者应该在10~30秒内就能答题，要一边想一边答，确保语言流畅。

四要生动。因为考场纪律比较严格，一般不允许考官（评委）和考生在面试开始后对话，所以无法通过互动让场面气氛活跃。这里所说的生动，是指意思表达的方式方法，要用生动的语气、合适的词语把观点说活。生动的表达包括发音的语调，要抑扬顿挫，但不能太过夸张；神态要自然、亲切，忌讳从头到尾保持一个语速和语调。

让别人帮你说话

面试的很多问题是直接针对考生提的，需要考生正面做出回答。但对其中一些问题，考生如果可以借他人之口说话，效果可能会更好。

例如考官询问："你认为自己大学期间的成绩优秀吗？"考生如果正面回答"我想应该是不错的吧"，就很难有说服力。但如果考生借用他人的"口"来证实自己，就会有效得多。例如可以回答："我本科四年，有三年拿到了一等奖学金，毕业时被评为优秀毕业生。由于在专业上取得了一定成绩，我系唯一的一名博导让我进入他的实验室，并对我的工作给出了肯定的评价。毕业前，在导师的指导下，我在刊物上发表了一篇学术报告，该刊物的总编认为这篇报告观点新颖、内容翔实……"

"借口说话"在具体应用时，要注意"借谁的口"，选择的人或事物应该是考官能接受、能认可的。如果考生说："我母亲一直认为我很聪慧……"似乎就不太合适，因为自己的亲人对自己的评价不够客观和权威。此外，考生还应尽量将这种方法表达得委婉、含蓄一些。有个考生对考官说："某局李局长来我校参观时，对我做了很高的评价，并欢迎我毕业后去某局工作……"这样会令考官感到考生抬出某领导来压自己，未免会有抵触情绪。

借口说话，既不能大张旗鼓、盛气凌人，又不能无中生有、凭空捏造。只有避免了以下几点，借口说话的技巧才能被恰当地运用。

一、避免表达含糊、有歧义。

如有个考生叙述大学期间某次期中考试，他以学生会干部的身份发起了一次"考试不作弊"的活动。该考生用"中考"来指代期中考试，造成考官们误以为是初中毕业升高中的考试。这就是一个很典型的语词歧义。

二、避免指代不明。

书面语可以大量使用代词，读者根据上下文就能准确理解文中人物。而口语不同于书面语，口语速度快，如果代词用得太多，考官难以分清指代关系。尤其是“他”“她”“它”在口语中是分不清的，因此考生在考场上为了避免指代不清造成的误解，应少用人称代词，能用姓名的地方尽量用姓名。

三、避免情节叙述不充分。

有些考生回答问题时不紧扣题意，泛泛而谈。例如被问到对过去的某次过失怎样认识时，考生回答：“有一次我做错了一件事情，我觉得……”这样的回答由于未提供足够的信息，是没有意义的。

四、避免使用语义含糊的词语或句式。

有些词语本身就语义含糊，一些句式也是这样，如“可能”“也许”“如果必须做出结论的话……”等。

五、避免随意省略主语。

日常生活中，我们的口语可能很随便，经常在谈话的双方都明白时省略主语，如：“昨天去哪了？”对方不会听不懂。但考场上即使在双方都能理解的情况下，也最好不要随意省略主语。面试考场上应使用较正式的口语，尤其是必须注意对考官的称呼不能省略，如考生询问“我的观点对吗”，就不如“刘处长您认为我的观点对不对”的说法好。

同样的道理，面试时日常口语中语词顺序颠倒的情况也不应该出现，如不能说“来了，您”，应该说“您来了”。

六、避免不做小结。

对于一些时间、空间、逻辑结构不明显的叙述或较长的一段话，考生在结尾言简意赅地做一个小结，会给考官一个清晰、完整的感觉。

七、避免谈话逻辑性不强。

考生可以多使用一些关联词，加强句与句之间承上启下的关系，并突出逻辑关系。

心中有数方有力

一、说话时尽量不用俗语。常用俗语会妨碍你专业术语和正规语言的运用。

二、尽量多用数字。说话时多用数字，语言会更加生动，说服力更强，自己也会更加自信。

三、多了解信息。电视、网络是最感性的语言来源，平时注意看时政要闻和深度访谈节目，可以更多地了解时事政治，更好地学习别人的交谈技巧。

四、训练目标感。说话要有的放矢，这就好像走路一样，要有方向性的选择，这种选择可以使你在说话中避免漫无边际的东拉西扯。

五、学习一些新的语言。在日常的工作、学习中，经常学习和吸收一些新的语言，尤其是与国家大政方针有关的以及与公务员或是竞职岗位有关的词汇。

六、多说有力量的话。有力量的话就是指说话时能够直截了当，行就是行，不行就是不行。比如：你最好不要说“我看……”“我想……”而应该尽量说“我认为……”这样你说的话才够有力量。有一个考生在回答“你是小区物业的负责人，小区里有老人玩牌，打扰居民休息，有群众举报，把问题反映到你这里。请问你该怎么办？”这一问题时，他是这样回答的：“看到这个题目，我陷入了沉思，中国已经进入老龄化时代……”这样的答题几乎是无懈可击、力量无穷的。当然，考生要想真正做到答题自如，平时就要多与人交谈。你不妨尝试扩大你的社交圈子，不断增加你的说话机会，这样更有利于提高你对语言的驾驭能力。

答题时在用词方面，要注意准确地选用词语，恰当地运用语句，才能切中题旨，阐明自己的观点。如果语句运用得不好，那么就很难取得令人满意的答题效果。具体说就是：根据答题内容需要，适当选用短句；回答复杂问题，交错运用长短句；考生还可以运用假设复句来阐明自己对事物的认识和表达自己的立场。为了增强答题的表达效果，根据答题的内容，适当地运用修辞手法，也是必要的。

面试前的备战

综合知识复习早

俗话说，兵马未动，粮草先行。对于面试者来说，我们的“粮草”就是知识点。从知识领域划分，要重点储备以下几个方面的知识点。

学习讲话精神、时政关注点的知识。

面试者要多一双关注时政的眼睛。近一段时期，哪些工作是全局性的，全国性关注的，都要有所了解。以乡村振兴为例。1. 重点了解现阶段国家领导人有关乡村振兴的系列讲话。2. 大致了解乡村振兴背景，总体要求，总体部署。当你了解了这些问题的时候，你就有话可讲。3. 了解基本程序。实施乡村振兴有哪些程序？有哪些步骤？“十四五”期间要实现什么目标？ 4. 了解国家总体蓝图规划。2035 年我们要基本建成现代化，要实现富强、民主、文明、和谐、美丽的社会主义现代化强国。只有从国家宏观规划的角度去看待乡村振兴这个问题，才会有更深度的认知。

要重点学习热点、难点知识。

哪些是热点呢？比如现在中美关系问题、疫情问题等。比如，谈到美国，现在中美关系如何？考试可能不考，但为什么要了解呢？因为在回答问题时，一旦某个题目讲到你跟同事处不好关系该怎么办时，可以很自然地应用中美关系的知识点。比如我们现在跟美国关系不是很和谐，但为什么我们中国一直以真诚的态度跟美国合作呢？因为我们要为改革开放和社会发展创造条件。换言之，我们作为一个单位的员工，同事之间要能够合作共赢。

要想办法解决知识面结构单一的问题。特别像一些冷门的专业，比如学习计算机、艺术、财会等专业的考生，相对而言与公务员所需掌握的知识差距较远，更需要通过复习补齐这个短板。

哪些是难点呢？就是非常棘手的、具有矛盾性的问题。比如讲城市管理是个“老大难”，在城市管理的时候，城管工作队员辛辛苦苦，而有些老百姓并不理解。这个问题难在哪儿呢？就是城管工作很积极，但老百姓不一定理解和支持。那么，这就是难点。怎么来破解这个难题？

还有拆迁安置问题。拆迁安置也是城市的难点。有的人住了几十年的房子，你说拆就把它拆掉了。有的人住在黄金地段，你叫他迁到边远的地方。有的人拆迁，他抱着无限的希望，想要拆一赔十，他希望的是靠拆迁实现财富的扩张，结果你把他的希望也拆掉了。这都是难题。

目前，社会上的难点问题还有很多，如养老保险、住房、教育、医疗等。年轻人刚刚工作购买或租赁住房压力大，一成家就负担更大了。小孩要上课外兴趣班，天天上课家长要接送，压力也很大。还有对当前“双减”的态度和认识。对于这些难点问题，在平时要多了解一些相关的知识点，多思考总结，形成自己的观点。

要尽可能多地了解招录单位的相关知识。

从目前招录单位看，面试现场一般会有招录的单位或者系统相关人员参加。即使没有人员参与，面试者对所报考的单位或系统基本概况、业务知识、文化建设有一定了解，能够在面试时随机应变，不断呈现相关内容，也会给考官留下好印象，面试效果会大大提升。这就要求面试者在面试前浏览自己所报单位或系统的官网或相关信息，了解相关知识，做到有备无患。

实战演练少不了

真刀真枪的演练，是对一个面试者或演讲选手的最好练习方式。

面试者在面试前乃至平时，一定要不失时机地坚持实战练习。平时可以在网上搜集各种类型的面试真题，也可以根据现实生活，将工作学习以及青年人成长各方面的话题编成一些题目，或者请自己身边的人帮助出题。然后把这些题目抄写或者打印在自制的卡片上，可以随时随机抽题自行作答，按照正式面试的情境进行答题。

面试练习最好的办法当属实战。家庭有条件的，可以安排专门的人员扮演考官的角色，模拟面试。模拟面试可以在中小型会议室进行现场展示，既是练胆，也是练思路，更主要的是让自己在遇到题目的时候，能够根据即兴演讲面试的六要素，认真回答。可以在车间、在单位、在学校、在企业进行多轮随机训练，这样对增强面试者的自信心，增强答题的准确性都有非常好的效果。

没有条件的，可以在几十张抄有题目的卡片中随机抽取，对着镜子练习。如有条件，也可适当地喊几位同学、亲戚、家人当面试官，没有条件的可自己回答，通过手机录像、录音的形式先记录再反复回放，从中找出存在的问题，再认真加以修改，测出使用时间和回答质量。面试者一定不要忽视这一部分，在获得了面试资格之后，就应该想方设法地进行实战练习。

生理心理状态好

很多面试者面试结束都有一种感觉：“没有完全发挥好，如果再给一次机会……”很遗憾，人生没有如果，只有结果和后果。其实，面试是否很理想，在有充分准备和拥有一定实力的基础上，很大程度取决于临场发挥得好不好。

这就要重视面试的生理和心理问题。

生理方面

人处于一种什么样的生活状态对面试的现场表现至关重要。面试前以下几个方面应该引起重视。

一是减少剧烈运动。一般来说，为避免因为生理透支带来的问题，应该注意在登台前的一个星期甚至一个月，尽可能地减少剧烈运动，打球、长跑或者其他剧烈性运动要适度减少，因为剧烈的运动会消耗体能，往往让自己登台的时候处于生理间歇的周期，这个时候登台精力不够旺盛，可能会表现出中气不足、有气无力的症状。当然，一些常年坚持强烈运动的人除外。

二是注意饮食。尽量少吃刺激性的食物，不适合自己胃口的食物别吃，更不要过量饮酒、吃辣椒等。对一些过敏性或容易导致兴奋的食物饮品也要尽量少摄入。不经常喝咖啡的也不要为了提神而改变习惯。

三是规律生活。一般来说，一个人的生物钟固定以后，要想改变，一般都在一周左右。所以在登台前的一周，建议起居有规律。比如说，早晨起床的时间，最好能定在 6：00—6：30 之间，不要过早，也不宜过迟。参加演讲活动或者面试的时间，往往要根据对方的要求来定。所以，一般别人都是 8 点上班，甚至面试的时候 7 点就要集合，而且你从家出发还有路程要走。因此在登台前的一周，原则上应该形成早起的习惯。晚上休息时间虽然因人而异，但更多的还是要服从整体的规划，确保每个人的睡眠时间充足。一般晚上在 10：30 就要休息了。需要提醒的是，很多人有午休的习惯，在面试前建议最好取消。因为登台面试的时间不是自己能够把握的。有时面试上午未能结束，下午 1：00 甚至更早就开始了。有午休习惯的人就很难适应这样的变化，回答问题时可能因不是处于最佳状态而影响发挥。

心理方面

心理的问题主要表现在心理素质方面，面试者要学会心理按摩。如果不经常上台，你要学会调整心态，调节心率，提升自己逐步适应场合的能力。有两种方法较为简单、有效并很容易操作：一种是深呼吸。呼吸不是用肺，而是用腹部来呼吸，深深地吸气，然后轻轻地呼出。这里告诉大家一组好记的数字“10、20、10”。也就是静静地深吸一口气，10 秒，停住憋气 20 秒，再慢慢地用 10 秒呼出。一般可以在上台前 5 分钟左右做，3~5 次即可。也有人跟我讲：“你讲的深呼吸，我呼了十几次都不管用。”这不奇怪，因为演讲者上台的机会太少了，得到的锻炼很不够。实际上，我小的时候很木讷，不敢讲话，很胆怯，上台哆哆嗦嗦，但是一次又一次的训练把自己逼上去了。我体会最深的是自己在国家部委做讲座发言。台下都是司局级以上的领导，对他们讲话，我还有没有底气、勇气？这时候信心比黄金还重要，一定要给自己打气加油，告诉自己：“我很棒！”但无论如何，深呼吸多做几次还是会有效果的。这种方法的原理是使面试者注意力发生转移，从而达到缓解压力的目的。

必须提醒的注意事项

面试卡壳、长时间的停顿很不好

停顿时间过长，半天想不出内容都是会影响成绩的。

第一，不要在卡壳中重复。因为考官注意力非常集中，这时候需要考生不停歇地、一以贯之地说下去。如果考生重复反而提醒了考官，所以大家要想办法避免出现重复的语言。

第二，卡壳想不起来要将错就错，不要拘泥于一个字、一个词、一句话，只管表达，不停地说话。至于长时间的忘词，不知道如何回答，尤其是遇到知识的空白点，自己没办法回答问题的时候，就需要考生静下心来把题目思考一下，然后围绕主题即刻展开联想，发表演讲。在演讲过程中非常忌讳长时间不开口，一般来讲过久的等待和停留都会给考官留下不好的印象。

所以考生在面试的时候，要尽快地围绕主题展开联想。至于说什么，哪怕说得不好，但比不说好。所以停顿时间过长是一个大忌，无论是哪道题的回答，只要紧扣主题，考生能够不停歇，发表自己的观点，应该都是有效的分数。

下意识的小动作不能有

面试者在特定时刻、特殊环境出现紧张情绪是很正常的，很多人都会因注意力过于集中或者面对陌生的环境无所适从，有些考生会不同程度地出现下意识的行为。比如说，嘴里唠唠叨叨，手脚不停抖动。有的不断揉眼睛、抠鼻子；有的习惯敲桌子、挠头皮、眨眼睛、咂嘴巴；甚至有的人抓住矿泉水瓶捏得声声作响。还有的考生手握着笔不停地在敲桌子或抠动笔帽，有的人反复搓手，这些行为都是我们所说的下意识小动作。

这些动作虽是面试者不经意的表现，但特别惹眼。考官就在面前，这些下意识的动作是减分的行为。所以我们考生不仅仅要在面试时多加注意，在平时就要关注有没有类似行为发生。

眼睛不能只看主考官

面试者不是只对一个人负责，这一个人往往指的是主考官。面试人由于临场经验不足，到达现场以后比较拘谨，要么不敢抬头看人，要么看人只看问问题的人，或只对着主考官说话，忽视了现场还有其他多位考官。为了争取更多的考官对自己的关注，考生应该以看主考官并与之交流为主，适度地兼顾其他考官，眼睛要和他们保持交流状态，这一点非常重要。

出现意外要淡定

在面试的时候也会出现各种不同的意外情况。比如，手表不走了，自己大脑出现空白不知该说什么了，正在回答问题的时候突然有人说话，自己在发言过程中有些表现引起评委的躁动，桌子上的水杯倒了，所用的笔落地，纸张被风吹走等情况都是常有的事。出现这些事情的时候，首先要告诫自己，把握大局，只关注与自己有关联的，与自己没有关联的不要理睬。笔落地、纸飞走、水杯倒地，最多自己示意说一下“不好意思”，坚持不间断地继续答题。正常情况下，不要因为这些意外的发生，终止自己的讲话，所以这就需要面试者有良好的心理素质，而且还要有随机应变的本领。只有做到胸中有数，底气十足，才能不怕风浪起。

题目非常陌生不要急

面试的时候，尽管做了充分的准备，自己也成竹在胸、信心满满，但没有人能把所有的题目都掌控在自己手中，毕竟是别人出题，思路想法跟面试者不可能完全一致，有可能会出现这道题目与自己从来没有交集，甚至是非常陌生，一点思路都没有的情况。遇到这种情况首先告诫自己，要冷静，要淡定，善于从要解决的问题入手。

第一，要善于从所给的题目中寻找答案。从与自己知识的交会点，找寻题目中蕴含的与自己掌握的知识点有共同点的内容，同时要寻找有利于回答问题的一些知识点。自己必须清楚这些题目虽然未曾相见、不曾相识，但是知识往往都是融会贯通的，更何况面试的题目没有标准答案。

面试官在面试一些人之后，一般来讲都有些疲劳，面试者要善于抢抓住机会，认真回答，而不能长时间地思考等待。一般来说，哪怕知识点把握得不是十分准确，但是能够顺利、顺畅地回答好问题，自圆其说，也能得分。只不过分数不一定会很高，但也不至于影响很大，出现最低分。

第二，要寻求突破，在这道题的关键词里找似曾相识的知识，就像一个人见了一帮陌生人，善于在冷清中找出打破尴尬的话语一样。

演讲
非一日之功

台上三分钟，台下十年功。小的时候吃过的粮食和蔬菜，今天还在吗？要我说：在，它们已经变成了我们的骨骼和血脉；昨天读的书、走的路、吃的苦、赏的景、见的人、唱的歌，今天还在吗？也都在，它变成了我们的思维和智慧。演讲最重要的不是练习，而是储备。如何做好储备呢？可以从以下“五多”着手。

YANJIANG

多读书

一个真正的演讲者应该具有天文地理、古今中外等各方面丰富的知识，内涵丰富了，思想有深度了，才能成为一名真正的演讲家。这就要求演讲者不失时机地多读书，读好书。

我现在依然不能说自己就是演讲家。但有一点必须说，我是一个读书爱好者。我真正读书是从小学三年级开始的。在我们那个年代，书是比较稀缺的。幸运的是，当时我叔叔在文化馆工作，给我读书带来了便利。我能够从堂哥那里“偷”来很多书，悄悄地、不定时地看，有长篇的也有短篇的，多种多样。

清代袁枚在《黄生借书说》中说“书非借不能读也”，正因如此，我每得到一本书都倍加珍惜。所以，在那个年代跟同龄相比，我算是读了很多的书。

当时，我的年龄较小，也没有特地选择，有书就读，所以我觉得读书应该是越早越好。书籍是营养面包，给我的成长以极大的滋养。今天，各种各样的培训班、兴趣班，占据了无数孩子的读书时间，我觉得如果有可能要最大限度地让孩子多读书。

在青少年时期书读得越杂，可能对自己成长越好，就相当于一个人吃饭，有粗粮也有细粮，有荤也有素，这样的食物搭配有助于一个人汲取丰富的精神养分和成长元素。但在众多的杂书中，一定要读好书。哪些书是好书？拥有正确三观（世界观、人生观、价值观）的书籍就是好书。读这类书籍对青少年的健康成长很有益处，有助于未成年人形成正确的三观，健全健康的人格。

我们要读有用之书。尤其是在成年之后，要尽可能地多读一些实用的书。因为实用的书对提升自己的技能大有裨益，因为，此时自己成才的方向已经明确，这时候多读一些专业实用的书籍可以提高成长的效率，可能对自己未来的发展更有好处。读政治书大气，读理论书灵气，读文学书秀气，读业务书豪气。比如：你是研究文学的，可以多选择古今中外的名著名篇，如诺贝尔文学奖、布克国际文学奖、茅盾文学奖等获奖图书，可以根据自己的兴趣和研究方向系统研读；如果你是从事时政和哲学方面的研究，应该多读马克思主义哲学、资本主义发展论、西方哲学史、中国现代哲学等书籍；如果你是从事心理教育的，那就要多多研读弗洛伊德、荣格、埃里克森、罗杰斯等现代心理学大师的作品，以及最新的教育心理学科研著作；如果你是从事化工、电力、建筑方面工作的，也要系统地研读本专业经典的、前沿的作品。只有这样，才能不断提升专业素养。

我们更要学会读无用之书。世人都知道“有用”的好处，却不知道“无用”的好处。许多时候我们往往太过功利，却不知道把“无用之用”当成活着的必备。正是因为这些无用，我们成了有趣且丰富的人。在我看来，一个人不论从事什么行业，都应该读一些人文社科类的图书，尤其是中华经典。如今各种出版物浩如烟海，各种“读书会”也很多，但我们很难检验哪些书是值得一读的。那些摆放在机场书店、火车站书店的五花八门的图书，多数看了会令人失望。但经典不会，无论何时翻阅经典，你都会满载而归。大家读点看似无用的书，陶冶情操、净化心灵。人生没有白走的路，每一步都算数。当你因为觉得“无用”而不断放弃，后来的人生就可能错过让你动心的人和事，错过新风景。有句话说：“读一些无用的书，做一些无用的事，花一些无用的时间，都是为了在一切已知之外，保留一个超越自己的机会。人生中一些很了不起的变化，就是来自这种时刻。”

所谓读书的意义，大概就是让人眼界更开阔，对自我有更清醒的认识，而不至于狂妄自大、目中无人。一个人读的书越多，越会意识到自己知识的匮乏。所以，对于演讲人，要多读书、读好书、好读书，不断汲取精神的养分，“腹有诗书气自华”。最后，我想说读一本书，其中非常好的东西要留下来，而且要用脑子记下来。

多积累

说话者实际上就是一个厨师，在烹饪前要充分地准备好鸡鱼肉蛋、时令菜肴，哪怕是酱、醋、葱、姜等各种调料也要事先备好，不然就会出现“巧妇难为无米之炊”的局面。同样的菜，有的厨师做得好吃，有的就不尽如人意，原因很简单：烹饪技术高还远远不够，必须选购上乘的原料，还要研究食客的口味、喜好。说话与此理相似，就像厨师需要上等的原材料一样，演讲者平时也要做个有心人，多学习，多思考，多收集资料，多选取素材，才能突破自我，走向卓越。要做到在平时多积累，有以下几个小妙招。

一是记笔记。我小的时候有一个习惯，就是在读各类书籍的同时，善于记笔记。我真正记读书笔记是从四年级下学期开始的。那个年代，我对文学特别感兴趣，所以我的笔记本记录了相当多的文学描写，比如“蔚蓝的天空”“波澜壮阔的大海”等语言，到现在还能找出很多本。我觉得记笔记的方式是一个人积累素材、丰富词汇非常重要的环节。

后来我明白了，记录，不仅仅是记录优美的语言，还要记警句、名言、俗语、谚语等有用的句子。虽然现在网络上随时可以搜到，但是人的记忆力都是有限的，如果没有及时地记录整理，往往时过境迁就会淡忘。

小的时候常常听到一句话，“好记性，不如烂笔头”，就是讲要多用笔，不仅能够记录下好的语句，还要能够举一反三，触类旁通，进行有效的拓展，写一些读书札记、心得体会。按照现在流行的做法，就是发一些微博，做一些公众号，发一些小短文，谈一点体会。

积累的方式可以多种多样，有笔记摘抄，写读书心得，还可以做一些剪报。在我参加工作以后，我剪贴整理了很多报刊资料。我坐飞机每次都要“负重前行”，为什么？飞机上的报纸不要钱不说，看完了还可以带走，所以我每次坐飞机，都收获颇多，我能从各地的报纸上撕下很多小纸条。带回家之后做什么？把它们剪辑粘贴到一个练习本上，没事就背一背，这次记住了说不定下次就能使用。就这样日积月累，直到现在，我家还堆积着很多这样的读书资料档案。可以说，在二十多年前，这些东西对我来讲都是至关重要的宝贝。当然，现在网络信息发达，我们可以充分利用手机 APP 做电子资料的搜集和整理。

二是常温习。我口袋里总会装上几张资料卡片，或者利用手机备忘录记下一些东西，在我等火车、等飞机、等开会、等办事的时候，有空就看一看，强行记忆。这种积累方式非常有效，不仅丰富了自己的储备，还锻炼了自己的记忆力，同时也要注意把收集到的资料充分运用。所以，时不时地把积累的东西翻一翻，利用空闲的时间让自己的生活更有趣，也让自己演讲的内容更出彩。

多见识

“三人行必有我师”，每个人的成功都离不了老师，一生中我们会遇到很多堪称老师的人，而我认为最重要的不过是每个人一生中都要寻找的两个人：贵人和高人。在你拉车爬坡十分艰难的时候，有人帮你一把，这就是贵人。在你走到十字路口不知走向何方，困惑不解的时候，谁来充当你的高人？

我们不但要读万卷书，还要行万里路，同时还要阅人无数——见世面就尤为重要。经常大胆地上台，在不同场合发表自己的意见，这都是见世面。有机会就多走出去，视野会变得更开阔。我们不临黄河怎知黄河的博大深沉，不登泰山怎知泰山的险峻和雄奇？

第一，走出去。一个人要有知识，有学识，最重要的要有见识和胆识。见识广能够丰富一个人的内涵，让一个演讲者真正地提升自己。无论是山川、河流，还是庙宇、殿堂，无论是花鸟虫鱼，还是海洋世界，在给生活增加新的乐趣的同时，也开阔了自己的视野，所以走出去，路就越走越宽。有句话说“贫穷限制了你的想象”，现在看来很有哲理。因为你没有见过更多的东西，就只能凭自己的想象来看自己、看问题，这样一来，洞察力、观察力、思维力和想象力自然远远不够。那怎么办呢？这就需要不断走出去，不断开阔自己的眼界。一个人仅局限于自己小家庭，局限于自己眼睛所能看到的地方，时间久了就会变成井底之蛙。“世界那么大，我想去看看”，只有跃出了这口井，才能看到更多的、更精彩的风景。所以，我觉得演讲者一定要走出去。诗和远方在哪里？我们只有走出去才能真正寻找到诗和远方。

第二，多拜师。一个能够走出去的人，也一定是一个谦逊的人，是一个能够不断感到自己需要学习的人。一个不会弯腰的人，将来也很难有抬头的机会。每个人都有长处，每个人都有可供自己学习的优点，所以要学会向身边的人学习。俗话说：读万卷书，行万里路，阅无数人。阅的过程就是求师拜师的过程，这个过程对丰富自己，提升自己有巨大的好处。

至今，我还记得当年去拜访演讲专家李燕杰老师的经历。李燕杰老师是当代著名演讲家，20 世纪 80 年代，我只是听了他的一个录音，心中就萌发了拜他为师的念头。这就涉及两个问题：想不想见？敢不敢见？但我心里只有一个想法，必须见。在那个年代想找到李燕杰老师并不容易，不像今天可以通过朋友圈，请人介绍。我费了很多周折，终于找到了李燕杰老师。在和他交流的过程中，他给了我很多帮助，让我知道了演讲的真谛，也让我明白了演讲的魅力，更让我清晰认识到从事演讲就是那条属于自己的路，这对我的人生有极大的帮助。所以年轻人要放低自己的身价，虚心地向身边任何一个人学习，学习一切对自己有帮助的，能对自己演讲有好处的东西。

多思考

“学而不思则罔”，我们要多读书、长见识，但最重要的是能不能让自己心静下来有所思考，要做到“看到一，而想的不仅是一”。我们看到一片树叶，就要能想到一棵树、一片森林；看到一滴水，就会想到一条河、一片汪洋，而非一叶障目。这取决于我们的思维方式。

一是观念的变革。演讲的人必须学会转变自己的观念。观念是什么？就是我们对一个事物的看法。比如，如果给你六根火柴请摆成四个三角形，你会摆吗？如果你的思维仅仅停留在平面，肯定是摆不出来的。但如果你拓展一下思维，变成立体的三维空间，就会找到答案。

演讲者忌讳思维定式，如果考虑一个问题，习惯于走老路，那是行不通的。演讲内容要追求创新，创意过程就是创新的过程。只有经常思考的人才能给自己迎来创新的春天。所以演讲者要举一反三，即使是同一种现象，也要透过表象看到它的本质，只有这样才能让自己进步得更快。

二是思维方式的转变。我曾到北方一个农村中学给老师讲课，校长说能不能给学生也讲一次。我答应了，便问校长，有没有什么问题要我有针对性地讲一讲，校长说学生现在染发的挺多的，学校规定不给染，但学生总是不听。

下午讲课的时候，我脑袋突然一转说：“同学们呀，这个地方这么偏僻，没想到这里的人很时尚，不得了，这么多同学居然染了那么好看的头发。”

“哗！”同学们的掌声就起来了。我看到台下的老师也有染发的，就进一步鼓励大家：“染发好，不然老师怎么也染了呢？”我继续对同学们说：“染发确实是一种时尚，实实在在地引领着时代的潮流。不过，校长，既然染发是这么好的事，恐怕不能谁想染就染。我给你提个建议，考试前五名的可以染。”雷鸣般的掌声又一次响起来了。

见火候差不多了，我话锋一转，去谈中学生的早恋、厌学、打游戏、上网的问题，染发的问题闭口不谈了。第三天校长电话打过来了，他说：“崔老师，太神奇了，学生没有染发的了。”

我说：“你做个调查，学生为什么不染了。”结果班主任到学生中一了解，

学生讲："谁敢染？崔老师讲的考前五名才能染，我刚刚染的，连夜就给染回来了。"班上还有几个没染回来的，那可惨了，大家一看到就说："哟，你考前五名啦。"

事实上，考前五名的学生一心只想着学习，哪有心思去染发，那个年代就是那些考试考不好的学生才染发。

这就是在对待问题上思维方式的转变。时代发展到今天，一味地禁止，不一定能如愿，而更新观念，可能就会有一个新天地。演讲者更要追求这种难得的异同，强化对事物的思考。

如何对思考力加以练习，我们可以在平时的生活中多多积累。

比如，我以前很不明白，街头那么多按摩店，为什么盲人做得尤其好？接触到李雁雁、王良成、包诗陵、陶广军以后，我知道了，盲人做事专一，按摩这件事更适合他们，那是他们的饭碗，所以他们很用心，是在用生命去做工作。他们把职业当事业……用心做好一件事，一招鲜吃遍天。帕瓦罗蒂的父亲说："你如果想同时坐在两把椅子上，可能会掉下去，生活要求你只能选一把椅子。"爱默生说："一个朝着自己目标永远前进的人，整个世界都给他让路。"

再比如，有一次我早上打车去高铁站，网约车司机见面就说："这么大年纪还赶早，不容易！"我说："你也不容易哦！"他说："都在为孩子，趁现在干得动。"我告诉他："我不是为了孩子，为了生命有意思。"他说："有道理，我爸就是这样说的，'我把你带大了，就靠你自己了。以后的游戏就你自己玩了'！"司机告诉我："送完你，我就去学校了。家里两个孩子呢。他们还小，我有责任啊！等他们大了，以后的游戏也让他们自己玩！"原来他是某重点大学的老师，我感慨道："一个人不能只活在孩子的世界里，要不然既没意义也没意思！"

所以说，生活是一本百科全书，我们要善于观察和思考，从凡人小事中擦出智慧的火花。

多登台

一个成功的演讲者，还必须登百次台、千次台。在实践中，我们会发现身边很多人在台下准备得很充分，演讲词背得滚瓜烂熟，但是一上台就出了问题，不是卡壳，就是断片，要么就是反复重复，这些现象的根本原因就是上台的机会太少。对演讲爱好者而言，大家往往都有因上台机会少，讲话的机会不多而出现的心理紧张、畏惧登台的情况。人的一生需要三样东西：健康的体魄，丰富的知识，不顾一切的闯劲。想要练就不顾一切的闯劲，练胆就非常重要。所以对演讲爱好者来说，学习演讲首先就要从练胆开始。

我在指导很多演讲爱好者参加演讲、考生参加面试的时候，常说演讲爱好者的起步一定要记住三句话：坐前排、常举手、讲故事。

坐前排。在教室里，在各种形式的会场，演讲者要想练自己的胆量，最好往前排坐。当然，如果活动现场摆了席卡，已经为领导嘉宾预留了座位，就不可以随意坐了。前排离主席台近，离领导近，发言机会也多。前排多在别人的目光注视下，往往可以让自己增强胆量。

常举手。给大家提个建议，开会的时候，不要错过发言的机会。开会时经常出现这样的情况，有领导说："你们大家看看有没有什么意见和建议？"台下是一片寂静。千万不要错过这样的绝好机会。一个人最痛苦的不是没有饭吃，而是想努力奋斗却没有机会，这时候机会来了还能让它随意地溜走吗？别人不要你讲的时候不要轻率地讲，但要你讲的时候一定要讲，要拣好听的、创新的多讲一点。谁当领导也不希望你老提意见，每安排一项工作时，你都要发表"高见"当然不受欢迎。但是我想说的是，你要有锻炼的机会，你要学着在工作的范围内，在不同的场合经常去讲，经常去锻炼，这是一个很好的平台。演讲是门科学，它需要艺术，落实到生活中就是方法，就是技巧。

讲故事。很多人都爱讲故事，但故事怎么讲很重要。演讲爱好者要从小故事着手，学会给人讲故事。其实我也是从讲故事开始的。小时候因为多读了几本书，所以肚子里的故事就比别人多一点儿。有时候课堂上也和同桌嘀嘀咕咕讲故事。后来我会讲故事这件事传了出去，同学们就不放过我，放学了必须讲几个故事才给回家。那个年代不像今天，没有电视和网络，也没有报刊和手机，谁看的书多谁脑海里故事就多。所以拳头硬的同学把小拳头一挥，我就老老实实地去学校后面的小树林给他们讲一段。当然也有求我的，有喜欢听我讲故事的，便从口袋掏出一块饼干或是几颗花生笑眯眯地递给我，我就知道又要去小树林讲故事了。说来好玩，那个时候我简直就是故事大王，而且还拿“稿费”了。也许就是那个年代的锻炼，让我现在一讲故事就眉飞色舞。

多登台，还要把握“有机会不放弃，没机会多争取”。

年轻的时候很多人惧怕上台，我觉得大家有机会要争取，单位举办的各类演讲比赛，甚至是与演讲无关的，但对自己有帮助的锻炼机会都不要让它失去。

年轻的时候，我也是一个比较胆怯的人。这么多年过去了，我仍记得初三毕业那年，学校要举行毕业典礼。因为我成绩不错，所以班主任安排我作为毕业班的学生代表登台讲话。尽管我下了很大功夫，已经提前把讲话稿写好，并烂熟于心。但是当我走上台的时候，木讷的我居然呆住了足足有 20 秒钟，不知道讲什么话。全体同学都在静静等待，老师也很无奈地盯着我。直到我的班主任指着我喊了一声：“稿子就在你的上衣口袋，拿出来念掉不就行了？”我才慌慌张张地拿出演讲稿，直到下来后才发现还丢掉了最精彩的一段。这个经历过去了这么多年，但是我每每想起都感到非常懊悔，究其原因，是登台太少。平时私下里的交流以及对别人讲故事是远远不够的，必须在大庭广众之下去锻炼，在陌生人面前多讲话，在有权威的人面前“耍大刀”。没有干不成的事，只有不努力的人。

登台练胆是一个最重要的环节。每个初学演讲的年轻人，如果想让自己演讲出彩，想让自己在聚光灯下依然镇定自若，想让自己在登台以后侃侃而谈，那就应该不失时机地走上讲台，让自己成为一个成熟的镇定自若的指挥者、演讲家。不上讲台永远是个观众，不参与永远只能做个局外人。

登台的过程中，我们往往会遇到挫折，遇到麻烦，遇到困难，这就需要演讲者不放弃，不气馁，在遇到困境的时候一定要给自己鼓劲。比如有的时候登台后出现了失利、忘词、结结巴巴、冷场等不该出现的情况，更多的是要给自己宽慰，告诉自己上台了都是赢家。

有个演讲选手，连续参加了几届演讲比赛，但是成绩依然不好。这位选手给我发来的微信说：屡败屡战。第四个年头她又一次走上了讲台，这种精神非常了不起，她有这种精神没有理由不走向成功。而有一些选手在登台时遇到失败，下次就再也不愿登台。这种情况就要自己给自己打气，保持一个良好的心态。

所以我在很多演讲比赛结束时点评，第一句话就是“给没能取得好名次、没能夺得好的奖项的选手报以掌声”。我会鼓励他们：“演讲，没有失败，只是暂时的失利。你没有失败而是正在走向成功的路上。获奖值得高兴，没有获奖的你同样是赢家，走上台你就是了不起的。”

对演讲者而言，失败不可怕，可怕的是没有了意志，没有了胆量。我们需要做到的是屡败屡战，长期下去，就不会屡战屡败。要让自己信心更足，胆量更大，在一次次的磨炼中走向成功。

爱好演讲并不是必须参加比赛，而是通过演讲丰富自己的人生。生活如意的人一般都有“三头”：领头、笔头和口头。口头一流的人必定都会有灿烂的人生。每个人只有三天：昨天、今天和明天。拥有十年功的人，明天一定更美好！

写在最后

生活，生活，人生下来就得干活。人需要挣钱，但是挣钱一定不是只为了活着。

人活着有三层意义。一是生存。生存是最基本的本能。二是生活。生活就要有质量，不仅要有吃的还要吃得好。生活状态是为了成长而活，思想意识得到提升，修身养性，助人助己。有朋友，有事业，有多姿多彩的人生。三是生命。这就是人生的质量和意义。人必须有追求，有理想，为分享而活，自己活得好，也想让别人活得好，带领别人，分享智慧，创造价值，回报社会。

亲爱的朋友，您处于哪种状态，追求着何种层级的意义呢？

“靠嘴吃饭的人”今天终于又一次落笔。当然不是为了“挣吃饭的钱”，而是为了第三个意义——生命。每每看到为参加演讲比赛而苦恼的人，我就在想，我怎样帮帮他呢？看到领导作报告，台下的听众常常是玩手机或者睡觉，提前离场，自己就很着急。我能不能也做点事情呢？比如为他们的讲话稿提提意见？很多领导讲话喜欢研究理论，酷爱工整对仗，玩文字游戏，殊不知更多的人并不买账，他们需要的不是华美的词语，正如饥饿的人所渴望的不是奢华的美味佳肴，而是一个简单的土豆、一块普通的面包。参加各类选拔和招录的人在获得了面试资格后的欣喜让人激动不已，但是很快就因要参加面试又感到无比纠结，十分紧张。我能不能帮帮他们呢？

所以就有了这本《演讲的学问》。

值得一提的是，这本书如果您从头至尾认真看完了，细细琢磨了，您一定会大有收获。但是“功夫在平时”，演讲和面试需要的是每天进步一点点。

考虑到可读性，也兼顾演讲的特色，全书基本采用口语化的方式书写，较为浅显，便于读者理解和运用。本书在初始阶段，颜龄、刘劲凤等同志以及身边很多朋友给了我极大的帮助，提出了很多建设性的意见，并帮助我整理、完善、修改、提炼书稿，同时也参阅了同人及相关专业书籍的有关资料；中央文献研究室原副秘书长、研究员、电视连续剧《觉醒年代》编剧龙平平贤侄也为本书出版提出宝贵意见并给予大力推荐，在此一并表示衷心的感谢。

由于时间仓促，加之内容较为宽泛，不足和疏漏之处敬请读者给予指正，作者不胜感激。

作　者

2023 年 11 月 20 日